本书是国家社科基金项目"矿产资源开发中的利益博弈及综合制衡对策研究"（立项编号：08BJY059）成果之一。

矿产资源开发中的政府行为博弈研究

Game Analyses of
Governmental Behaviors in
Mineral Resources Development

杜明军　高大伟　李玉中　著

中国社会科学出版社

图书在版编目（CIP）数据

矿产资源开发中的政府行为博弈研究/杜明军，高大伟，李玉中著 .
—北京：中国社会科学出版社，2015.9
ISBN 978 – 7 – 5161 – 6933 – 9

Ⅰ.①矿…　Ⅱ.①杜…②高…③李…　Ⅲ.①矿产资源开发—政府
行为—研究—中国　Ⅳ.①F426.1

中国版本图书馆 CIP 数据核字(2015)第 226759 号

出　版　人	赵剑英
选题策划	侯苗苗
责任编辑	侯苗苗
责任校对	郭凤侠
责任印制	王　超

出　　　版	中国社会科学出版社
社　　　址	北京鼓楼西大街甲 158 号
邮　　　编	100720
网　　　址	http：//www.csspw.cn
发　行　部	010 – 84083685
门　市　部	010 – 84029450
经　　　销	新华书店及其他书店

印　　　刷	北京君升印刷有限公司
装　　　订	廊坊市广阳区广增装订厂
版　　　次	2015 年 9 月第 1 版
印　　　次	2015 年 9 月第 1 次印刷

开　　　本	710 × 1000　1/16
印　　　张	15.5
插　　　页	2
字　　　数	282 千字
定　　　价	56.00 元

前　言

　　矿产资源是人类生存与发展的重要物质基础，虽然为国民经济发展提供了不可缺少的原料资源，支撑了地方经济社会发展，产生了巨大的经济社会效益；但是也存在着经济、环境生态、安全、管理体制机制、可持续发展等效益失衡的挑战。本书以利益博弈分析为研究主线，涉及经济学、管理学、法学和伦理学等理论方法，通过运用资源开发理论、公共选择理论、经济发展的阶段性理论，以及数理经济理论、博弈论等分析工具，在实地调查和文献研究的基础上，以领导监管中国矿产资源开发利用，管控开发历史进程的中央政府、各级地方政府等政府类行为主体间的行为博弈为研究对象，系统阐述矿产资源开发中政府类行为主体的利益诉求和行为特征，对中国矿产资源开发中的中央政府、各级地方政府间的利益博弈互动的利益博弈条件背景，利益博弈互动关系主要特征，利益博弈导致的主要效应，利益博弈失衡的主要原因，运用博弈论模型手段阐释了利益博弈的内在机理；通过分析博弈主体之间的互动关系得出均衡结果，阐释中国矿产资源开发中的利益博弈均衡发展的政府行为取向和提出对策思路，以期为中国矿产资源开发利益问题的解决奠定基础。

一　本书的目的与意义

　　本研究旨在运用利益博弈思想方法，丰富矿产资源开发问题研究的手段，整合矿产资源开发的利益制衡管理理论；旨在尝试解决矿产资源开发面临的严重利益失衡问题，从政府行为角度提出矿产资源开发的利益分配制衡对策，从利益机制的有效运作上确保矿产资源开发达到最佳经济社会效益，促进"两型"社会的构建。本研究具有重要的理论和现实意义。一是有助于促进矿产资源开发理论的丰富。通过着眼于由矿产资源开发中政府行为博弈导出的利益分配机制结构，促进矿产资源开发利益均衡发展。从利益结构这一复杂的系统和结构运行的规律探索、分析做起，会促进矿产资源开发利用的理论发展。二是有助于剖析中国矿产资源开发利益均衡发展的"内源性"因素。基于政府行为视角，从宏观问题挑战到微观博弈均衡，有益于剖析中国矿产资源开发利益均衡发展的内源机理，可促进矿产资源开发问题的解决研究，为矿产资源开发政策提供理论阐释和依据。三是有助于从利益角度促进矿产资源开发和谐均衡发展。通过矿产资源开发利益均衡发展、利益相关主体和谐发展的培育，达到经济效益、社会效益和生态效益有机统一具有更为重要的现实意义。有利于构建和谐有序可持续的开发秩序。

二　本书的主要内容

本书的分析遵循着"是什么、为什么、怎么办"的逻辑基础来进行。具体而言，本书主要分为以下几个层面。

第一章综合分析了矿产资源开发中的中央政府、各级地方政府等政府类行为主体的基本特征。划分了矿产资源开发中的政府行为主体类别；分析了矿产资源开发中中央政府的利益目标及其行为取向；分析了矿产资源开发中各级地方政府的利益目标及其行为取向；引入了矿产资源开发中的利益博弈思想方法及分析范式。

第二章深入分析了矿产资源开发中中央与各级地方政府之间的互动背景。分析了中央与各级地方政府之间矿产资源开发利益博弈的逻辑平台，包括矿产资源开发中中央与地政府之间利益博弈的制度平台，中央与各级地方政府之间矿产资源开发利益博弈的政治晋升机制背景，以及中央与各级地方政府之间矿产资源开发利益博弈的逻辑起点；中央与各级地方政府之间矿产资源开发利益博弈的财税激励逻辑起点；中央与各级地方政府之间矿产资源开发利益博弈平台的特征。认为中央与各级地方政府之间的矿产资源开发利益博弈是在官员晋升平台、财税激励平台两个平台的基础上展开的。分析了各级地方政府之间矿产资源开发利益博弈的条件背景，包括各级地方政府之间矿产资源开发利益博弈的能量基础；各级地方政府之间矿产资源开发利益博弈的机制基础；各级地方政府之间矿产资源开发利益博弈的动力基础。认为各级地方政府之间的矿产资源开发利益博弈是在其能量、机制、动力三个基础逻辑的平台上展开的，包括各级地方政府之间矿产资源开发利益博弈的资源基础源于经济收益权的提升、发展自主权的壮大、矿产资源开发利益博弈能力的形成。各级地方政府之间矿产资源开发利益博弈的机制基础，"用脚投票"竞争机制的形成，各级地方政府之间矿产资源开发利益博弈的手段逐渐具备。各级地方政府之间矿产资源开发利益博弈的动力基础源于政绩考核制的引导与矿产资源开发中的政绩考核效应。

第三章深入分析了矿产资源开发中中央与各级地方政府之间的基本互动关系。分析了中央与各级地方政府之间矿产资源开发利益博弈的基本互动关系，包括中央与各级地方政府之间矿产资源开发利益博弈的基本特征；中央与各级地方政府之间矿产资源开发利益博弈的分歧；中央与各级地方政府之间矿产资源开发利益博弈的共容；中央与各级地方政府之间矿产资源开发利益的分歧与共容；中央与各级地方政府之间矿产资源开发利益博弈的本质。分析了各级地方政府之间矿产资源开发利益博弈的互动关系，包括各级地方政府之间矿产资源开发利益博弈的一般特征；各级地方政府之间矿产资源开发利益博弈的竞争性；各级地方政府之间矿产资源开发利益博弈的合作性。

第四章综合分析了矿产资源开发中中央与各级地方政府之间的博弈效应。具体分析了中央与各级地方政府之间矿产资源开发利益博弈的效应，包括中央与各级地方政府之间矿产资源开发利益博弈的地方政府行为效应；中央与各级地方政府之间矿产资源开发利益博弈的中央行为选择及其均衡趋势。分析了矿产资源开发中中央与地方政府利益博弈的效应后果，包括矿产资源开发中中央与地方政府利益博弈的行为效应；中央与各级地方政府之间矿产资源开发利益博弈失衡。具体分析了各级地方政府之间矿产资源开发利益博弈的效应，包括各级地方政府之间矿产资源开发利益博弈效应的总体认识；各级地方政府之间矿产资源开发利益博弈的内部行为偏好；各级地方政府之间矿产资源开发利益博弈的外部效应；各级地方政府之间矿产资源开发利益博弈的积极效应；各级地方政府之间矿产资源开发利益博弈的秩序失衡。

第五章挖掘了矿产资源开发中中央与各级地方政府之间利益博弈失衡的内在动因。具体分析了中央与各级地方政府之间矿产资源开发利益博弈失衡的动因，包括中央与各级地方政府之间矿产资源开发利益关系的基础有待调整完善；中央对地方政府矿产资源开发行为导向制度的不完善。认为中央与地方政府在关系处理上存在问题；中央对地方政府行为导向制度不完善。具体分析了各级地方政府之间矿产资源开发利益博弈失衡的原因，包括基于行政性分权制度负反馈的各级地方政府之间矿产资源开发利益博弈失衡；基于政绩考核导向机制缺陷的各级地方政府之间矿产资源开发利益博弈失衡；基于约束机制弱化的各级地方政府之间矿产资源开发利益博弈失衡；基于"规制过度"和"规制弱化"的各级地方政府之间矿产资源开发利益博弈失衡；基于合作局限性的各级地方政府之间矿产资源开发利益博弈失衡。认为各级地方政府之间矿产资源开发利益博弈失衡的原因，源于行政性分权制度的负反馈、政绩考核制度的缺陷、利益博弈约束机制的弱化、利益博弈中的"规制过度"和"规制弱化"、市场体系发育不完善等。

第六章剖析了矿产资源开发中中央与各级地方政府之间博弈的内在机理。分析了中央与各级地方政府之间矿产资源开发利益博弈的机理，包括中央与各级地方政府游戏规则制定的博弈，中央与各级地方政府之间矿产资源开发典型问题的博弈机理；中央与各级地方政府之间矿产资源开发利益博弈的政策启示。运用博弈论模型手段阐释了各级地方政府之间矿产资源开发利益博弈的内在机理，包括各级地方政府之间矿产资源开发利益博弈失衡的基本机理；各级地方政府之间矿产资源开发利益博弈的冲突与协调机理；各级地方政府之间矿产资源开发利益博弈的地方保护机理；各级地方政府之间矿产资源开发利益博弈的过度开发机理；各级地方政府之间矿产资源开发利益博弈困境的摆脱机理。

第七章剖析了矿产资源开发中中央与各级地方政府之间博弈的多元均衡。分析了基于多层次委托代理关系的矿产资源开发利益多元化博弈，包括矿产资源开发利益相关主体间的委托代理关系；矿产资源开发中的多元化多层次委托代理利益关系的基本特征；矿产资源开发中的委托代理利益博弈模型构建；矿产资源开发中的委托代理利益博弈机制分析；基于多元化多层次委托代理利益博弈关系的矿产资源开发政策取向。分析了中央对各级地方政府之间矿产资源开发利益博弈局势的改变机理及政策取向，包括中央与各级地方政府之间利益博弈的基本态势；中央对各级地方政府之间矿产资源开发利益博弈局势的改变；结论及政策取向。综述了各级地方政府之间矿产资源开发利益博弈的政策启示。

第八章提出了矿产资源开发中中央与各级地方政府之间博弈均衡的策略取向。首先，理顺监督体制，加强国家监管，发挥中央的权威，分析了加强中央矿产资源开发权威的必要性：要提升中央矿产资源开发政策的认同；要完善矿产资源开发的中央立法；要完善矿产资源开发的财税体制引领；要完善矿产资源开发的绩效考核制度。其次，完善地方政府职能，约束政府对矿产资源开发利益的调控行为，分析了完善地方政府矿产资源开发职能的目标取向；要强化矿产资源开发政策执行主体层面的行为约束；要强化矿产资源开发政策执行主体人格化层面的行为约束；要强化矿产资源开发政策执行过程中的公共利益维护；要强化矿产资源开发政策执行过程中的传播层面约束功能。最后，创新矿产资源开发管理体制。建立健全合理的矿产资源开发利益引导约束机制；建立健全矿产资源开发利益畅通表达机制；建立健全矿产资源开发利益均衡分配机制；建立健全矿产资源开发利益矛盾防控机制；完善矿产资源开发政策执行的监督和惩处机制。提出了中央与各级地方政府之间矿产资源开发利益博弈的政策结论。

三 本书的主要创新点

首先，研究视角新。把矿产资源开发中出现的开发利用秩序混乱、地方保护主义盛行、矿难等安全生产事故频发、生态环境恶化、可持续开发利用受到挑战等问题，归结为利益行为博弈之源。虽然许多国内学者已经开始认识到利益主体间博弈的重要性，但无论是国内还是国外在矿产资源开发领域的研究，都还没有较为系统全面地将矿产资源开发中出现的问题，从利益角度归结为相关利益主体之间利益博弈的失衡，特别是从政府行为博弈角度进行详尽的解释和提出对策思路。没有对矿产资源开发中政府行为主体间的博弈发生背景条件、互动关系特征、博弈失衡效应、博弈失衡内在原因、博弈内在机理，以及博弈均衡结果的选择等问题进行全面、详细、系统的论述，在这些方面的工作是本书与以往文献的不同之处。这是本课题的一个重要的独特之处。

其次，分析框架新。本研究遵循着"是什么、为什么、怎么办"的逻辑基础，拟定矿产资源开发利益博弈的理论框架，构建"内嵌式"多层次的研究分析框架。一是构建整体的符合逻辑的研究框架。从分析矿产资源开发中存在的多元利益相关主体，到利益相关行为主体间的多层利益博弈关系，再到利益相关行为主体间的多元化多层次的利益博弈均衡关系，最后到利益博弈均衡发展的保障思路对策。二是构建多层次的符合逻辑的研究框架。在总框架的基础上，依次分别建立相应的分层博弈分析框架，展开中央政府与地方政府、地方政府与地方政府等层面的矿产资源开发利益相关主体相互间的博弈分析，包括各对利益互动主体间的利益博弈条件背景、利益博弈互动关系的主要特征、利益博弈的主要效应；利益博弈失衡的主要原因。并运用博弈模型工具阐释了利益博弈的内在机理，分析由利益博弈导出的矿产资源开发利益结构特征及其效率影响，从分析过程中得到相关博弈均衡和启示。三是构建矿产资源开发利益博弈均衡发展的分析框架。展开中央政府、各级地方政府之间矿产资源开发利益博弈的多元分析，分析由利益博弈导出的矿产资源开发利益多元博弈均衡发展启示。因此，本书框架整体逻辑性强，分层逻辑关系明晰，层次分明、环环相扣，逻辑关系层层相套。分析过程较为系统全面深入，分析结果具有较强的说服力，为制定相关政策奠定理论基础。

再次，研究内容新。通过对矿产资源开发中的中央政府、各级地方政府等主要利益相关主体的利益诉求目标、行为选择特征的系统分析，运用博弈思想研究矿产资源开发中主要利益相关主体之间的利益互动关系，并尽量对矿产资源开发利益相关主体互动博弈中出现的问题分门别类，运用正规的博弈数理模型进行阐释，求解均衡结果。通过系统深入地研究矿产资源开发中各相关利益主体之间的利益行为集合、利益博弈机制、利益结构特征，使得本书增添了新的研究元素，丰富了矿产资源开发理论研究的内容，促进了矿产资源开发研究的系统化，具有一定的理论创新意义。

最后，具有一定的政策参考启示。以矿产资源开发利益博弈为研究主线，从微观行为主体的角度分析利益需求和博弈过程，通过分析中国矿产资源开发中存在的问题和挑战的利益博弈机制和利益融合特点，着力探求矿产资源开发过程中的利益关系互动、利益博弈失衡效应、利益博弈失衡原因，着力解决矿产资源开发过程中的利益分配与和谐发展问题。从理论上提出了矿产资源开发利益均衡发展的合理制度安排，提出了对矿产资源开发利益制衡的可操作性的综合对策建议。构建基于多元相关主体的利益诉求和行为选择的博弈均衡发展机制体系，提出中央政府、地方政府等多层次相关利益主体应相互协调矿产资源开发利益发展，实现多元多层次共赢；对促进矿产资源开发的可持续，促进经济发展方式的转变，践行科学发展观、构建和谐社会，具有一定的决策参考价值，可以为政策安排提供理论支撑和方向借鉴。

目　录

第一章 矿产资源开发中的中央
政府与地方政府

一 矿产资源开发中的政府类别

矿产资源开发中的各级政府机构，级别比较高的主要负责开发政策的制定或根据上级的政策，完善政策并监督下级机构执行，在一定情况下也直接执行某些政策；而矿产资源开发中的大量政策执行则是由基层行政机构完成的。

（一）矿产资源开发中的中央政府（国家）

《中华人民共和国宪法》第八十五条规定①，"中华人民共和国国务院，即中央人民政府，是最高国家权力机关的执行机关，是最高国家行政机关"。《中华人民共和国矿产资源法》第三条规定②，矿产资源属于国家所有，由国务院行使国家对矿产资源的所有权。鉴于中央各部、委、行、署，各直属机构、办事机构都是中央人民政府主要的职能机构，负责管理和执行某些方面的国家行政事务。因此，中央政府（国家）的矿产资源开发职能主要表现在：一是矿产资源开发重大政策事项的决策执行权；二是矿产资源开发政策执行进程的监督权；三是某些省际的或某些需要在全国范围内统一执行的矿产资源开发政策的直接执行。

（二）矿产资源开发中的各级地方政府及其行政机构

鉴于国务院代表国家行使矿产资源所有权，其所有权实现方式是通过

---

① 《中华人民共和国宪法（全文）》，新华网，http：//news. xinhuanet. com/newscenter/ 2004 – 03/15/content_ 1367387. htm，访问时间：2004 年 3 月 15 日。

② 全国人大常委会：《中华人民共和国矿产资源法（修正）》，中国矿业网，http：// app. chinamining. com. cn/focus/Law/2007 – 08 – 07/1186454015d6952. html。

委托或以法律法规形式授权给地方各级行政主管部门，由地方政府依法管理和保护矿产资源，因此，国务院即中央政府是矿产资源所有权的代表者，地方各级政府是参与者和实施者；国务院（国家）作为矿产资源所有权人，其所有权权益主要是通过与使用权人之间委托代理关系来体现的，因而，矿产资源开发中涉及的各级地方政府及其相关者主要包括：

（1）矿产资源开发中的省、地级行政机构。作为最高或较高一级的地方政府，中国宪法规定，省级人民政府是省级国家权力机关的执行机关，是地方国家行政机关；地级市是省、自治区管辖下的地方分治单位。所以，省、地级行政机构在矿产资源开发中的作用与国务院及其所属部门的作用类似，只不过政策执行的范围限于本行政区域，政策权限也相对较小，主要是制定政策、根据上级的政策细化和完善政策、直接执行政策、交付下级政府机构执行政策、监督政策的执行进程等。具体就矿产资源开发而言，一是上级下达政策的具体化。鉴于中国严格的行政层级制度特征，对上级机关提出的政策，往往需在本级机关有明确的意见之后，下级机关才会执行；且在大多数情况下，上级提出的政策往往是原则性的要求，下级有政策具体化的权限和义务。二是类似于中央级行政机构，但仅限于本行政区域内的监督政策执行。三是直接执行某些仅适应于本级地域内的政策。

（2）矿产资源开发中的县、乡级行政机构。县级行政机构指行政级别上相当于县一级的人民政府，主要包括县、市辖区，县级市等。鉴于县级政府的区划、机构设置、职能作用以及相对稳定性，对经济发展的实际影响相对稳定；且与国家政策的执行目标群体联系最为密切，因而，对矿产资源开发政策而言，由县级行政机构来执行，比较适合其人员、财力及管理范畴，因此，从一定意义上可以说是中国矿产资源开发政策执行的基本单位是县级行政机构，其可以管理本行政区域内与矿产资源开发相关的财税、矿工就业、生产安全监察、生态环保等事务，促进本地区的经济发展。

乡镇政府是中国最基层的行政机构，宪法规定①，"乡、民族乡、镇的人民政府执行本级人民代表大会的决议和上级国家行政机关的决定和命

---

① 《中华人民共和国宪法（全文）》，2004 年 3 月 15 日发布，新华网，http：//news. xin-huanet. com/newscenter/2004 - 03/15/content_ 1367387. htm。

令，管理本行政区域内的行政工作"。随着中国矿产资源开发的发展，以乡级为主的国家行政权力开始频频出现在矿区（村镇）的矿产资源开发视野中，其职能主要表现在：管理与矿产资源开发相关的部分安全生产、生态环境等事务。

（3）矿产资源开发中的各级政府内部行政管理者及其部门。作为行政管理者及其部门，为矿产资源开发的参与者提供服务。按照生产要素分配理论，行政管理者及其部门有理由获得部分矿产资源开发收益，以维持其不断提供服务的财力、物力等。鉴于政府往往以 GDP 的增长为衡量政府官员政绩的指标，加剧了政府追逐自身利益的最大化[1]，代表国家权力的相关部门通过加强各项管理，逐步建立和规范当地矿产资源开发的秩序，实现"矿产资源国家所有"应当分割的利益；同时，与国家权力的延伸相伴随的，还有一些不同层级的政府管理机构及其公职人员以"公权力的名义"或以"私人"的身份，利用明显的公权力优势涉足矿产资源开发生产，显著地改变了矿产资源开发的利益格局。

二 矿产资源开发中中央政府的利益目标及其行为取向

作为市场主体之一的中央政府，指包括立法、行政和司法机关等全部在内的国家机构。而中央政府行为指政府作为国家的代表所进行的一切活动。由于中央政府行为体现了国家意志，在特定市场经济关系中完全代表了国家。

（一）矿产资源开发中中央政府的利益目标取向

1. 诺思的国家（政府）利益目标观

（1）诺思的国家观。按照诺思的观点[2]，国家的存在有契约理论与掠夺（剥削）理论两种解释。国家契约论认为，如果国家界定和行使有效率的产权，将对经济起促进作用；国家掠夺论认为，如果国家界定一套使得权利集团收益最大化而无视其对社会整体福利影响的产权，就是掠夺或剥削。在此存在着，国家是经济增长的关键，又导致人为经济衰退根源的

---

① 陈锦昌：《试论遏制地方政府的非经济手段扩张》，《湖北经济学院学报》2006 年 3 月。
② ［美］诺思：《西方世界的兴起》，厉以平等译，华夏出版社 1999 年版。

"诺思悖论"，国家对经济增长存在双重作用。诺思的"暴力潜能分配论"认为，若暴力潜能在公民间进行平等分配，便产生契约国家；反之，便产生掠夺式国家。

（2）国家存在的比较优势。诺思认为，由于国家具有一般社会组织所没有的"暴力潜能"性质，由它来界定和行使产权具有比较优势：一是可以代表大多数人的利益。由政府提供制度这种公共产品比私人更有效。二是可避免新制度安排的最佳供给量不足。在诱致性制度安排中，国家行为可避免因"搭便车"行为所造成的制度短缺或制度创新机制的丧失，克服个人或利益集团不能解决的新制度创立的集体享受与其所需费用个别承担的矛盾；并通过提供具有一定规模经济的产权，降低交易费用。

（3）国家存在的目的及特征。按照诺思的国家观，一个福利或效用最大化的国家具有三个基本特征：一是国家为获取收入，以一组具有规模经济特征的服务（如保护和公正）作为交换，其社会总收入高于每一个社会个体自己保护自己所拥有的产权的收入总和；二是国家通过具有歧视性的垄断者活动，为每一个成员集团设计出区别对待的产权，使国家收入最大化；三是国家面临着其他国家以及现存政治经济传统中潜在统治者的竞争，受制于其选民的机会成本。

（4）国家提供基本服务的目的。按照诺思对国家的解释，国家提供的基本服务是博弈的基本原则，其目的在于，一是为了界定竞争和合作的基本原则（在要素和产品市场范围内界定所有权结构）；二是建立有效率的产权，降低交易费用以使社会产出最大化和增加税收；三是鉴于国家是由不同的利益集团所组成的集合体，是不同利益的"均衡者"，制度的变迁或创新会引起利益的重新调整，政策选择往往具有政治意义。

2. 矿产资源开发中中央政府的目标函数分析

根据诺思的国家（政府）利益目标观，鉴于国家（政府）及其利益目标的存在理由，在矿产资源开发中中央政府有其政治利益、经济利益和历史使命，共同构成中央政府的利益目标函数。

（1）矿产资源开发中中央政府的政治利益。首先，中央政府会追求矿产资源开发政治利益的最大化。鉴于中央政府处于官僚层级结构的最顶端，一般被认为没有进一步晋升的强大需求，根据曹红钢的研究[①]，其关

---

① 曹红钢：《政府行为目标与体制转型》，社会科学文献出版社 2007 年版。

注的目标可被概括为维护统治、保障民族利益、制度偏好和其他具体目标四个方面，且均属于政治利益的范畴，只是各有侧重不同而已，因而，中央政府的矿产资源开发政治利益主要是通过矿产资源开发的公共政策，创造经济发展、社会和谐与政治稳定的绩效，以获得学者所称的"政绩合法性"[①]；通过施政和治理来获取最广大民众的政治支持[②]。因此，与地方政府不同，中央政府对矿产资源开发相关利益主体的利益偏好和行为选择相当敏感，要获得政治支持。

而且，中央政府具有很强的矿产资源开发管理制度变迁偏好。根据刘健雄的研究[③]，中国的开国最高领导人属于韦伯所说的"克里斯玛型"或者说"魅力型"领袖，其个人魅力对于凝聚执政党内共识和迅速推行政策有相当重要的作用；中国的改革开放是一场"自上而下"的变革，其动力最终来自强势的政治领导人；但随着代际变更，后继领导人的"政治魅力"会因为年代久远而越来越少，变成韦伯所说的魅力"平民化"。这时，为了树立领导人自己的新型权威和魅力，争取更多的政治合法性，就可能将之诉诸体制改革，创造新的生产力或分配机制。因此，中央政府的矿产资源开发政治利益在于为获得利益相关主体的动力支持，具有创新矿产资源开发管理体制机制的内在动力。

所以，中央政府基于政治利益的考虑，会通过矿产资源开发管理体制和利益机制的构建，保障矿产资源开发的可持续性，保证矿工的劳动权利，克服矿产资源开发的负外部性，努力消除矿产资源开发产生的生态环境污染破坏，最终保障整个国家矿产资源开发的整体利益最大化，促进和谐社会构建，实践科学发展观。

（2）矿产资源开发中中央政府的经济利益。就经济利益而言，中央政府也有强烈的矿产资源开发激励。一方面是因为推动矿产资源开发才能保证资源需求、社会就业、人民生活水平的提高，构成"政绩合法性"的重要内容；另一方面矿产资源开发直接带来财政收入的增加，提高国家的税收汲取能力，也提高了国家的经济发展能力。鉴于中央政府拥有制定

---

①　高全喜主编：《大国策，政治篇，经济增长与合法性的"政绩困局"》，人民日报出版社2009年版。

②　倪星：《政府合法性基础的现代转型与政绩追求》，《中山大学学报》（社会科学版）2006年第46卷第4期。

③　刘健雄：《财政分权、政府竞争与政府治理》，人民出版社2009年版。

税收和财政制度的权力①，因此，中央政府在很大程度上可通过宏观的矿产资源开发政策来调控发展，通过政策刺激地方政府进行矿产资源开发。因此，为获得矿产资源开发的经济利益，中央政府首先会制定利益最大化的资源税收政策，管理好中央直属企业源于矿产资源开发的税收，划分好矿产资源开发收益中中央和地方分成，最终保障整个国家的矿产资源开发利益。

（3）矿产资源开发中中央政府的历史满足感。中央政府处于官僚制顶端，往往会有一种历史荣誉感心理，"名垂青史"，也即唐斯所说的"政治家"特征②，关注矿产资源开发中的全社会"公共利益"实现。例如，刘少奇深感"大跃进"和"三年自然灾害"导致的饥荒和非正常死亡的严重性，曾说过"要上史书的"③。所以，为获得矿产资源开发中的历史满足感，中央政府会尽力摆平矿产资源开发的挑战，会努力在提升矿产资源的开发效率、遏制生态环境恶化、保障矿产资源的可持续发展等方面有所建树。

（二）矿产资源开发中中央政府的行为取向特征

1. 矿产资源开发中中央政府的一般行为特征

鉴于中央政府的利益目标取向，其矿产资源开发中的行为偏好主要表现在：

（1）培育矿产企业的市场体系行为。鉴于市场本身存在着不完全竞争的市场结构、外部成本和外部收益、不完全信息等不可克服的局限性，会造成市场配置资源的低效率，不可能实现帕累托最优；同时市场经济是一种典型的契约经济；因而，为了约束参与矿产资源开发利益主体间的责任和义务，必须培育市场体系、完善市场机制，规范矿产企业的市场行为，维护市场经济的效率与公平行为，构成中央政府的分内责任。

（2）熨平矿产资源开发波动的稳定发展行为。矿产资源开发对国民经济发展的极端重要性，需要中央政府从整体利益出发，制定矿产资源开发的宏观整体规划与长远发展目标，并以此为中心实施相应的系统配套政策。通过控制地方政府行为，保证各项矿产资源开发政策完整执行；推动

---

① 郭玮：《政府间财权及收入划分的基本理论研究》，《经济师》2009 年第 1 期。

② ［美］安东尼·唐斯：《官僚制内幕》，中国人民大学出版社 2006 年版。

③ 邵燕祥：《1958—2008：为"三面红旗"的死难者一哭》，2009 年 11 月 24 日发布，共识网，http：//www.21ccom.net/newsinfo.asp? id = 3993&cid = 10360000。

矿产资源整合、结构优化和稳定开发；协调矿产资源开发的总供求，保证矿产资源开发与国民经济整体发展的协调。

（3）调节矿产资源开发利益的分配关系。鉴于矿产资源开发利益主体的多层次性，利益关系的多层次性和复杂性，需要中央政府建立效率和公平有机统一的矿产资源开发利益分配与调节制度。制定全国统一的矿产资源开发法律法规，协调工农、城乡、地区等的各种矿产资源利益关系，为矿产资源开发的正常运行提供必要的制度保障。通过均衡利益关系，促进矿产资源开发利益相关主体整体福利水平的稳定提高。

（4）保证矿产资源开发的可持续。鉴于环境污染是矿产资源开发中所必然出现的问题。如果放任环境污染日益严重而不加以控制和治理，短期内会直接影响矿区（村镇）生活环境，降低生活质量，甚至受到生理性的危害；长期则会破坏生态环境和自然资源，影响国家和民族后代的后续发展，成为历史的罪人。正因为如此，1992 年的里约环境与发展大会后，中国政府率先制定《中国二十一世纪议程》，将可持续发展确定为必须始终遵循的重大战略①，努力消除矿产资源开发中的负外部性问题，努力实现矿产资源开发的可持续性。

2. 矿产资源开发中中央政府行为的异化

（1）中央政府行为异化的背景。鉴于政府在中国制度变迁过程中的重要作用，属于政府主导型的制度创新②；同时，由直接为主向间接转变的调控，其市场行为特征越发明显：一是政府的决策行为结构由"集权型"向"分权型"转变，中央决策权下放，地方政府权限日益增大。二是经济行为调节由政府直接调控为主向间接转变，微观主体比改革前充满生机和活力③。三是主要通过政府政策工具运用来实现其变革目的④。基于市场调控的分权式的政策治国，虽然具有基于利益基础的灵活反应、迅速高效等优点，但却有法治薄弱、行政裁量权过度、政策随意改变、政策

---

① 全国政协副主席陈锦华：《中国与可持续发展》，《中国新闻与报道》2001 年第 6 期，中国人口信息网，http：//www.cpirc.org.cn/yjwx/yjwx_ detail.asp? id＝2425。

② 陈天祥：《论中国制度变迁的方式》，《中山大学学报》（社会科学版）2001 年第 3 期。

③ 国务院发展研究中心"经济全球化与政府作用"课题组，课题组负责人：陈清泰、谢伏瞻；课题组顾问：吴敬琏.《经济全球化背景下的政府改革》2001 年 8 月 21 日，中国宏观经济信息网，http：//www.macrochina.com.cn/zhzt/000089/001/20010817016763.shtml。

④ 周永生：《实现依政策治国到依法治国的历史转变》，《西南民族大学学报》（人文社会科学版）2003 年第 2 期。

失效等缺点，为中央政府的行为异化埋下了伏笔。

（2）矿产资源开发中中央政府行为异化的表现。一是管理矿产资源开发行为的企业化和市场化偏好。鉴于矿产资源属于代表全民的国家所有，开发具有国家垄断性特征，中央政府与矿产企业活动的紧密结合，易于按照矿产企业的利益目标定义本身的目标趋向，片面追求矿产资源开发的局部利益，而忽略中央政府应承担的其他重要的矿产资源开发管理功能，例如环境保护等，造成中央政府在矿产资源开发利益的分割中超越性降低，导致"政策变通化"①等行为偏好倾向。在矿产资源开发中的具体表现是：中央政府机构直接参与矿产资源营利性的经营活动；层层下达指标，将矿产资源发展作为衡量绩效考核的标准之一；以"为矿产企业办实事"为名对矿产资源开发项目和企业经营活动直接介入；对除矿产资源开发利益以外的其他相关政府功能丧失兴趣，政府官员和矿产企业私下交易。

二是易导致对中央政府政策的官僚保护性追求，掠夺性地瓜分矿产资源，而不去创造性高效率地开发。鉴于人类追求利益的行为方式有：通过生产性活动使自己的利益与社会财富总量同时增进；或通过非生产性的"寻租"活动重新分配和集中社会财富，利益相关主体间是"零和"或"负和"博弈。因此，为了获得垄断性的矿产资源财富，部分矿产企业会发现进行生产经营活动，还不如寻求中央政府保护政策，掠夺性地开发矿产资源，从而导致不顾及子孙后代利益、矿区（村镇）居民利益、矿工生命安危，以获得更大的"寻租"收益，形成矿产资源的"掠夺式"开采。

三　矿产资源开发中地方政府的利益目标及其行为取向

（一）矿产资源开发中地方政府的利益目标取向

地方政府是国家为了管理需要，划分地区设置的地方行政单位，其形成和发展受到国家结构、政治制度、经济体制、文化传统等诸多因素的影响和制约，但也存在着一些共同的特征。

---

① 潘修华：《当代中国社会阶层结构变迁与重建国家自主性》，《理论与改革》2005 年第 4 期。《当代中国社会阶层结构变迁与国家自主性演变》，《南通大学学报》（社会科学版）2005 年第 3 期。

1. 地方政府的内涵

（1）关于地方政府的各类观点。一是英国《布莱克维尔政治学百科全书》的地方政府观①，认为地方政府是"权力或管辖范围被限定在国家的一部分地区内的政治机构。它经过长期的历史发展，在一国政治结构中处于隶属地位，具有地方参与权、税收权和诸多职责"。二是维基百科"自由的百科全书"的地方政府观②，认为地方政府是管理一个国家行政区事务的政府组织的总称，通常对应于中央政府（在联邦制国家，即称"联邦政府"）的称谓，不属中央政府管辖，或不直接由中央管辖。但当今世界绝大部分国家都在国内设有不同层级和不同类型的地方政府，以保证国家行政管理的稳定性、有序性和效能性。三是中国的地方政府观。中国普遍将中央政府以下的分支均称为地方政府，包括省（直辖市、自治区）、市（计划单列市、地级市）、县（县级市）、乡、镇等几个层级。

综上所述，地方政府的含义一般是指在国家特定区域内，依据宪法和有关法律的规定，对本地区事务享有自治管理权的地域性统治机关。在单一制国家，指除中央政府之外的所有地方政府；在联邦制国家，既包括州和省一级政府，也包括州和省以下的地方政府。

（2）矿产资源开发中的地方政府范围。矿产资源开发中的地方政府包括中央政府以外的各级政府，既可以是省市，也可以是县、乡。既包含地方行政机关、地方立法机关、地方司法机关在内的地方公共权力机关，也包含地方各级党委。鉴于地方各级党委掌握着决策权、用人权以及其他重要权力，不仅自身具有行政功能，且对政府的矿产资源开发行为有着极大的影响，自然应包括在地方政府之中。

（3）矿产资源开发中地方政府的重大作用。一是地方政府贴近基层和矿区（村镇、村政），具有信息优势，了解与基层和矿区（村镇、村政）发展利益相关的各类主体的真实需求，在提供地方性公共服务方面具有得天独厚的优势，可以在矿产资源开发公共政策领域及时做出回应；二是和谐矿区（村镇、村政）的构建对政府管理提出诸多要求，远远超过了中央政府的承受能力，客观上要求地方政府承担更多的地方矿区（村镇、村政）发展事务的管理工作；三是为了全国矿产资源开发的整体

---

① 董幼鸿等编著：《地方公共管理：理论与实践》，上海人民出版社2008年版。

② 《地方政府》，维基百科，http://zh. wikipedia. org/wiki/% E5% 9C% B0% E6% 96% B9% E6% 94% BF% E5% BA% 9C。

可持续发展，必须要有地方政府的存在，以构建稳定和谐可持续的基础条件。

2. 矿产资源开发中地方政府的利益主体类别

根据中国学者对政府利益的研究，一是认为"政府利益主要是指政府本身的权益"①；二是认为"政府利益是指政府自身需求的满足"②；三是认为"从政府及其成员的双重角色来看，政府利益是由人民利益、政府组织利益及其成员个人利益共同构成的复杂综合体"③；四是认为政府利益是指政府系统自身需求的满足，如政府的权力与权威，政府的业绩、信誉与形象，政府工作条件与公务人员的收入和福利等④。综观上述可知，政府利益并不完全等同于公共利益，只不过与公共利益的关系更加密切；同时，鉴于市场经济要求承认每一个社会成员和组织的合法利益⑤，因此，可将矿产资源开发中的政府利益主体划分为以下几个部分：

（1）矿产资源开发中的政府官员利益。政府官员是私人利益和公共利益的综合体，鉴于其"理性人"特征，在与矿产资源开发联系过程中，具有自身利益取向，如个人价值实现、职位升迁、个人经济利益增进、舒适生活追求等。同时，作为政府工作人员，又要求其超脱地从矿产资源开发利益的全局出发，以客观公正的第三者身份来对待政策和管理问题，扮演好政策制定者、执行者和操作者角色。因而其利益又常常表现为"公仆"的地位限制了其自身利益的明确追求表达，导致其他方式的被迫采用，如通过腐败寻租等行为实现私利，极易增加侵害矿产资源开发公共利益的概率。

（2）矿产资源开发中的政府部门利益。包括横向和纵向两个方面：横向部分表示部门局部利益，也即政府内部同级不同部门间的利益差别；纵向部分表示地方局部利益，也即中央与地方、上级与下级政府部门间的利益差别。鉴于改革开放导致的利益结构调整，使得充当公共利益代表者

---

① 臧乃康：《政府利益论》，《理论探讨》1999 年第 1 期。

② 商红日：《政府基础论》，经济日报出版社 2002 年版。

③ 陈庆云、曾军荣：《论公共管理中的政府利益》，《中国行政管理》2005 年第 8 期。

④ 刘健雄：《财政分权、政府竞争与政府治理》，人民出版社 2009 年版。

⑤ 王颖、娄成武：《政府利益内在性的抑制与政府信用建设》，《东北大学学报》（社会科学版）2007 年第 5 期。

的政府部门，也表现出越来越明显的单位利益代表者角色①，因此，使得政府部门的矿产资源开发行为基本准则经常以本地区（部门）的利益为出发点，可能导致地方（部门）的小集团在矿产资源开发利益的分割中获利，国家整体和绝大多数利益相关者的利益受损。

（3）矿产资源开发中的政府组织整体利益。按照韦伯的观点，理论上，科层组织只是非人格的部门，但实际上却形成了政府中的独立群体，拥有本身的利益、价值和权力基础②。在矿产资源开发中，政府组织整体利益包括政治和经济两个方面。鉴于政府政绩主要由上级制定的考核标准来决定，会导致政府行为目标唯上不唯下，会对矿产资源开发管理"唯上级马首是瞻"；鉴于政府本身的"经济人"特性③，政府财政收入与其经济利益直接挂钩，会导致政府追求自身利益最大化，存在与矿产资源开发利益提供者结盟的偏好，损害矿产资源开发其他利益相关者的利益，导致生态环境受损，生产安全问题恶化，资源利用效率低下等。

3. 矿产资源开发中地方政府利益目标函数的决定要素分析

按照利益决定要素划分，矿产资源开发中地方政府的利益目标函数由经济利益、政治利益和政治忠诚三大因素决定。经济利益包括地区矿产资源经济发展（如产值规模和就业等）、矿产资源税费收入和官员个人收入；政治利益主要指职务升迁；政治忠诚主要指执行和完成上级的矿产资源开发利益目标。经济利益、政治利益和政治忠诚三大因素对地方政府行为都具有明显的正面激励作用：经济利益越多、政治利益越大和政治忠诚越强，则其行为的动机就越强，也即地方政府更愿意去做那些能给自己带来经济利益、政治利益和政治忠诚表现度的事情。在一定制度条件下，地方官员会力图使自己的这些利益最大化。

（1）官僚制特征背景下的矿产资源开发政治利益。官僚制本身属于上下级等级关系严格的多层级的"金字塔"科层组织。马克斯·韦伯认为，"典型官僚制下的官僚，是由上级任命的，由被支配者选举出来的官

---

①　齐树洁：《论我国环境纠纷诉讼制度的完善》，《福建法学》2006年第1期（总第85期）。

②　刘健雄：《财政分权、政府竞争与政府治理》，人民出版社2009年版。

③　王驰：《信息非对称理论在公共管理中的应用与反思》，《经济与社会发展》2007年第5期。

僚，再也不是个纯粹的官僚类型"①。按照刘健雄的研究②，对典型的官僚由上级任命，政治前途也取决于上级，相对于上级有很弱的自主性，总是在上级的监督下工作。因而，地方政府官员的政治生命主要掌握在中央政府或上级手中，政治升迁意味着更大的政治权力，也意味着更高的政治声誉。另外，根据周黎安的政治锦标赛理论③，同一层级的地方官员相对于上级而进行的竞争称为"政治晋升博弈"或"政治竞标赛"（political tournaments）。竞赛优胜的标准由上级政府决定，可以是 GDP 增长率，或其他如财政收入、就业率、治安状况等指标，是理解政府激励与增长的关键线索，可以将关心仕途的地方政府官员置于强大的激励之下。

由此可知，地方政府政治利益追求成为矿产资源开发体制背景下的一个极其重要的影响因素，通过影响地方政府组织的内部运作成为决定矿产资源开发管理和利益分割的一个较为关键的变量。所以，政治利益诉求成为地方政府参与分割矿产资源开发利益目标函数中的三大决定因素之一。

（2）政治经济体制背景下的矿产资源开发经济利益。经济利益也是地方政府矿产资源开发利益目标函数的决定因素之一。经济利益包括政府经济收益，如财政收入等，也包括官员个人经济所得，如工资收入、各项补贴等。因此，矿产资源开发的财税收入和经济激励会进入地方政府的利益目标函数视野，其主要原因在于经济利益。

经济工作重心的转向，官员升迁的重要考核内容和保障在于地方发展。充分利用地区的矿产资源禀赋，重视矿产资源开发利益，增加矿产资源开发的 GDP 分量，用经济发展的利益追求来保障政治收益的实现成为内在行为选择。根据周黎安的研究结论④，现有政治体制下的仕途考核指标主要是以地方官员所在省市的相对经济业绩，甚至以 GDP 挂帅，使各地具有强大的发展愿望。其实证结论发现，省级官员的升迁概率与省区 GDP 的增长率呈显著的正相关关系⑤。

---

① ［德］韦伯著：《韦伯作品集Ⅲ：支配社会学》，康乐、简惠美译，广西师范大学出版社 2004 年版。

② 刘健雄：《财政分权、政府竞争与政府治理》，人民出版社 2009 年版。

③ 周黎安：《中国地方官员的晋升锦标赛模式研究》，《经济研究》2007 年第 7 期。

④ 同上。

⑤ 周黎安、李宏彬、陈烨：《相对绩效考核：关于中国地方官员晋升的一项经验研究》，《经济学报》2005 年第 1 期。

同时，张军的研究认为[①]，从 1978 年的十一届三中全会到"发展是第一要务"，"增长共识"被纳入执政党的纲领中；通过有效的地方官员考评和晋升激励机制和治理结构，加上财政体制上的分权和分税，地方经济发展的激励问题得以解决；形成基于地方发展的"政绩观"，实现了经济分权和政治集中的平衡。

因此，作为一个重要的产业，能够带来 GDP 份额和财税收入的矿产资源开发自然会进入到致力于区域经济发展的地方政府利益目标框架，并成为政绩追求的核心内容，成为地方政府利益目标函数的一个重要变量。特别是，对具有矿产资源禀赋优势的地区，鉴于矿产资源开发会直接增加政府财税收入，提高政府公共产品的供给能力，提升市场经济不确定环境的驾驭调控力，直接提高政府能力，如大型项目投资、市政设施改善、就业岗位创造等，从而直接影响到官员任职的合法性和支持度，所以，地方政府必然会十分关心能够带来税收和规费增长的矿产资源开发。另外，矿产资源开发增加的政府财政收入会直接带来官员个人经济收益的增加。作为"理性人"的官员，出于自身工作设施条件、办公软硬件环境、公车配备、各种津贴、福利待遇等非货币性收益和货币性收入的考虑，也会非常注重区域矿产资源开发。

（3）意识形态教育背景下矿产资源开发的政治信仰或者政治忠诚。政治信仰或政治忠诚元素会进入地方政府的矿产资源开发利益目标函数。根据刘健雄的研究[②]，意识形态教育等已成为统一思想、加强组织凝聚力和激励的重要手段；成为国家与社会管理的一项重要传统；局部服从全局、地方服从中央、个人服从集体在某种程度上已成为官员行为准则。因此，为了保证整体国民经济的和谐发展和速度要求，以及矿产资源开发可持续发展目标的实现，地方政府会在区域生态环境保护、安全生产保证、矿区（村镇）居民安居乐业等方面采取一定措施，以表达政治忠诚。所以，政治忠诚在一定程度上也是地方政府利益目标函数中三大决定因素之一。

4. 矿产资源开发中地方政府利益目标的"利益集团"复合特征

按照矿产资源开发利益享用的覆盖面划分，地方政府的利益目标是公

[①]　张军：《为增长而竞争：中国之谜的一个解读》，《东岳论丛》2005 年第 26 卷第 4 期。

[②]　刘健雄：《财政分权、政府竞争与政府治理》，人民出版社 2009 年版。

共利益和集团利益的集合体。

（1）矿产资源开发中的地方政府内在公共利益目标及其实现困境。在规范经济学里，政府行为应以"公共利益"（public interests）、最大化社会福利为目标[1]，因而，地方政府作为矿产资源开发中的利益主体之一，其存在的基本价值在于发展和维护矿产资源开发利益的均衡。但地方政府存在着矿产资源开发公共利益目标实现的有限理性困境。这是由于：地方政府的矿产资源开发决策过程中，总是面临着错综复杂的不确定，信息和认识能力都是稀缺的，需获得就得付出一定的代价；同时，即使主观上想把事情办好，由于种种的现实局限而不容易办到，甚至好心办坏事。因此，地方政府总是在有限信息和有限能力的约束下，从矿产资源开发管理的各种备选方案中选择"最佳"，存在现实困境。

（2）矿产资源开发中的地方政府集团利益偏好。尽管都希望政府会按矿产资源开发利益均衡的要求行事，但事实却与理想存在较大差异：地方政府在矿产资源开发中会脱离公共利益的轨道，出现集团利益偏好。具体在矿产资源开发中出现以下地方政府行为特征：一是地方政府总是尽可能在一定约束条件下追求矿产资源开发利益最大化。二是现实中由政治家和公务人员组成的地方政府，其"经济人"官员会以追求机构利益最大化为行为准则，关心工资高低、办公条件好坏、公众声望和权力大小、晋升概率大小等。三是存在政府规模扩大的偏好。按照"帕金森定律"的结论[2]，政府官员愿意扩充其下属而不是竞争对手，在缺乏竞争淘汰机制的情况下会变得越发难以遏制。最终满足官僚们的矿产资源开发利益和权力欲望。

（3）矿产资源开发中的地方政府利益复合性。鉴于地方政府实现矿产资源开发公共利益的困难和利益集团化偏好，其利益目标具有复合性特点，具体包括：社会层面利益目标，其宗旨在于本地区福利最大化；集团层面利益目标，其宗旨在于本地区"利益集团"福利最大化。前者形成纯粹的"公共利益"；后者形成特殊的集团利益，客观上它可能对本地经济的长期发展有利；两者的重叠部分表明社会层面上与集团层面上的利益达到了一致；但非重叠的部分表明，政府可能为谋求自身利益而侵犯公共

---

① 董江涛：《转变政府职能：以公共利益最大化为目标》，《长白学刊》2008 年第 2 期。

② 《帕金森定律》（Parkinson's Law），http://www. shenmeshi. com/Education/Education_ 20 070131212153. html。

利益，背离政府行为的最初目标。

因此，随着矿产资源经济发展，鉴于县乡级政府与基层和矿区（村镇）最为贴近，以县级为主的地方行政权力频频出现在矿产资源开发视野中。一方面，代表国家权力的地方政府相关部门通过加强各项管理，以逐步建立和规范当地矿产资源开发秩序，实现"矿产资源国家所有"的利益分割，保证公共利益实现；另一方面，鉴于地方政府相关部门存在自身利益追求的内在偏好，同时，矿区（村镇）的利益相关主体也可能"策略地"与这些政府行政权力周旋博弈，以尽可能实现自身利益最大化。于是，地方政府行政权力开始了其新的延伸历程，部分层级的地方政府、管理机构及其公职人员会以"私人"身份进入矿产资源开发利益的分配，导致矿产资源开发利益格局的显著改变，增添了矿产资源开发中的地方政府利益复合性。

5. 矿产资源开发中地方政府利益关系目标的多元化取向

按照纵向利益关系划分，地方政府的矿产资源开发利益目标是多元化的，包括上级利益、自身利益和辖区利益。这是由于分权化和市场化改革以来，地方政府的主体角色表现呈现多元化特征：中央政府在本辖区的"代理人"、具有自身独立利益的地方政府、辖区利益的代表者和辖区公共物品的提供者等①。而且作为不同的角色主体，地方政府有着不同的目标函数和约束条件，如中央政府（包括上级政府）和辖区微观主体（辖区居民和企业）会对地方政府施加不同的约束，构成不同的利益博弈关系，使地方政府的目标函数更偏向于其主体的本位要求。因此，地方政府的利益目标关系取向至少应包括上级政府的满意度、辖区的 GDP 和税收最大化、辖区居民的满意度三个层面。

（1）矿产资源开发中地方政府的上级利益目标。根据李军杰和钟君的观点，"按照中国目前的干部任用体制，上级政府的满意无异于西方政治家眼中选民的选票，是决定性的"②。因而，地方政府的利益目标首先是满足中央政府（包括上级政府）的利益要求。鉴于中央政府的矿产资源开发利益目标是多重性的，不仅包括开发的可持续性、开发过程中生态环保等负外部性的治理、税费收入的获得、安全生产的保障、矿工权益的

---

① 丘海雄、徐建牛：《市场转型过程中地方政府角色研究述评》，《社会学研究》2004 年第 7 期。

② 李军杰、钟君：《中国地方政府经济行为分析》（上），《中国工业经济》2004 年第 4 期。

维护、就业和社会稳定等，而中央政府的利益目标会通过科层组织机制层层分解到下级政府，形成中央政府与各级地方政府之间关于矿产资源开发的委托代理关系；同时，下级地方政府的矿产资源开发行为受委托者的激励机制支配，其利益目标和行动取决于上级政府的目标偏好和考评激励制度以及地方政府手中握有的博弈条件。所以，矿产资源开发中地方政府的利益目标取向会受到上级政府利益多元性的约束。

（2）矿产资源开发中的地方政府自身利益目标。作为具有自身独立利益的行为主体，地方政府的目标取向自然是自身利益最大化。在地方政绩考核标准主要是经济增速和税收增长数量的情况下，其自身利益主要表现为辖区 GDP 和税收最大化。从辖区 GDP 最大化角度看，矿产资源开发与辖区 GDP 的增长存在着正向相关性，矿产资源开发的良性发展预示着更多的 GDP 份额。就辖区税收最大化而言，矿产资源开发的规模扩张和高效利用，意味着政府获得充足的财税源泉，向更多的新增矿产资源财富开发部门征税，而且，即使税率不变甚至降低税率，税收总量也不会减少；即使税率提高，只要其增长幅度低于矿产资源财富开发的增长率，也不会导致政府合法性的恶化。当然，在缺乏有效制度约束的条件下，可能会损害国家的整体利益，如地方保护主义；也可能会危害辖区居民的公共利益，如矿区（村镇）生态环境恶化；而在科学合理的制度环境诱导下，地方政府行为可与全国利益的最大化和辖区居民的公共利益最大化实现一定的激励兼容。

（3）矿产资源开发中的地方政府辖区利益目标。作为辖区利益的代表者和辖区的管理者及公共物品的提供者，地方政府的矿产资源开发辖区利益目标是辖区微观主体即居民和企业的满意程度；可通过矿产资源开发管理，如增加辖区就业岗位、增加居民收入等赢得辖区微观利益主体拥护和支持。如果对地方政府的矿产资源开发管理行为不满，原则上可通过选举、人大对地方政府职能部门报告的批准、居民的建言献策、行政诉讼等"用手投票"方式来约束地方政府；在户籍制度约束日益松动和资本可以跨辖区流动选择的条件下，辖区居民（尤其是资本拥有者）可以采取"用脚投票"的方式对各级地方政府之间制约。但在缺乏有效的制度约束条件下，地方政府基于自身或部门收益最大化的考虑，会通过机会主义获得非正式收入而掠夺和牺牲辖区的矿产资源开发整体利益，导致辖区生态环境恶化等，形成与辖区微观利益主体效用最大化的偏差。

（二）矿产资源开发中地方政府的行为取向特征

1. 矿产资源开发中地方政府的行为方式

鉴于地方政府的矿产资源开发利益目标，其主要行为方式表现如下：

（1）执行上级政策、争取上级政策优惠和投入。一是依据中央政府（或上级政府）关于矿产资源开发的总体规划与长远发展目标，结合本地区的矿产资源禀赋，科学制定和实施本地区矿产资源开发的战略目标及其发展步骤，建立健全促进辖区矿产资源和谐开发。二是争取上级政策优惠。上级政策优惠和投入是中央政府（或上级政府）用来协调矿产资源开发协调和实现矿产资源开发利益再分配功能的主要手段，对于地方政府来说，争取上级政策优惠和投入，比如财政转移支付、项目投资等既是促进辖区矿产资源禀赋利用过程的组成部分，也是横向竞争的重要手段。

（2）提供并改善公共物品的数量与质量，促进地方矿产资源开发。顺应上级矿产资源开发政策，提供并改善地方公共物品的基础条件，是本辖区留住和吸引资本、人才等要素，促进矿产资源开发的最主要竞争手段。一是构建并完善本辖区的政策法规和服务、交通通信等基础设施、教育和安全等公共物品体系，为矿产企业提供开发条件。二是利用地方财政和区域性收入分配政策，引导和调节辖区矿产资源开发利益，推动区域性矿产资源开发效益增长。

（3）调节本地区的产业结构，扶持和保护辖区矿产企业发展。一是在中央宏观产业政策框架内，及时有效地调节本地区的产业结构，最大限度地利用本地区的矿产资源禀赋优势，建立健全适合本地区特色的矿产资源开发格局。二是扶持和保护辖区矿产企业。给予包括资金、政策和政府采购等方面的支持，扶持和保护辖区矿产企业，促进辖区矿产资源禀赋的利用，实现多重利益目标。

2. 矿产资源开发中地方政府行为的约束条件

地方政府的矿产资源开发管理行为会受到以下条件约束：

（1）政府行为失效的约束。地方政府在为其矿产资源开发利益目标努力时，往往力不从心，不能充分实现其政策目标，造成"政府失效"。主要表现在：一是鉴于信息的不完全性，地方政府对矿产资源开发的动态认识与采取的行动之间存在一定的时差、时滞，使得许多矿产资源开发政策的决定条件和实施效果极为复杂和难以预测。二是地方政府的控制能力和范围有限。除政府行为外，市场力量会在矿产资源开发中发挥巨大作用。三是矿产资源开发中的众多"棘轮效应"会造成政策效果的不对称，导致地方政府力不从心。如矿产资源的价格刚性、矿工的工资福利刚性、生态环境保护刚性等，由于要素价格都具有增长偏好，因此，在矿产资源开发利益的制衡过程中，增长的政策调节易于奏效，相反利益抑制效果则不佳。

（2）利益集团寻租行为的约束。地方政府的矿产资源开发管理行为会受到利益集团寻租行为的约束，主要表现在：一是根据布坎南的研究①，政府的特许、配额、许可证、特许权分配等都意味着由政府造成的任意的或人为的稀缺，因此，矿产资源开发使用权的廉价或非公平市场交易，会培育矿产企业利益集团寻租行为的约束土壤。二是鉴于任一政策导致某些集团得益或受损时，会发生有组织的支持或反对，以便从中得到更多利益或减少损失，因而，在某些矿产资源开发利益集团得益的条件下，会导致"寻租"（rent seeking）行为，如对探矿权、采矿权等的寻租追求；在某些矿产资源开发利益集团受损的条件下，会导致地方政府政策不能始终如一地贯彻，处于不断变换之中。

（3）矿区（村镇）居民"以脚投票"的约束。鉴于要素的地域性流动无疑会给地方政府压力，地方政府的行为会受到辖区居民"以脚投票"的选择约束。在矿产资源开发中，有条件和能力流动的居民会自然地朝那些生态环境更好、要素收益率更高的地区迁移，不仅导致劳动要素的离去，其他要素（如资本）也将会被附带转移。

（三）矿产资源开发中地方政府的行为困境

地方政府的矿产资源开发管理行为存在着行为企业化、公共利益行为均衡等困境，主要表现在：

1. 矿产资源开发中地方政府的行为企业化困境

地方政府的矿产资源开发行为除了受其追逐的辖区经济发展利益驱动外，更重要的驱动在于，在市场经济体系逐步完善的过程中，地方政府掌握着本地区经济发展的大部分资源②，在民间制衡力量尚没有形成或不占主体地位的条件下，地方政府行为的企业化偏好，会导致地方政府的矿产

---

① ［美］詹姆士·布坎南：《寻求租金和寻求利润》，《经济社会体制比较》1988年第6期。
② 杨淑华：《我国经济发展方式转变的路径分析——基于经济驱动力视角》，2009年7月31日，http：//www.zei.gov.cn/portal/il.htm? a=si&id=8a948a9522b9da690122ce40434703c5&key=zei_zfb/yjp/060202/06020204。

资源开发管理行为企业化。

（1）权力格局的演变保障了地方政府的矿产资源开发利益。改革开放进程中的权力格局演变为拥有矿产资源禀赋优势的地方政府提供了矿产资源开发利益激励的基础。邓小平认为，权力过分集中和权力结构不合理，是中国政治体制的"总病根"①。因此，权力下放转移，以财政制度安排为核心的"放权让利"的改革，改变了地方政府的权力格局，形成了地方政府的横向层面自主性；同时，在纵向层面获得了更多的经济决策权和自主权，成为市场利益主体。具体表现在：一是放权的利益导向调动了地方政府制度创新的动力和积极性；二是放权强化了地方政府权力的自主程度，提高了其行政能力和权限；三是管理权限的获得和扩大导致地方政府实际上取得了制度创新的物质保障和资源配置权，获得了制度创新的政治资源和法律保障。所以，地方政府权力格局的演变，不仅使得拥有矿产资源禀赋的地方政府获得了矿产资源开发的利益激励基础，更预示着地方政府可以通过制度创新、运用自主行政能力和法律保障等手段获得更多、更稳固的矿产资源开发利益。

（2）矿产资源开发权力的整合提供了地方政府开发行为企业化的条件。鉴于在经济权力迁移过程中，中央政府将经济剩余分享权和控制权分配给地方，不同层级的地方政府成为辖区内经济剩余的真正剩余索取者和控制者，地方经济利益的独特性逐渐显露，因而，地方政府拥有矿产资源开发利益的三个支配权：一是国有矿产资源开发力量的支配权。随着对地方政府的行政性分权，作为区域发展重要组成部分的矿产资源开发也转变为地方主导型，地方政府可以成为辖区矿产资源开发领域最重要的投资主体和直接控制者，并获得了辖区矿产资源开发利益的剩余索取权和控制权。二是矿产资源开发利益的收入支配权。各级地方政府拥有着强大的矿产资源开发利益支配权：与矿产资源开发利益相关的增值税要与中央政府（或上级政府）分成；资源税几乎全部留给地方②。三是矿产资源开发利益的行政控制权。借助行政权力的垄断性和强制性，地方政府可采用市场和企业管制手段来控制非国有矿产资源开发力量，诸如在矿产资源开发的项目审批、生产许可证发放、安全许可证发放、环境评估许可等方面进行

---

① 《邓小平文选》（第2卷），人民出版社1994年版。

② 瞿燕丽：《对我国资源税费制度的基本分析和探讨》，2009年3月12日，甘肃国土资源网，http：//www.gsdlr.gov.cn/content1.aspx? id=1715。

调控。因此，矿产资源开发的权力整合，不仅为地方政府的矿产资源开发行为企业化提供了条件，也提供了可能。

另外，作为独立的利益主体，地方政府可以与矿产企业结合，特别是与那些对本地发展有重大影响的矿产企业及其集团"连为一体"，"共谋"发展大业。这种政府行为的企业化，在很大程度上替代企业家的功能，会使辖区矿产资源开发具有较浓厚的（地方）政府行为导向色彩。

2. 矿产资源开发中地方政府利益行为均衡困境

公共利益需要政府来维护几乎是一个不容置疑的命题。但地方政府在维护矿产资源开发的公共利益过程中，由于受到公共利益内涵的界定，地方政府具体维护公共利益的难以权衡，以及地方政府自身利益惯性扩张的影响，会导致地方政府维护矿产资源开发利益公正陷入困境。

（1）公共利益内涵的确定困境。虽然人们承认公共利益的客观存在，却普遍难以给出一个权威定义。一是根据纽曼的"不确定多数人理论"①，公共的概念指利益效果所及的范围，即以受益人多寡的方式来决定，只要大多数的不确定数目的利益人存在，即属公益，强调在数量上的特征。二是按照边沁的观点②，"公共利益"绝不是什么独立于个人利益的特殊利益。"共同体是个虚构体，由那些被认为可以说构成其成员的个人组成。共同体的利益是组成共同体的若干成员的利益的总和；不理解什么是个人利益，谈共同体的利益便毫无意义。"三是按照哈耶克的观点③，公共利益只能定义为一种抽象的秩序——"自由社会的共同福利或公共利益的概念，绝不可定义为所要达至的已知的特定结果的总和，而只能定义为一种抽象的秩序。作为一个整体，它不指向任何特定的具体目标，而是仅仅提供最佳渠道，使无论哪个成员都可以将自己的知识用于自己的目的"。四是按照安德森的观点④，公共利益内涵难以确定："我敢断言，倘若问到公共政策应与公共利益还是私人利益保持一致，绝大多数读者将倾向于公共利益。然而，当问到什么是公共利益时，困难就随之产生了。它是大多数人的利益吗？倘若回答是肯定的，那么，怎样去确定大多数人在政策中真正希望的东西？它是消费者（顾客）这个庞大团体的利益吗？它是

---

① 陈新民：《德国公法学基础理论》，山东人民出版社 2001 年版。
② ［英］边沁著：《道德与立法原理导论》，时殷弘译，商务印书馆 2000 年版。
③ ［德］哈耶克：《经济、科学与政治——哈耶克思想精粹》，江苏人民出版社 2000 年版。
④ ［美］詹姆斯·安德森：《公共决策》，华夏出版社 1990 年版。

人们明确思考和理智行动时希望得到的东西吗?”综上所述,公共利益内涵的确定困境会成为地方政府矿产资源开发利益行为选择的天然的严重障碍。

(2)矿产资源开发中地方政府利益均衡的权衡困境。将抽象的“公共利益”具体化为矿产资源开发利益的具体可操作性,会使地方政府在权衡矿产资源开发的公共利益时存在困境。这是由于:一是矿产资源开发的“多数利益”不能等价于“公共利益”。按照阿罗的不可能定理,多数人同意的表决机制不一定是有效的。多数原则所造成的直接后果就是多数人的利益被扩大为全民利益,而少数人的利益被缩小为零利益。所以,存在着矿产资源开发的“集团利益”被放大为“辖区全民利益”的可能。二是矿产资源开发中的“多数”难以确定。在利益表达机会缺失和实行成本的约束下,所有的利益相关主体的呼声并非都能听到,因而形成的“多数”显然不能完全代表辖区矿产资源开发的公共利益。三是矿产资源开发中的“绝对多数”难以形成。按照萨托利的观点[1],民主产生许多少数派,而不是一个单一的少数,多个少数派联合起来的力量实际上大于一个多数派。鉴于利益表达的纷繁复杂性,如果政府简单地按照“较小多数”的矿产资源开发利益行事,会造成地方政府矿产资源开发管理行为的利益均衡困境。

(3)矿产资源开发中地方政府自身利益的惯性扩张困境。鉴于地方政府本身的自利性,及其利益最大化追逐,会导致在维护公共利益的价值取向中,反过来侵犯矿产资源开发的公共利益。按照诺思的国家理论[2],作为公共利益代表,政府可能从社会长远利益出发进行制度创新,但又是由作为“经济人”的统治者来进行的,“又会为个人或团体的利益去行动,去寻求自己利益的最大化,为统治者自己谋利益”,常常会为了自身利益而忘却社会利益,甚至牺牲社会利益而谋求个人或集团利益。按照公共选择学派的观点,政府内部的官僚集团拥有自己的利益,同样追求自身利益的最大化[3],甚至会导致政府行为变异,如寻租与腐败等。因此,政府本性具有一种天然的扩张倾向,对利益的追求导致了“公共活动递增

---

① [美]萨托利:《民主新论》,冯克利等译,东方出版社1998年版。
② 黄新华:《诺思的国家理论述评》,《理论学刊》2001年第2期。
③ 张康之:《行政改革中的理论误导——对在政府中引入市场竞争机制的质疑》,《天津社会科学》2001年第5期。

的瓦格纳定律"① 的政府及其权力的内在膨胀趋势。所以，地方政府的矿产资源开发利益惯性扩张偏好，极易侵犯公共利益：破坏生态环境、忽略利用效率、轻视发展可持续性等，导致自身利益惯性扩张的行为困境。

---

① 从长期来看，国家财政支出呈现不断上升趋势，这一现象由 19 世纪德国著名的经济学家瓦格纳（A. Wagner）最先提出，被称为"瓦格纳定律"。

第二章　矿产资源开发中中央与各级地方政府之间的互动背景

一　中央与各级地方政府之间矿产资源开发利益博弈的逻辑平台

改革开放前，中国高度集中的计划经济体制框架导致中央与地方之间的矿产资源开发利益关系表现出高度的整体性特征。党的十一届三中全会以后，通过对传统高度集权的体制改革，逐步改变了旧格局下中央与地方之间利益博弈关系的模式，导致矿产资源开发利益博弈的纵向框架平台有了实质性调整。

（一）中央与各级地方政府之间矿产资源开发利益博弈的政治晋升机制背景

中央与各级地方政府之间矿产资源开发利益博弈关系的基础机制在于政治晋升博弈机制。中央和各级地方政府可能会有多元化、差异化的矿产资源开发利益诉求，但鉴于官员的矿产资源开发行为选择会受到政治晋升博弈机制的约束和激励，不仅意味着对上级对下级影响力的变化，也意味着矿产资源开发利益格局的变动。

1. 国家结构与中央和地方间的政治利益关系

（1）国家结构的内涵和形式。国家结构①指特定的国家统治阶级依照一定原则，通过国家行政机关框架的设置，用以调整国家整体与组成部分之间，中央与地方之间相互利益关系的形式，表现出职权划分关系的特征。具体分为复合制和单一制两大类。复合制又称联盟制，由两个或两个

---

① 杨光斌著：《政治变迁中的国家与制度》，中央编译出版社 2011 年版。

以上的政治实体按照一定的行政关系组成。国家具有最高立法、行政和司法机关，行使最高权力；在国家统一的宪法和基本法律前提下，各联邦组成单位有各自相对独立的宪法和法律，以及立法、行政和司法机关。单一制意味着全国只有一个宪法和中央，代表完整的主权国家。内部分为若干区域，并建立相应的地方政府。因此，单一制背景下整体与部分之间的关系就是中央和地方间的关系，在不同的国家或同一国家的不同时期，对地方的直接干涉程度各异。

（2）中央与地方之间的政治关系特点。中国具有单一制国家结构的特征。中央与各省、自治区、直辖市间的关系为：在行政方面，地方服从中央统一领导，各地方首长受制于上级行政首长的绝对领导；在立法方面，立法权统一由全国人大及其常委会以及各级地方人大行使；在司法体系上，从中央到地方依次设立最高级、高级、中级和基层等人民法院等层级司法系统。"一国两制"实行后，香港特区和澳门特区设立，赋予其高度自治权。

2. 中央与各级地方政府之间矿产资源开发利益关系的政治晋升基础机制

在中国单一制国家结构的背景下，中央与各级地方政府之间矿产资源开发利益关系的基础机制在于政治晋升博弈。对政治晋升博弈机制的研究结论主要有：

（1）周黎安等（2004，2005）的政治晋升锦标赛博弈观[1]。首先，通过简单模型强调了竞争的作用。一是认为官员间的晋升竞争是"零和博弈"，一个官员的晋升意味着其他官员晋升机会的丧失或概率降低，导致地方官员合作空间狭小、竞争动力巨大。二是强调地方政府官员间博弈行为的"溢出效应"，发现经济绩效对省级官员晋升有正向影响，其中任内平均经济绩效的影响较当年绩效的影响更大，更为显著。其次，基于委托代理合约的研究认为，中央的人事权激励可以促进地方政府发展辖区经济。认为官员激励主要有两种基本思路[2]：一是通过强调官员的经济参与人特征，赋予地方相当大的财政支配权激励，可构成地方增长的重要原动力；二是通过强调地方官员的政治参与人特征，人事权激励可促进地方官

---

[1] 周黎安：《晋升博弈中政府官员的激励与合作——兼论我国地方保护主义和重复建设问题长期存在的原因》，《经济研究》2004 年第 6 期。

[2] 周黎安、李宏彬、陈烨：《相对绩效考核：中国地方官员晋升机制的一项经验研究》，载《经济学报》第 1 卷第 1 辑，清华大学出版社 2005 年版。

员经济发展。

（2）马骏和侯一麟（2004）的权力结构零碎化论[①]。一是基于省级预算中的非正式制度分析，认为中国出现了权力结构的零碎化现象，导致领导人意志和政策执行的非严格性，众多权力中心的形成、利益分化、讨价还价，其实质是围绕利益的竞争博弈。二是基于省一级政府官员的分析，认为其间存在着资金支出权力的博弈，中央的支持影响到其间利益博弈地位强势变化，间接影响预算资金的支配力。

（3）刘健雄的政治锦标赛实际分析[②]。一是认为上级偏好与实际政绩间的作用界限模糊。尽管现实中上级着力想培养提拔的后备干部，可能会被有意识地派到艰苦地区锻炼，或可能故意被选拔到经济发展（条件）较好的地区任职，但最终提拔的原因，到底是因为政绩突出，还是因为特意的地方性指派锻炼，界限不明。二是不同地区不同级别官员控制的资源可能存在反向差异。鉴于发达地区级别较低的官员控制的资源，可能远远超过不发达地区级别较高的官员所能控制的，导致政治晋升需纳入更多的考虑因素。三是官员晋升的考察结论存在非一致性结论。这不仅意味着中国的集体领导特征，也意味着决定下级官员晋升的上级官员之间存在着培养提拔"圈内人士"的竞争偏好。其典型表现是官场腐败大案要案的"窝案"特征。正如，周庆智（2004）所言："权力竞争进入人事行政领域，其结果，造成行政组织内部利益派别的滋生和活跃。"[③]

由此可知，通过政治晋升博弈机制的引导、约束、激励，作为下级的地方政府官员通过竞争相对数量更少的上级职位，获得升迁，会影响矿产资源开发的行为选择和利益格局，完成中央与各级地方政府之间的矿产资源开发利益关系目标。

（二）中央与各级地方政府之间矿产资源开发利益博弈的财税激励逻辑起点

鉴于中央与各级地方政府之间的关系实质是国家利益与地方利益的关

①　马骏、侯一麟：《中国省级预算中的非正式制度：一个交易费用理论框架》，《经济研究》2004 年第 10 期。
②　刘健雄：《财政分权、政府竞争与政府治理》，人民出版社 2009 年版。
③　周庆智：《等级制中的权位竞争——对某县行政权力的实证分析》，《东南学术》2005 年第 5 期。

系①，也即利益分配问题，因此，二者间的利益博弈首先是经济利益的博弈，实际上也是依托国家财政制度均衡利益分割问题。所以，矿产资源开发中中央与各级地方政府之间的利益关系逻辑起点就在于国家财税政策制度，其构成了可以明晰其间利益博弈关系的基本动因。

1. 中央与各级地方政府之间的财税关系及其主要特征

（1）中央与地方之间的财税关系。财政政策主要包括预算和税收两部分，其直接规范了包括收入取得、支出安排及其过程管理等利益分配问题。改革开放以来的纵向利益调整中，财政分权的必要性，不仅源自国家整体利益与地方局部利益的差别，而且基于其间所承担的事权职责各有侧重。因此，其实质是基于政治集权与财政分权为中心的利益基础上的政治关系②。

（2）中央与地方之间财税关系的主要特征。通过 1979—1994 年的分灶吃饭，以包干制为基础的财税体制，成为 1994 年以前中国经济体制改革的主要思路和政策，调动了地方积极性；使地方政府担当推动地区发展的重任，掌握的决策权和可支配资源得到了相应拓展③。1994 年至今以分税制为核心关系的再次调整，按照中央与地方政府各自的事权，合理划分中央和地方收入。按统一比例确定中央和地方共享税的分成比例，增值税中央与地方实行 3 : 1 共享。

2. 中央与各级地方政府之间矿产资源开发利益博弈的财税诉求不可避免

（1）围绕财税分配的互动，导致中央与地方之间的矿产资源开发利益博弈不可避免。中央与地方政府的矿产资源开发管理角色与分工存在差异，使得各自拥有独立的矿产资源开发利益动机。因此，中央与地方政府以自身利益要求为目标，会在特定的矿产资源开发财税领域中采取特定的策略。尤其是分税制以来，地方权限大大扩大，不仅表现在地方对财力的支配上，还表现在外资、工资、价格管理等诸多方面。因此，在地方政府如此多的自主权下，中央与地方之间的矿产资源开发利益博弈可避免。

（2）矿产资源开发中中央与地方财税关系的特殊性表现导致其间的

---

① 薄贵利：《中央与地方关系研究》，吉林大学出版社 1991 年版。

② 《宪法学视野中的中央与地方关系浅论中国国家结构形式制度的缺失与修缮》，2009 年 6 月 8 日发布，中国人民法制网，http：//www. fz‑china. com. cn/NewsDetail‑26326. html。

③ 冒天启、朱玲：《转型期中国经济关系研究》，湖北人民出版社 1997 年版。

利益博弈不可避免。国家出让矿产资源使用权得到的补偿收益，以及开发过程中形成增值税、所得税等，会按比例在中央与地方财政之间分成。但鉴于中国许多地方尤其是中西部地区，经济依靠属地矿产资源才得以发展，而在矿产资源开发过程中，开发矿产资源的垄断企业对当地造成的环境污染与生态失衡等外部不经济，几乎只有收益而不承担责任，而环境污染、水资源流失、矿产资源浪费等后果，则由当地矿区（村镇）全权承担。与此同时，地方民众和地方政府却不能从其丰富的矿产资源中得到合理的补偿收益。因此，为寻求利益均衡与和谐可持续发展，中央与地方间的矿产资源开发利益博弈不可避免。

（3）地方政府事权和财权不对等，并未从矿产资源开发中获得足够的收益，却要为资源开发的不利影响埋单，地方政府承受了一定的经济损失。因而，中央与地方间的矿产资源开发利益博弈不可避免。一是资源补偿资金的分成比例不恰当，资源地分成比例太小。比如：矿产资源补偿费，中央与地方按4∶6分成，地方所得远远不能满足资源地生态环境治理和安置矿区居民长远生计的需要。导致资源开发对地方经济发展的拉动力不大，没有实现"开发一方资源、富裕一方百姓"的目的。二是中央、地方政府和矿产企业的资源收益分配呈"两头大，中间小"的格局，企业和中央在矿产资源收益分配中拿走的较多，而地方政府分得的收益太少且分配比率逐年递减。2001 年地方政府、中央和企业的分成比例是15∶35∶50；到了 2006 年，该比例变成 8∶37∶55，中央、地方和企业收益分配差距正加速拉大①。

（三）中央与各级地方政府之间矿产资源开发利益博弈平台的特征

1. 中央与各级地方政府之间矿产资源开发利益博弈的政策非完全认同特性

中央制定的矿产资源开发政策是中央基于国民经济长远和全局利益关系的权威性利益分配，其必然涉及中央与地方利益关系的调整，影响矿产资源开发政策的效果，具体表现为：当地方利益取向符合中央政策调控的利益时，地方政府会较好地执行中央政策；当地方利益取向不符合中央政策调控的利益时，地方政府执行中央政策的效果就会受到影响。正如谢炜

---

① 刘建新、蒲春玲：《新疆在矿产资源开发中的利益补偿问题探讨》，《经济视角》2009 年第 2 期。

所言①，当前中国的矿产资源开发现实是，各级地方政府执行中央政策时都能较好地处理中央与地方间的矿产资源开发利益关系，但也存在着地方政府在利益分配上不能高度认同中央矿产资源开发政策的状况。

其原因在于：当中央的矿产资源开发政策调整目标取向是以"帕累托"的方式，符合地方利益相关主体的利益目标和行为取向时，地方政府、矿产企业、社区（村镇）、矿工等矿产资源开发利益相关主体会认同中央政策，进而积极地配合政策的执行，并为地方政府执行中央政策提供强大的内在动力。反之，当中央的矿产资源开发政策调整目标不符合地方利益相关主体（特别是强势利益主体）目标利益和行为取向时，中央政策的执行就会遭遇来自地方各类或强势相关利益主体的内在利益阻力，导致地方政府在坚持自身自主性、注重发展和保护地方矿产资源开发利益的同时，往往会因为局部的利益偏好对中央的矿产资源开发政策贯彻执行不力或是对其执行大打折扣。

2. 中央与各级地方政府之间矿产资源开发利益博弈的财税分权激励约束考量

若不存在基于分权作为前提的财税激励约束机制，中央与各级地方政府之间就没有矿产资源开发利益博弈的内在动力，也没有矿产资源开发的增长竞争激励。财政分权导致地方的激励更多地瞄准上级政府所制定的矿产资源开发利益指标，不论指标涉及诸如资源税的多少、矿产品增值税的地方份额等经济性标准，还是涉及诸如生态环保、安全生产等政治性标准，都会对矿产资源开发利益诉求产生激励约束，改变利益分配格局。因此，中央与各级地方政府之间的矿产资源开发利益博弈应考虑财税分权的激励约束作用。

3. 中央与各级地方政府之间矿产资源开发利益博弈的官员政治晋升激励约束考量

如同宏观经济学需要微观基础一样，探讨地方政府的矿产资源开发利益激励和约束问题，需探讨政治晋升对政府官员的行为特征影响，必须把地方政府官员的激励、约束、行为特征等结合到政治晋升机制过程中，才能对中央与各级地方政府之间的矿产资源开发利益博弈导致的政府行为选择和效率提升做出有益探索。实际上政府官员的政治人与"经济人"特

---

① 谢炜：《中国公共政策执行中的利益关系研究》，学林出版社 2009 年版。

征并不矛盾，只要把政治晋升机制约束下的相关成本和收益都纳入分析中去，完全可以统一到经济人的框架下分析，以解释中央与各级地方政府之间的矿产资源开发利益博弈诱致的地方政府行为选择特征，及其对矿产资源开发利益格局的作用。因此，中央与各级地方政府之间的矿产资源开发利益博弈应考虑政治晋升机制的激励约束作用。

4. 中央与各级地方政府之间矿产资源开发利益博弈的政府主要负责人特殊作用考量

从中国的政治实践来看，对于省部级及以上领导，周黎安等（2004）强调的地方官员与公司部门经理的差别是非常有道理的[①]。但如果将考察范围扩展到矿产资源开发，则会发现，当地政府主要负责人的矿产资源开发行为导向不能忽视。对于从事矿产资源开发管理的基层官员而言，在一个部门没有了前途，其他部门也可能有机会；官员犯了错误，大多仍可在平级或降级中寻找另外的位置，而这种前途的保证、位置的转换以及机会的获得，考核的关键离不开各级政府主要负责人的特殊作用。因此，中央与各级地方政府之间的矿产资源开发利益博弈应考虑地方政府主要负责人的特殊作用。

二　各级地方政府之间矿产资源开发利益博弈的条件背景

分权化、市场化改革之前，鉴于地方政府没有合法化的独立利益和博弈自主性，稀缺的矿产资源由中央掌管和计划配置，各级地方政府之间的矿产资源开发利益博弈手段隐蔽，利益诉求没有合法的表现渠道，需要通过政治手段表现，各级地方政府之间的矿产资源开发利益博弈不具有制度基础；市场化的体制转轨为各级地方政府之间矿产资源开发利益博弈关系的形成奠定了制度基础：地方政府作为利益博弈主体具有极大自主性，稀缺的矿产资源向市场化配置发展，政绩考核制度强化了地方政府矿产资源开发利益博弈的合法化，经济体制改革为各级地方政府之间的矿产资源开

---

① 周黎安：《晋升博弈中政府官员的激励与合作——兼论我国地方保护主义和重复建设问题长期存在的原因》，《经济研究》2004 年第 6 期。

发利益博弈奠定了制度基础。

（一）各级地方政府之间矿产资源开发利益博弈的能量基础

随着以财政分权为核心内容的行政性分权，地方政府成为合法的独立利益主体，利益博弈的自主性大大增强，各级地方政府之间围绕矿产资源开发利益展开博弈的能量基础形成势在必然。

1. 矿产资源开发自主权的壮大

随着中央对经济管理体制下放管理经营权的改革，市场管理权向地方下放、地方体制改革获得自主权，地方政府逐步获得了地方经济发展的自主权。不仅包括明确的地方经济发展收益权的财政自主权，也包括企业管理权和与之相关的人、财、物的经营权和管理权等经济管理权力的中央下放，地方在财力、物力、人力、外汇、投资等方面的支配权相应扩大。在此背景下，具有矿产资源禀赋优势的不同层级的地方政府的矿产资源开发自主权得以顺其自然的壮大。逐步获得了包括规划计划权、矿产企业管理权、开发利益分配权、基本建设项目审批权、投资和信贷管理权等在内的矿产资源开发管理权，地方政府管理和控制的矿产企业数量和规模日益增加，矿产资源开发的产值和税收规模日益壮大。

2. 矿产资源开发收益权的提升

随着财政体制改革经历了从多种形式分权到有秩序分权，尤其是分税制的确立，地方政府获得了明确的地方税收收益，矿产资源开发利益得到重视和提升。

（1）分税制形成了中央和地方间财力分配的新格局，为各级地方政府之间的矿产资源开发博弈埋下伏笔。分税制适当照顾了中央和地方两个积极性，按照"存量不动，增量调整"的渐进原则[①]推行，原属于地方支柱财源的"两税"划作中央收入或共享收入后，逐步形成了中央和地方间财力分配的新格局，从而在体制上采取税收返还的形式保证地方的既得利益，承认和保留了地方政府的既得利益和继续发展包括矿产资源开发在内的积极性。

（2）伴随财政分权的发展，地方政府获得了矿产资源开发的收益权。尽管分税制使地方政府的利益份额可能有所减少，但把与经济增长直接有

---

① 北京中立诚会计师事务所：《财政不能承受之重——对分税制改革实践的思考》，《中国财经报》2003 年 8 月 12 日；或 http://www.cnlyjd.com/tax/shuizhigaige/200411/14169.html。

关的增值税的25%留给地方政府。对具有矿产资源禀赋优势的地区而言，促进了地方政府的行为选择偏好与能构成地方税源税基的矿产资源开发利益关系日益密切。地方的矿产资源开发意味着政府税源的增长，地方开发政府矿产资源的积极性得以充分调动。

3. 矿产资源开发利益博弈能力的形成

地方政府成为具有独立的矿产资源开发利益主体，并具有日益壮大的开发自主权、日益提升的开发收益权等，这些追求矿产资源开发利益的条件、手段和工具，成为各级地方政府之间矿产资源开发利益博弈能力形成所必备的前提条件。所谓独立的矿产资源开发利益意味着特定的利益为本地区政府及其所辖矿区内居民所有，不会被上级政府或者其他辖区调走或者共享。而行政性的分权为地方政府追求矿产资源开发利益提供了合适的制度框架和激励；财政分权让地方政府获得了地方矿产资源开发的收益权，使其具有独立的矿产资源开发利益主体地位。使地方政府具有可以自主安排人、财、物等能量条件，促进了本地区的矿产资源开发布局调整及开发能力运行调控，从而具备了实现利益目标的手段和工具。因此，可以说，矿产资源开发利益的税收权为各级地方政府之间的利益博弈提供了内在动力，而矿产资源开发的管理权为各级地方政府之间的利益博弈提供了工具和手段，从而最终形成各级地方政府之间矿产资源开发利益的博弈能力。

（二）各级地方政府之间矿产资源开发利益博弈的机制基础

随着资源配置的市场化，"用脚投票"竞争机制的形成，各级地方政府之间矿产资源开发利益博弈的机制基础逐渐具备。

1. 各级地方政府之间矿产资源开发利益博弈机制的主要存在条件

按照利益博弈的观点，各级地方政府之间矿产资源开发利益博弈机制存在和产生的条件已经具备：一是随着分权化改革，作为独立的"理性"利益主体的地方政府，成为具有利益资格的博弈参与人。二是利益博弈对象的稀缺性。矿产资源禀赋、矿产资源开发形成的产品，及其开发所依托要素的稀缺性，不仅成为政府间利益博弈得以产生的一个必要条件，同时也是决定其间利益博弈激烈程度的一个重要因素。稀缺程度越高的矿产资源，意味着对政府的价值越大，政府间的利益博弈就越激烈。三是矿产资源开发所依托的稀缺要素的流动性及其机制。如果矿产资源开发所依托的稀缺要素被某一政府所把持，而不能在诸多的利益博弈者之间流动或流动成本很高，意味着政府间的利益博弈激烈程度的减低，甚至利益博弈很难产生。随着市场化改革及其基础机制的形成、具有独立利益主体资格的地方政府的存在，矿产资源开发所依托的稀缺要素的流动及其机制已是常态。

2. 各级地方政府之间矿产资源开发利益博弈的"用脚投票"机制形成

最早由美国经济学家蒂伯特（Charles Tiebout）提出的"用脚投票"①（voting by foot），意味着居民们可以从不能满足其偏好的地区迁出，而迁入可满足其偏好的地区居住；意味着在市场经济条件下，资本、劳动、人力资本、技术等要素可自由流动，流向更能够发挥其作用的地方；该机制的核心在于偏好显示，理性的利益主体通过"用脚投票"的方式来实现其市场选择权。因此，随着市场化改革和市场经济的逐步建立，各级地方政府之间的矿产资源开发"用脚投票"机制具备了形成可能。一是矿产资源开发的要素配置可由市场决定，依托市场实现要素流动和收益率的大小。二是矿产资源禀赋、开发所形成的产品，以及开发所依托的主要要素，诸如资金、技术、劳动、人才等存在严重稀缺性，一个地方的获得意味另一地方的丧失，会导致地方政府被迫采取各种手段来防止本地的资金、人才及技术等稀缺性要素外流，同时尽可能地把外地的资金、人才、技术和信息等引进来，以保障矿产资源开发及其利益获得，从而必然会加强各级地方政府之间的矿产资源开发利益博弈，使得资金、技术、人才等要素的"用脚投票"机制成为可能。

3. 各级地方政府之间矿产资源开发利益博弈的"用脚投票"机制主要特点

综合考虑矿产资源禀赋，及其作为自然资源的耗竭性，在地质体中赋存的隐蔽性，空间地域分布的不均匀性，成矿规律的一定最佳耦合性，产出在矿带、矿田、矿床、矿体及其结构（构造）组成的整体性，开发利用的地质和经济技术条件评价的双重性，以及矿业发展与其他产业不同的经济规律性等特点②，可知，各级地方政府之间矿产资源开发利益博弈的"用脚投票"机制意味着：一是矿产资源开发所依托的资本、人才、技术

---

① "用脚投票"，百度百科，http：//baike. baidu. com/view/39797. htm。
② 《浅谈矿产资源和矿业开发的 8 个特点》，2011 年 3 月 15 日，百川资讯，http：//www. baiinfo. com /article/ lingkuangshi/754/5310986. html。

等要素具有流向储存禀赋更加良好、要素利用效率更高、开发的矿产品附加值更多、利益回报更加优厚的矿产资源开发区域的偏好；二是矿产资源开发的相关利益主体（矿产企业和个人等）在投资时，会将要素投向那些具有更好矿产资源禀赋开发条件的区域，以获取更好的投入回报率；三是矿产资源开发利益的各相关主体对于地方政府行为选择偏好的内在表露机制，是矿产资源开发所依托要素在各级地方政府之间矿产资源开发利益博弈中的进入退出机制表现形式。因此，如果地方政府可以提供良好的矿产资源开发条件和基础服务设施，具有完善的矿产资源开发法律法规体系和司法程序、较低的商业运行成本和公平的市场交易秩序，则该辖区的地方政府在与其他地方政府的利益博弈中，就会表现出较强的矿产资源开发利益博弈能力，也意味着可能获得更高的矿产资源开发利益预期；反之，该地方就会出现矿产资源开发所依托的资金、人才、技术等要素外流的局面，就会对该辖区的地方政府形成巨大的矿产资源开发压力，迫使当地政府采取各种措施改善外部环境，增强地方政府的利益博弈优势，留住矿产资源开发所依托的要素。

（三）各级地方政府之间矿产资源开发利益博弈的动力基础

1. 基于矿产资源开发利益的政绩考核制

政绩考核制度强化了各级地方政府之间的矿产资源开发利益博弈动力，以经济建设为主要导向的政绩观，以及自上而下的经济绩效政绩考核体系，诱导地方政府投入到基于经济增长基础构成的矿产资源开发利益博弈中来。

（1）基于矿产资源开发利益的政绩考核主体关系。随着中央和地方间的行政性分权，地方政府不再完全是上级的派出机构，两者之间变成被一些学者称为"地方公司主义"或"经济联邦主义"的利益关系[1]。同时，中央控制地方政府的方式和手段不再是以前政治运动的方式，以及计划经济和意识形态的控制方法，但中央仍继续通过对地方的干部人事控制维持对地方严格的政治控制[2]。在此经济上分权和政治上集权的背景下，地方政府的基于矿产资源开发利益的政绩考核主体没有变化，对地方政府

---

① 周业安：《地方政府竞争与经济增长》，《中国人民大学学报》2003 年第 1 期。
② 刘海波：《我国中央与地方关系探析》，《甘肃行政学院学报》2008 年第 2 期；何兵：《法院中央化是地方民主化的制度前提》，《南方都市报评论周刊》2008 年 9 月 7 日，http：// www. chinae lections. org/ News Info. asp? NewsID = 134114。

的矿产资源开发政绩进行考核的仍是中央（上级），而不是矿区当地的居民和其他相关利益主体，或者说在矿产资源开发及其利益分割的委托代理关系中，中央（上级）是直接委托人，而地方（矿区）居民等作为终极委托人，其与各级地方政府之间的矿产资源开发利益委托代理关系是间接的。

（2）基于矿产资源开发利益的政绩考核标准。在分权化、市场化以及中国特殊的国情背景下，鉴于政府的使命在于发展，属于发展型政府；以及信息不对称的客观存在，行政性职能绩效测度的困难，经济增长绩效成为中央（上级）考核下级地方政府政绩的主要标准。因而，对地方政府矿产资源开发的政绩考核标准而言，构成地方经济增长基础（特别是在矿产资源禀赋丰裕的地方）的矿产资源开发绩效指标，诸如，矿产资源开发对就业、GDP、税收的贡献份额等具有可测度性的指标，就成为中央（上级）评价和奖惩地方政府及其官员矿产资源开发政绩的主要依据标准。这是由于：一是属于发展型的地方政府在矿产资源开发中的主要目标，应以解决辖区温饱、改善民生为己任；以长期担当矿产资源开发利益提升的主体推动力量为主要方式，通过提升矿产资源开发利益占经济增长的基础构成成分作为政治合法性的重要来源之一。二是虽然中央（上级）对地方政府的矿产资源开发委托合同任务包括开发财富增长、生态环境保护、安全生产、矿工就业、税收增加和矿区富裕等多元化的目标，但鉴于对地方政府矿产资源开发行政绩效评价的最佳发言权的人应当是地方、矿区和居民（因为地方政府的矿产资源开发提升公共利益的实施效果，仅由当地居民能切实感受到，但在当地居民的主观感受，在很大程度上要通过地方政府本身向上传递的条件下，很难杜绝地方政府出于利益最大化动机的隐瞒和信息扭曲行为），因此，只有用显性的、可测的矿产资源开发对经济增长的贡献指标，作为地方政府矿产资源开发利益的政绩考核标准。

2. 基于矿产资源开发利益的政绩考核效应

基于矿产资源开发利益的政绩考核制度，使地方政府基于政治上进取的利益诉求具体落实到了矿产资源开发的经济利益目标诉求上。为了在政治上免受处罚、得到提升，地方政府不得不致力于地方矿产资源开发，采取各种利益博弈手段吸引矿产资源开发所依托的流动性要素流入、保生产安全、保生态环境等，地方政府在政治上的进取具体落实到了各级地方政府之间的矿产资源开发利益博弈上。地方政府一方面通过参与矿产资源开发利益博弈，促进辖区矿产资源经济发展；另一方面也是为了建立政绩，提升政治资本。因而，这种政绩考核制，把对地方政府官员的正面激励，能很好地把市场因素与政治因素合成在一起，其激励核心被称为基于经济发展的政治表现①（以下简称"政绩"）。所以，基于矿产资源开发的政绩考核制，通过对各级地方政府之间矿产资源开发利益博弈的规制引导，带来矿产资源开发的经济利益和政治利益，形成地方政府巨大的矿产资源开发动力，促进各级地方政府之间矿产资源开发利益博弈的发展。

①　张军：《政府转型、政治治理与经济增长：中国的经验》，《云南大学学报》（社会科学版）2006 年 8 月 28 日。

第三章 矿产资源开发中中央与各级地方政府之间的基本互动关系

一 中央与各级地方政府之间矿产资源开发利益博弈的基本互动关系

(一) 中央与各级地方政府之间矿产资源开发利益博弈的基本特征

1. 中央与各级地方政府之间矿产资源开发利益关系特征

(1) 矿产资源开发中中央与各级地方政府之间的利益关系大致包括经济和政治两大类。首先，经济利益是最根本的、最重要的利益关系，指从矿产资源开发中获取的，诸如 GDP 份额、财政收支等各项直接经济利益；以及从矿产资源开发中获得的，诸如可持续发展能力、生态环保收益、安全生产等各项间接利益。其次，政治利益包括与矿区社会稳定、矿工弱势群体公平、政策制定等政治行为相关的利益，满足物质和精神需要的行政权力等政治产品利益，等等。

(2) 矿产资源开发中中央与地方政府拥有各自的利益。首先，根据前述中央的利益目标取向可知，中央的矿产资源开发利益主要包括：在政治上节制地方矿产资源开发管理的人事任命以及意识形态掌控；在经济上要保证控制矿产资源开发及其更多利益，提升公共产品服务的能力。其次，地方政府的矿产资源开发利益主要有较高收入水平、较多就业机会、较好福利待遇以及生态环境等方面的辖区利益；自身利益，诸如地方矿产资源开发利益中用于集团、个人消费的部分所形成的利益，以及由于矿产资源开发"政绩"所引起的利益。两方面的利益具有融合在一起的特征。

(3) 矿产资源开发中中央与各级地方政府之间的利益关系具有差异性的一致性。中央与地方间的矿产资源开发利益关系表现为显性的自利性和隐性的一致性；而其政治利益关系则表现为显性的一致性和隐性的差异性。这是由于：一是二者的根本利益是一致的，都是为了矿产资源开发，提高生活水平，促进社会进步；二是地方政府利益本质上必须以保证中央的矿产资源开发整体利益为基本前提；三是地方政府的合法性源于对辖区负责，需发展本地区的矿产资源经济和公共设施等事业，改善辖区居民生活，因而地方政府的矿产资源开发利益具有其相对独立性。

2. 中央与各级地方政府之间矿产资源开发利益博弈的地位差异及策略

（1）中央与各级地方政府之间的利益博弈地位差异。根据安东尼·吉登斯的理解[1]，博弈关系结构意味着博弈参与方在关系结构中的不同地位，即博弈地位的差别性。理想的博弈关系结构意味着博弈方是意愿独立的参与者，但现实中的博弈很少会在这种霍布斯所谓的"自然状态"（或逻辑最初状态）之下展开[2]。在中国中央政府与各级地方政府之间的结构性关系是"中央主导型"的背景下，中央掌握着矿产资源开发利益的制度创新以及规则制定主导权，而地方在特定的"制度缝隙"中发挥"地方能动性"，两者博弈地位的不对等性显而易见。所以，矿产资源开发中的两者博弈地位不平等，中央处于强势地位，地方处于劣势地位。

（2）中央与各级地方政府之间矿产资源开发利益博弈地位的展现及其策略选择。虽然中央博弈地位高、地方博弈地位低，但不等于中央的矿产资源开发意愿能够获得地方的全面贯彻与实施。中央的策略选择特征在于面对从中央到地方，委托代理链条"过长"与博弈中心点"过多"的现实，中央首先会不断展现"中央权威"；同时在总体上集中掌控矿产资源开发的基础上，支持地方自主来限制部门集权。另外，地方政府的策略选择特征在于在中央博弈策略的映照下，充分运用具有的"接近信息源"优势地位，采取"掌控信息"甚至"隐瞒信息"的博弈策略，存在"逆向选择"与"道德风险"的概率，导致隐瞒信息的机会主义行为。

（3）中央与各级地方政府之间矿产资源开发利益博弈地位的差异性后果。鉴于矿产资源开发利益分割的最终决策权似乎始终掌握在中央（或上级）政府手中，"上级决策，下级执行"便成为政府间利益关系博

---

[1] ［英］安东尼·吉登斯：《社会的构成》，李猛、李康译，生活·读书·新知三联书店1984年版。

[2] "霍布斯"，百度百科，http://baike.baidu.com/view/34984.htm。

弈的一条通则①。另外，中央与地方政府博弈地位的差异性，形成的中央（或上级）政府在利益博弈中的优势地位，也为正确引导地方政府的矿产资源开发行为埋下伏笔。

（二）中央与各级地方政府之间矿产资源开发利益博弈的分歧

1. 机会主义是中央与各级地方政府之间矿产资源开发利益博弈分歧的表现

（1）机会主义与自利。作为自利倾向的机会主义不同于一般的自利：自利行为受服从和遵守信用的约束，而机会主义不受此类约束。如果服从和遵守信用的约束是合算的，投机的人也不会做出机会主义的行为。缺乏足够的约束机制使得部分机会主义行为能够逃脱惩罚。

（2）矿产资源开发中中央与各级地方政府之间的利益博弈分歧导致机会主义。效用最大化的动机和考核机制构成地方机会主义的基础条件。若中央与各级地方政府之间的矿产资源开发利益目标完全一致，则会引导两者选择共同的行为方式，促进矿产资源开发，不会发生信息经济学中的"代理人困境"；如果两者间的矿产资源开发利益存在差异，则冲突就可能出现。并且，鉴于不同的现实制度约束条件产生不同的方案选择范围，直接影响利益主体的行为选择方向，因此，在中央的矿产资源开发制度激励不完备的条件下，效用最大化的动机驱使，会导致地方政府行为冲破机制约束的羁绊，把机会主义变成现实。

2. 产权分散问题导致中央与各级地方政府之间的矿产资源开发利益博弈分歧

（1）产权分散化。作为三十年来改革实质之一的产权改革②，渐进式的改革特征避开了苏联在极短时间内将国家控制的大型国有企业变为私人所有的"大爆炸"式路径，通过企业控制权和管理权的地方政府下放，实现了"产权地方化"③。另外，增量改革中形成的很多产权导致产权形式的股份化、多元化、分散化。因此，总体上增加了地方政府的资源掌控能力和利益实现基础，导致地方政府与中央利益博弈的砝码加重，为其间

---

① 吴理财：《政府间的分权与治量》，2004 年 3 月 30 日，中国农村村民自治网，http：//www. chinarural. org/newsinfo. asp? Newsid＝15561。

② 黄少安：《中国经济体制改革的核心是产权制度改革》，《中国经济问题》2004 年第 1 期。

③ 赵成根：《转型期的中央和地方》，《战略与管理》2000 年第 3 期。

的利益博弈分歧埋下了伏笔。

（2）矿产资源产权收益分散。随着地方政府在地方经济发展中角色的转换，构成了"发展型地方主义"的格局①，地方政府获得了矿产资源开发的控制权。根据宪法②，矿产资源为国家所有，由国务院代表国家行使所有权。但国务院实际上没有办法直接管理全国的矿产资源，如矿产资源的出让、收回、转让、开发等，必须要由各级地方政府及其矿产资源开发管理职能部门管理。随着中国经济的快速发展，矿产资源开发价值凸显，中央为了在上收财权的同时保证地方政府的利益，将矿产资源开发收益的绝大部分交给了各级地方政府，如此一来，国有矿产资源的产权实际上被分化了，其控制权和收益主要掌握在地方政府手中。

（3）矿产资源开发产权分散导致中央与各级地方政府之间的利益博弈分歧。中国的矿产资源名义上属国家所有，但具体开发实际上掌握在地方政府手中，成为地方政府谋求经济发展的工具和基础，但地方政府又不最终对属于国有的矿产资源开发保值增值和高效利用负有绝对责任。事实上，鉴于中国矿产资源的产权其实处于严重的分散状态背景下，产权界定的不明晰会导致外部性问题凸显，矿产资源开发利用达不到最大效率。而且，相互竞争的地方之间为了自身的利益会超常利用矿产资源，产生极大的经济浪费，表现出明显的短期化特点。这样最终会导致基于中央与各级地方政府之间的利益博弈分歧的机会主义倾向。

3. 信息不对称导致中央与各级地方政府之间矿产资源开发利益博弈分歧

（1）信息不对称与机会主义。威廉姆森认为，机会主义是信息的不完整或歪曲披露，误导、歪曲、掩盖、搅乱或混淆的蓄意行为③。在中央与各级地方政府之间的矿产资源开发利益博弈中，地方政府具有乐意上报好听的、正面的、上级乐于看到的，以及能够给自己带来更多利益的信息偏好；而中央管理者则往往没有办法事事躬亲去核实，从而给地方政府的机会主义行为提供了条件，导致"逆向选择"和"道德风险"。

---

① 郑永年、吴国光：《论中央、地方关系——中国制度转型中的一个轴心问题》，2007 年 12 月 5 日发布，http：//zhengyn. sakura. ne. jp/zhengyn/CL. pdf。

② 《中华人民共和国宪法》，新华网，http：//news. xinhuanet. com/ziliao/2004 – 09/16/content_ 1990063. htm。

③ 张惟佳：《中小企业发展过程中的政府规制探析》，《现代经济探讨》2004 年第 9 期。

（2）矿产资源开发中的信息不对称导致中央与各级地方政府之间的利益博弈分歧。在矿产资源开发管理上存在着中央与各级地方政府之间的信息不对称，中央难以准确、及时地收集到有关地方政府从事矿产资源开发管理的具体信息。尽管中央在矿产资源开发管理方面的市场化改革，通过矿产资源开发市场的规范建立，公正、公开和公平的市场机制培育，将市场机制引入矿产资源探矿权、采矿权等的出让和转让中，依靠市场合理优化配置矿产资源开发利用；并且通过资源整合等方式，调控矿产资源向高效利用、生态环保和可持续发展转化，以保证矿产资源开发利益的和谐发展。虽然中央可通过计划方式严格控制地方政府的矿产资源开发管理指标，通过法律控制地方政府的审批权限，但鉴于各级地方政府在矿产资源开发的第一线，直接主导着矿产资源各种权力的出让和交易以及开发保护，仍然可以利用信息不对称的优势地位，有办法绕开中央，通过权变，违法开发、违规审批，偏离中央的利益目标初衷，导致中央与各级地方政府之间的利益博弈分歧。

4. 条块分割体制导致中央与各级地方政府之间矿产资源开发利益博弈分歧

（1）条块分割体制。条块关系在中国的政府体制中是一个基本的结构性关系[①]。"条条"意味着从中央到地方各级政府业务内容相同的职能部门；"块块"意味着由不同职能部门组合而成的各个层级的政府。各级地方政府的职能部门在纵向上从属于上级职能部门，最终从属于国务院部委；在横向上从属于本级政府，保证全面管理本地区的块块能形成一个整体。上级职能部门对下级职能部门进行业务指导，本级政府对本级职能部门进行领导，形成所谓的"双重领导"。很显然，矿产资源开发中的双重领导必然引起领导关系的混乱，导致地方政府职能部门的行为选择困境和处境尴尬：服从本级政府为主还是服从上级职能部门为主，直接涉及中央与地方政府之间的利益关系。

（2）条块分割体制导致中央与各级地方政府之间的矿产资源开发利益博弈分歧。鉴于双重领导意味着职能部门要接受两条线的管制。如果是下管一级的干部体制，国家矿产资源开发管理部门只能直接参与任命省一

---

① 何忠洲、唐建光：《"垂直管理"风起央地博弈：权力边界尚待清晰》，2006 年 11 月 28 日发布，中国新闻周刊，http：//review. jcrb. com/zywfiles/ca598648. htm。

级矿产资源部门的官员，会削弱中央对地方职能部门的控制。而且，如果地方职能部门的财政开支基本上全部由同级政府负担，会导致其对地方官员的喜好相当敏感，导致职能部门往往与地方利益保持一致，常常导致中央与地方政府产生矛盾：一般而言，以国土资源部为代表的中央部门要求地方各级矿产资源管理部门严格执行政策，这符合矿产资源开发利用的长期利益；而地方政府则希望通过矿产资源开发拉动地方发展和充实地方财政力量。最终导致中央与各级地方政府之间的矿产资源开发利益博弈分歧，制约矿产资源开发利益均衡发展。

（三）中央与各级地方政府之间矿产资源开发利益博弈的共容

1. 地方政府在矿产资源开发中的双向代理角色与利益共容

（1）利益共容的内涵。"共容性利益"（encompassing interests）源于奥尔森（Mancur Olson）解释转型国家的不同经济绩效时，认为政府与所在辖区之间的"共容性利益"程度决定着国家经济的富裕形成及其水平[①]。共容性利益获得的关键在于被称为预期收益的个人从社会或组织发展的预期收益中获得的份额。所以，如果一个相关利益主体能获得这种被称为预期收益的矿产资源开发利益，就意味着存在与其他矿产资源开发相关利益主体相共生的利益共容。

（2）矿产资源开发中地方政府的双向代理角色。鉴于政府在本质上是一种制度安排，是一定地域内合法垄断着强制力的制度安排[②]，因而，政府的运作和对矿产资源开发的管理活动是有成本的；地方政府的矿产资源开发功能主要表现在介入矿产资源开发活动对交易成本的节约上。鉴于在矿产资源开发中，地方政府既是中央和其他利益相关主体的双重利益代表，又是其间信息互通的中介和桥梁，从而决定了地方政府扮演着双向代理角色：代理中央（上级）对本地区进行矿产资源开发管理和调控；代理本地区的其他利益相关主体，执行中央的决定，争取中央的支持，以实现本地区其他利益相关主体利益最大化。

（3）矿产资源开发中地方政府的双向代理角色与利益共容的绝对性。鉴于地方政府既代理中央，又代理地方的其他利益相关主体，因此，中央与地方政府的矿产资源开发利益目标间必然存在着一致性和差异性两种态

---

① ［美］奥尔森著：《权力与繁荣》，苏长和译，上海人民出版社2005年版。

② 方忠、张华荣：《三层互动：中央与地方政府的正和博弈》，《成都行政学院学报》2005年2月。

势。在二者的矿产资源开发利益目标不一致时，存在着二者博弈的可能性，特别在地方权限扩大的背景下，二者间的利益博弈不可避免。但地方政府毕竟起着代理中央的职能，且中央在二者间的利益博弈中占据强势地位，终究主导着利益博弈的方向，因而，地方政府在发挥双向代理角色作用的过程中，与中央始终存在着利益共容，利益共容是绝对的，利益分歧是相对的。

2. 中央与各级地方政府之间矿产资源开发利益共容的特征

（1）矿产资源开发中中央与各级地方政府之间的利益共生特性。作为同一个政府的不同层级，中央与各级地方政府之间存在着矿产资源开发利益的共生性特征。首先，中央官员多数来自地方，有地方管理经历，能在一定程度上顾及地方的矿产资源开发管理实际困难及其利益；其次，中央的矿产资源开发政策都必须依靠地方政府来执行，使得地方政府在很大程度上成为中央对矿产资源开发实行有效治理的基础和帮手；再次，在分税制条件下，尽管中央与地方间存在着财税分成之争，但矿产资源开发是中央与地方共同的财税来源之一和发展的条件需要，如果矿产资源开发进展不力，不仅使中央的财政收入缺失，地方政府也可能缺乏一条稳定的财税收入源泉；同时不仅无法管理好地方事务和影响经济发展，也不能为中央分担责任和工作。因而，出于维系地方政权运作和经济发展的考虑，中央也必须为地方政府的矿产资源开发利益提供外部条件。

（2）矿产资源开发中中央与各级地方政府之间利益共容的约束强制性。鉴于中国矿产资源开发的实际权限，在国家（中央）所有者与企业使用者、国家（中央）所有者和地方政府具体管理者，以及政府层级之间等存在着三个方面的分割，导致矿产资源开发产权束实际上被不同的个体和组织所掌握。而矿产资源开发的公共性带来严重的外部效应，类似于"公共地悲剧"，成本不能被集中于每个个体，影响其开发利用效率，导致开发方式粗放和无序：一方面对矿产资源开发保护造成压力；另一方面加快矿产资源滥采乱挖投资，导致生态灾难、开发过热，并影响宏观调控效果。这两方面的后果首先由地方政府承担，但最终将直接由中央"埋单"。因此，出于责任和利益要求，中央有动力监控矿产资源开发利益，强化矿产资源产权的国家所有，加强矿产资源开发管理的约束，激励地方政府的利益共容行为，严格保证矿产资源开发利益在中央与地方政府之间的均衡发展。

（四）中央与各级地方政府之间矿产资源开发利益的分歧与共容

1. 中央与各级地方政府之间矿产资源开发利益博弈所恃砝码的互克

（1）矿产资源开发中中央在与地方政府博弈时所恃砝码。中央在与地方政府进行矿产资源开发利益博弈时所恃砝码主要包括三个方面：行政命令、制度设计和人事控制、以制约地方官员的矿产资源开发行为选择空间。首先，行政控制主要是指中央有权力向地方政府发出行政命令，要求后者对矿产资源开发行为作为或者不作为。如中央制定的政策由地方政府高度敏感地执行是典型的行政控制。其次，制度设计是指中央在事实上掌握了制度合法化的权力。按照青木昌彦的观点[①]，不能将制度和规则视为外生给定的，或者由政治、文化和元博弈（metagalne）决定的，而是由参与人的策略互动内生的，可自我实施的。中央拥有最高的法律制定权和解释权（全国人大及其常委会的权力），也拥有行政法规的制定权（国务院）、行政规章的制定权（国务院各部委），使得中央能够对地方政府的矿产资源行为形成制度性的砝码威慑力。最后，人事控制意味着中央有权力调控地方官员的调职、免职、记过，或者停止其升迁等，常常构成中央（上级）控制下级矿产资源开发管理官僚的"杀手锏"。

（2）矿产资源开发中地方政府在与中央博弈时所恃砝码。相对于中央，地方政府也拥有相应的博弈策略砝码。一是就行政命令来说，虽然中央能上收矿产资源开发的权力（如审批权、发展利用规划权等），但矿产资源的主要产权束具体被地方政府所掌控，也即地方政府实际上是矿产资源开发管理过程的具体行为主体，使得地方政府有砝码与中央博弈；而矿产资源产权的分散状态，也使得矿产资源开发保护具有强烈的外部性，使得地方政府没有激励去认真执行中央的矿产资源开发政策。二是就制度变迁来说，虽然中央拥有全国性的立法权和行政法规发布权，但矿产资源开发管理具有动态变革性，地方政府能够在某些未成型的领域"抢先出牌"，以创新的名义变革，一旦变革被"借鉴学习"、星火燎原，中央在一定程度上就不得不接受现实，甚至默认支持。从而形成地方政府的矿产资源开发占先策略。三是中央虽然能从人事上直接控制地方政府，但由于矿产资源开发管理的信息不对称和复杂性，中央难以对

---

① 高政利、李亚伯、欧阳文和：《公共选择视角：论组织制度的宽放效应》，《兰州商学院学报》2006 年第 1 期。

所有地方主要干部进行全方位考核，因此，存在地方官员在政绩上的机会主义行为，仅在中央最为关注和最为看重的任务上下功夫，以图获得好评。因此，构成地方政府与中央博弈的砝码，并成为不服从中央的具体体现。

（3）中央与各级地方政府之间矿产资源开发利益博弈所恃砝码互克的表现。一是地方政府可以利用信息优势，通过瞒报、假报等手段规避中央的命令，逃过每次声势浩大的矿产资源开发管理执法检查。二是中央通过全国矿产资源利用总体规划来控制矿产资源开发过程，但地方政府可以利用区域矿产资源开发规划改变总体规划或者变相规避总体规划的意图。三是中央通过改变矿产资源利益分成来抑制地方矿产资源开发的冲动，但地方政府在低分成比例下可以采取消极的方式减少国家矿产资源开发的整体利益，或者与地方企业"合谋"以减少上缴国家财政的矿产资源收益。四是中央可以通过实行矿产资源开发垂直管理体制，或者矿产资源开发督察制度，但能在多大程度上保证这些监督机构的独立性存在问题，其监督力度会受到限制。

2. 中央与各级地方政府之间矿产资源开发利益博弈分歧与共容的交织动态发展

中国的矿产资源开发管理是由中央和地方协作进行的，国家是矿产资源的所有者，中央即国务院是国家的代表者，地方政府依据法律和中央授权或委托对辖区的矿产资源开发进行管理。在此过程中，中央和各级地方政府之间的矿产资源开发利益分配关系源于二者间的利益博弈关系，其实质是矿产资源开发利益的再分配权力，目的是达到平衡发展，全社会和谐共处。因而，矿产资源开发利益分割的目的是利益的共荣、和谐、均衡发展，也即中央和地方存在矿产资源开发利益的共容。但同时，在中国市场经济发展和矿业权市场建设改革发展时期，矿产资源开发利益分配存在矛盾。由于中央与地方利益目标和行为选择的不一致，地方政府（官员）存在着为了自身的政绩和利益最大化，不惜牺牲国家长远矿产资源开发利益来达到自身短期目标的行为偏好，特别是在矿产资源开发管理中，由于存在着巨大的利益空间，会导致中央和地方的矿产资源开发利益分割分歧严重，如在矿产资源的综合利用、生态环境保护、生产安全，以及发展的可持续等方面。如在中国的许多"矿难"背后都有地方政府矿产资源开发利益的狭隘默认和支持①。所以，中央与各级地方政府之间的矿产资源开发利益存在着分歧与共容两种态势，两股方向相反的力量，在交织互动、动态变化中发展，需要谨慎处理中央与地方政府之间的矿产资源开发利益的均衡问题。

（五）中央与各级地方政府之间矿产资源开发利益博弈的本质

1. 中央与各级地方政府之间矿产资源开发利益博弈的地方积极性

尽管中央事实上掌握着大量的包括资金（财政）和政策（制度）等主要博弈砝码，但改革开放背景下的分权，使得地方政府同中央一样成了相对独立的行为主体和利益主体。因此，地方政府具有极大的、主动性的利益操作空间，可通过与中央的博弈来提升自身的矿产资源开发利益，具体途径表现为：一是突出和强调本地区矿产资源开发在全国格局中的地位，影响中央的发展战略决策，争取矿产资源开发政策上的优惠；二是通过本地区矿产资源开发及发展战略的制定，积极向中央推荐矿产资源开发项目；三是利用各种关系，"跑'部''钱'进"；四是为吸引中央投资，地方往往可低估所申请和引进矿产资源开发项目的投资需要额，并承诺自行筹措较大份额的配套投资，待项目上马之后，迫使中央追加更多的投资。所以，地方政府在与中央的利益博弈中，可以充分发挥自己的主观能动性，实现自身的矿产资源开发利益，将地方积极性发挥到极致。因而，可以说，中央与各级地方政府之间的利益博弈过程本质上是地方积极性发挥及其程度高低的过程。

2. 中央与各级地方政府之间矿产资源开发利益博弈冲突的非根本性

鉴于发展是硬道理和第一要务，是合法性的根本来源，这是中央在矿产资源开发战略的基点，也是"压力型体制"传递给地方政府的矿产资源开发任务，因而，谋划矿产资源开发的快速合理发展是中央所鼓励的。中央和地方的分歧仅仅在于发展方式的选择问题。中央希望地方在矿产资源开发中同时兼顾生态环境、矿区社会等承受能力，走可持续的发展道路。但地方由于其潜在优势，可以卸责，选择机会主义、急功近利的发展模式。所以，两者之间的矿产资源开发分歧和博弈矛盾的最终本质，主要在于发展模式的冲突和博弈，而不是根本利益之间的冲突和博弈，冲突的

① 《云南泸西举报矿难当地政府调查后称无瞒报》，云南网，http：//news.163.com/10/0119/09/5TCM37RQ0001124J.html，访问时间：2010年1月19日。

结果是中央对地方控制，纠正地方政府的机会主义和急功近利的矿产资源开发模式。

3. 中央与各级地方政府之间矿产资源开发利益博弈行为的接续性

中央与各级地方政府之间的利益博弈属于接续性博弈关系。鉴于中央要求矿产资源开发政策能够有助于中央调节结构、优化配置、协调地区发展，因此，矿产资源开发政策一方面必须保障中央在矿产资源开发收入中的份额；另一方面必须通过财政转移支付制度将中央汇集的财税能力转移至稀缺地区。由于时空背景的演进，如此要求势必影响中央与各级地方政府之间的矿产资源开发利益格局的变化，进而影响地方既有的矿产资源开发利益分配制度。地方政府则要求新的矿产资源开发政策必须维持地方既有的利益格局，否则不排除积极或消极地抵制矿产资源开发政策的顺利推行。可见，中央与地方之间存在着一方出招抗衡，另一方接续出招反制的接续性博弈关系。

二　各级地方政府之间矿产资源开发利益博弈的互动关系

在由计划经济向市场经济转型时期，随着中国的分权制和市场化改革，地方政府逐渐成为独立的利益实体，各级地方政府通过对矿产资源开发制度重新安排的利益博弈，争夺更多可被自己控制的利益，各级地方政府之间矿产资源开发利益博弈的互动关系呈现出竞争和合作的双重趋势。

（一）各级地方政府之间矿产资源开发利益博弈的一般特征

1. 各级地方政府之间矿产资源开发利益博弈的类型

根据美国学者多麦尔（Paul R. Dommel）在《政府间关系》一文中的观点①，"如果说政府间关系的纵向体系接近于一种命令服从的等级结构，那么横向政府间关系则可以被设想为一种受竞争和协商的动力支配的对等权力的分割体系"。正如刘祖云所言，政府间的关系属于"十字型博弈"框架②，竞争博弈经历了由"恶性竞争"到协商合作的"竞合博弈"两个发展阶段。因此，各级地方政府之间的矿产资源开发利益关系存在

---

① 陈瑞莲、张紧跟：《试论我国区域行政研究》，《广州大学学报》（社会科学版）2002 年第 4 期。

② 刘祖云：《政府间关系：合作博弈与府际治理》，《学海》2007 年第 1 期。

"竞争"与"协商"两个关键维度，各级地方政府之间的矿产资源开发利益博弈会采用竞争、合作等多种方法，其具体特点如下：

（1）各级地方政府之间的矿产资源开发利益博弈具有完全竞争的特点。意指各级地方政府之间的最高利益完全不一致，其间的竞争对其他地方政府参与者的利益完全不考虑，先行动者的利益有所得，其他局中人的利益有所失[①]，局中人的反应是对抗，属于零和博弈。

（2）各级地方政府之间的矿产资源开发利益博弈具有完全合作的特点。意指地方政府的最高利益完全一致，其间的合作对其他地方政府参与者的利益充分考虑，基于互信来分配利益所得，局中人的反应是合作，属于正和博弈。

（3）各级地方政府之间的矿产资源开发利益博弈具有竞合特点。各级地方政府之间的最高利益不完全一致，其间根据认知信息进行利益互动，基于互信和现有条件各有所得，当收益大于损失时，局中人的反应倾向合作，当收益小于损失时，局中人的反应倾向竞争，属于正和博弈，但随着矿产资源开发条件可以变化。

2. 各级地方政府之间矿产资源开发利益博弈的基本态势

各级地方政府之间矿产资源开发利益的博弈关系具有发展的阶段新特征，具有从"完全竞争"博弈向"完全合作"博弈发展的"极限趋近"态势；在经过由冲动到理性的过程中，首先是以恶性竞争为主导，其后逐渐发展成为向完全协商合作为主要趋向目标迈进，各级地方政府之间的矿产资源开发利益博弈进入"竞合"阶段。这是由于：

（1）各级地方政府之间的矿产资源开发利益关系是一种博弈关系。地方政府矿产资源开发的终极目标在于利益诉求目标，不论是"完全竞争"还是向"完全合作"趋势发展中的竞合博弈，其最终目的均为矿产资源开发利益之争，但不是一蹴而就，而是相互影响、制约和促进。

（2）各级地方政府之间的矿产资源开发利益博弈会出现"完全竞争"为主的过程阶段。鉴于中央的分权化改革极大地刺激了地方政府追求利益最大化的内在冲动，导致各自为政、竭力汲取矿产资源开发利益的政府间竞争博弈。同时，由于转轨期间预算软约束的部分存在可能，

---

① 周惠中、易纲、海闻：《微观经济学》，上海人民出版社 1999 年版。

在内在利益冲动支撑下，各级地方政府之间的矿产资源开发利益博弈具有全面竞争的恶性发展态势，并突出体现在地方保护、污染治理与招商引资中，导致降低或废弃矿产企业进入的管制标准，忽视矿产资源开发中的生态环境保护。因此，会形成无效率的各级地方政府之间的非合作博弈，导致矿产资源开发行为对社会整体利益造成很大威胁，使得博弈双方陷入低水平恶性竞争的"囚徒困境"和同级各级地方政府之间关系的恶化。

（3）各级地方政府之间的矿产资源开发利益博弈会出现向"完全合作"趋近发展的"竞合博弈"为主的过程阶段。鉴于各级地方政府之间矿产资源开发利益的"完全竞争"博弈存在两败俱伤风险，且随着预算硬约束的完善和利益诉求行为的理性化，在中央对地方政府的矿产资源开发行为约束增加，要求在生态环保、安全生产、开发效率等方面完成政绩考核目标等背景下，尤其是在一定区域内的各级地方政府之间，源于矿产资源开发利益诉求一致性的增加，寻求合作的动因大大强化，这时，作为理性经济人的地方政府，在经历了若干次矿产资源开发利益博弈的战略选择后，会逐渐认识到需要突破"囚徒困境"，从"双输"的风险走向"双赢"，会导致各级地方政府之间矿产资源开发利益博弈的"完全合作"趋近态势出现。但鉴于地方政府的自身理性人本质，在一切以矿产资源开发利益最大化为出发点的行为选择目标条件下，源于自身理性的提升和约束的增强，地方政府在向"完全合作"博弈发展"趋近"的进程中，在重复博弈让各级地方政府之间对相互间关系的认识更加深入，在原来那种定位于"排他性利益集团"的认识逐渐被"相容性利益集团"的认识所取代①的进程中，必然要走向一种新的、既有竞争又有合作的"竞合"博弈过程阶段。

3. 各级地方政府之间矿产资源开发利益博弈的主要内容

鉴于一个地区的矿产资源开发主要靠两个条件：一个是非流动性的，对地方附着力强的矿产资源禀赋；另一个是可流动性的，对地域的吸附力较弱的、矿产资源开发所依托的要素，包括资金、信息、技术、知识、人才等，主要受地域的吸纳和承载能力约束，因而，各级地方政府之间为了

---

① 陈瑞莲：《论回归前后的粤港澳政府间关系——从集团理论的视角分析》，《中山大学学报》2004 年第 1 期。

经济、政治利益，围绕辖区矿产资源开发而展开的利益博弈行为，主要包含围绕吸引区外矿产资源开发所依托要素的流入，所必须改善的基础设施、投资环境、招商引资、政府服务效率、社会治安和一系列相关的制度创新等方面的利益博弈。

（1）各级地方政府之间矿产资源开发利益博弈的政治资本内容。随着分权化改革，尽管中央掌握的资源总量在不断减少[1]，但中央仍掌控着诸如矿产资源开发总体战略，以及只能为少数地方政府所享有的稀缺的、关于矿产资源开发的计划指标、政治升迁和荣誉等。有限地对矿产资源开发非常重要的资源条件，导致各级地方政府之间为争夺这些稀缺条件而进行竞争。正如刘亚平所言[2]，中央实际上是通过分配其所掌握的稀缺资源，而购买地方政府的政治产品；而地方政府实际上是通过了解中央的偏好，支付政治产品而交换其所需要的稀缺资源条件。因而，地方政府在政治市场上的矿产资源开发利益博弈表现为：争取获得比其他地方政府更为优惠的政策，或者争取中央对制度供给实行准入和试验推广，在政府行政权力、开发利益的财税分割、开发规划、人事任免等方面有比其他地方政府更大的权限，促进辖区矿产资源开发的快速发展。从而获得矿产资源开发的优惠政策和制度租金，保证地方政府在矿产资源开发过程中处于领先地位，获得利益竞争优势。

（2）各级地方政府之间矿产资源开发利益博弈的开发所依托要素内容。矿产资源开发中各级地方政府之间对开发所依托要素的博弈主要是争取资本、人才、矿产企业等矿产资源开发所依托的要素流入。一是各级地方政府之间对矿产资源开发所需资本要素与外资引进的利益博弈。鉴于一个地区的资本存量多寡，资本能力现成的快慢，是促进或阻碍该地区矿产资源开发，进而促进经济增长的基本因素。鉴于矿产资源开发的资本密集型特征，具有矿产资源禀赋的地区围绕资本要素流入和利用就构成了各级地方政府之间矿产资源开发利益博弈的重要内容。主要包括：千方百计争取中央的矿产资源开发投资和项目放在本地区、想方设法吸引外部资本流入本地的矿产资源开发。通过税收、土地使用等竞相制定的优惠政策在争

---

① 张闾龙：《财政分权与省以下政府间关系的演变——对20世纪80年代A省财政体制改革中政府间关系变迁的个案研究》，《社会学研究》2006年5月20日。

② 刘亚平：《退出选择视角中的地方政府间竞争：两个基本维度》，《江海学刊》2006年第1期。

夺资本的利益博弈中取得优势。

二是各级地方政府之间对矿产资源开发所需人才资本（高端和低端人才）的利益博弈。鉴于劳动力的跨地区流动将改变原有的劳动要素地区结构，还伴随着技术和知识的流动，影响矿产资源开发所需的要素条件。因此，各地区间会围绕矿产资源开发所需劳动力展开利益博弈。通过优惠政策建立"人才高地"，吸引高级专业的矿产资源开发人才和限制本地区人才外流等。

三是提升本地矿产企业的利益博弈力。支持和鼓励本地矿产企业的发展，动用地区的行政和财政力量，通过制定地区矿产资源发展战略，针对重要矿产企业或亚产业制定优惠或倾斜政策，提高本地矿产企业的利益博弈力。其主要形式有：通过价格补贴提高本地矿产品的利益博弈力；利用金融杠杆，在资金利率、结算等方面为本地矿产品销售提供优惠；使用财政杠杆，对本地矿产企业进行减免税和补贴等支持；运用奖惩杠杆实行重奖，鼓励矿产企业和矿工的特定行为等。

4. 各级地方政府之间矿产资源开发利益博弈的主要手段

鉴于矿产资源开发所依托要素在不同辖区间流动的动力在于潜在利益追求，因而对以矿产企业直接投资为载体的资本流动而言，辖区的劳动力成本、矿产资源禀赋状况，基础设施和关联产业基础，当地政府的管理水平和效率，以及税费政策和规划战略等因素都须考虑。因此，各级地方政府之间矿产资源开发利益博弈的主要手段有：

（1）各级地方政府之间矿产资源开发利益博弈的税收和补贴竞争手段。有研究表明，20 世纪 80 年代至 90 年代中后期，地方政府的竞争手段和形式主要是税收竞争[1]。虽然不拥有税收立法权，但地方政府作为组织税收收入的重要主体，却在税法和税收政策的实际执行中（如税率、税基、税收减免等征收管理方面）拥有广泛的自由裁量权[2]；中国的地方政府税收竞争呈现出非规范的状态[3]。因而，各级地方政府之间的矿产资源开发利益博弈可以依靠税收和补贴竞争手段。通过税收优惠、先征后返、增加配套措施、豁免各项费用等方式展开竞争，吸引矿产资源开发所

① 闫海：《论地方政府间税收竞争的宪政治理》，《江南大学学报》（人文社会科学版）2007 年第 4 期。

② 钟晓敏：《市场化改革中的地方财政竞争》，《财经研究》2004 年第 1 期。

③ 刘晔、漆亮亮：《当前我国地方政府间税收竞争探讨》，《税务研究》2007 年第 5 期。

需的资本等要素的流入。

（2）各级地方政府之间矿产资源开发利益博弈的规制竞争手段。规制意味着政府直接以法律法规形式对经济活动进行的管理、协调和制约；其产生与市场失灵有关，源于信息的非对称性、经济的外部性和垄断①。在不同的规制条件下，经济利益主体可通过"用脚投票"机制，流动到规制成本较低、更易实现收益的地区，从而影响到地区经济发展和福利水平。因而，在各级地方政府之间的矿产资源开发利益博弈过程中，规制竞争是极为常见的竞争手段。出于本地的矿产资源开发及利益，各地方政府对劳动力、资本等的实际规制各不相同，通过"红头文件"、技术壁垒（质检部门等）和费率控制（收取各种费用）等方式调节要素流向，存在着直接和间接的规制竞争。

（3）各级地方政府之间矿产资源开发利益博弈的公共物品和服务竞争手段。蒂布特（Tiebout）在《地方支出的纯理论》②中提出的"以脚投票"机制，揭示了地方政府为增强辖区对选民的吸引力，必须提供最优的公共物品和税收负担组合；理性的选民会比较公共物品和服务的收益与履行纳税义务的成本，形成选民有效约束地方政府提供的动力。因而，矿产资源开发中的公共物品和服务的有效供给，既是各级地方政府之间利益博弈的结果，也是竞争的手段。区域性投资环境直接或间接地决定了地方矿产资源开发的速度，而地方政府想要增加本地区对外来矿产资源开发利益相关主体的吸引力，除降低本地区的税费负担水平外，更需要改善基础设施环境和服务，来提升本地方政府在矿产资源开发利益博弈中的优势地位。通过公路、污水处理、环境保护等项目的基础设施建设；通过政府服务、信用建设、产权制度改革等制度性公共物品竞争，以调动出柯武刚和史漫飞所认为的③，技术、组织和经济上的创造性，助长政府行政机构中的政治、行政性和司法性企业家精神，创造性地、预先主动地加速矿产资源开发生产力的增长；从而达到吸引矿产资源开发所需的要素流入，在各级地方政府之间的利益博弈中增强竞争优势，获得胜出的目的。

---

① 孙亚忠：《政府规制、寻租与政府信用的缺失》，《理论探讨》2007 年第 1 期。

② 曹荣湘：《蒂布特模型》，社会科学文献出版社 2004 年版。

③ ［德］柯武刚（Wolfgang Kasper）、史漫飞（Manfred E. Streit）著：《制度经济学：社会秩序与公共政策》，商务印书馆 2004 年版。

（二）各级地方政府之间矿产资源开发利益博弈的竞争性

1. 各级地方政府之间矿产资源开发利益博弈中的竞争特点

根据谢晓波（2006）的观点①，各级地方政府之间的竞争意味着在市场经济条件下各行政区政府围绕投资环境改善、可流动要素吸引而展开竞争，培育要素在当地的"根系"（local roots），以尽可能提高辖区居民的福利和人均收入。孙宛永（2003）认为②，政府竞争是指"公共商品"的生产者以争夺行政资源为手段、以其社会成员对"公共商品"的满足程度为标志、以提高在其社会成员中的公信力和合法性为目的所进行的竞争，其存在的根本原因在于，辖区内的社会成员和生产力要素的载体即企业拥有的"政府选择权"。结合矿产资源开发及其利益主体集合的特征，各级地方政府之间矿产资源开发利益博弈中的竞争特点主要在于：

（1）各级地方政府之间矿产资源开发利益博弈竞争的目标多元化，而非单一经济利益目标。鉴于政府矿产资源开发利益的经济和非经济性目标构成以及管理内容的多样性，导致各级地方政府之间的竞争目标是多元的，中央（上级）对下级的考核指标也是多元。因而，各级地方政府之间矿产资源开发利益博弈中的竞争是综合性的、多元化力量的较量。

（2）各级地方政府之间的矿产资源开发利益博弈竞争具有层次性、横向性。鉴于地方政府具有不同层级划分的纵向层次性、同一层次的地位近似、对等以及多元性，跨地区的同一层次的、只有对等平级的各级地方政府之间具有开展竞争的外部条件，具有矿产资源开发利益博弈竞争的充分合理性。

（3）各级地方政府之间矿产资源开发利益博弈竞争的强度随着行政层级的降低，依次自上而下地由弱到强。鉴于矿产资源开发中的信息不对称问题，处于底层的地方行政机构具有更直接的内在利益动力和外部信息条件进行竞争，导致事实上的矿区与矿区、村镇与村镇、县与县、省与省

---

① 谢晓波、黄炯：《长三角地方政府招商引资过度竞争行为研究》，《技术经济》2005 年第 8 期。

② 孙宛永：《论政府竞争与企业竞争的关系》，《新乡师范高等专科学校学报》2003 年第 17 卷第 4 期。

间的竞争逐渐减弱。正如张维迎和栗树和所言[1]，随着每一地方经济规模的变小和下级政府水平上地方经济个数的变大，设立壁垒的成本会越来越高，同时其有效性会越来越低，从而竞争越来越激烈。

（4）各级地方政府之间矿产资源开发利益博弈竞争具有间接的主导性、直接的辅助性。鉴于各级地方政府之间的矿产资源开发利益博弈竞争需优化矿产资源开发环境的大量营造来实现，通过向矿产资源开发提供公共品和服务供给来胜出；通过政府间竞相颁布的各种矿产资源开发优惠政策来取得长期稳定利益。因此，各级地方政府之间的矿产资源开发利益博弈竞争主要依托间接性的游戏规则效力来引导规制。

（5）各级地方政府之间矿产资源开发利益博弈竞争具有有限性。鉴于各级地方政府之间的利益博弈竞争不能像企业间的竞争可以互相兼并和买卖，因而，集中了各种矿产资源开发权力和利益的地方政府，作为上层建筑，其间的矿产资源开发利益博弈竞争是有限的，主要是利益性的及其基础之上的政治性博弈竞争，不可能发展到政府间的严重夺权甚至侵权。

2. 各级地方政府之间矿产资源开发利益博弈中的竞争价值目标

（1）地方矿产资源开发财税收入的增加。鉴于每一级地方政府都拥有相应的财政支出任务和收入来源，而收入主要由地方税收和非税收两部分组成。地方税收基于中央与地方事权划分状况决定的财政管理体制规定，构成中国地方政府财政收入的最主要来源，大约占财政收入的90%[2]；地方非税收收入是地方政府凭借财产权力或行政权力，以使用费等非税收收入的方式取得。同时，矿产资源开发意味着（特别是拥有矿产资源开发禀赋的）地方税源和税基的扩展，以及收费机会的增加，因此，基于矿产资源开发利益的地方财税收入是各级地方政府之间利益博弈的重要价值目标诉求，可能是博弈双方在矿产资源开发利益博弈竞争中的首要对象。

（2）获得更多矿产资源开发项目支持和政策倾斜。鉴于长期以来，在中国的投资决策权主要集中于中央，而投资预算随项目安排[3]的背景

①　张维迎、栗树和：《地区间竞争与中国国有企业的民营化》，《经济研究》1998 年 12 月 5 日。

②　王长勇：《"扩投资"诱发"乱收费"?》，《财经》2009 年 2 月。

③　陈瑞莲、张紧跟：《试论区域经济发展中政府间关系的协调》，《中国行政管理》2002 年 12 月 15 日。

下，各级地方政府之间存在着各尽所能展开竞争，力求争取到更多矿产资源开发项目的行为偏好，并以此获得更多来自中央或上级财政的矿产资源开发资金投入；同时，越来越多的地方政府已经参与到追逐矿产资源开发优惠政策的博弈活动中，以获得可观的稀缺性开发条件。

（3）区域性矿产资源开发的自我保护。在地区间的分工协作中，由于各地的矿产资源禀赋基础、工艺技术条件、开发条件、环境状况等存在较大差别，在政府间的博弈过程中，一旦出现不利于地方利益的开发活动，自我保护就应运而生，并形成地区分割与地区封锁，最终导致地区间的分工效益丧失、矿产资源生产能力的浪费闲置和地区矿产资源开发结构的冲突激化。

（4）矿产资源开发制度创新。各级地方政府之间矿产资源开发利益竞争博弈的一个重要表现是体制创新。根据德国学者柯武刚和史漫飞（2000）的研究[1]，制度（或体制）竞争突出了内在规则和外在规则体系对于一个国家的成本水平从而对国际竞争力的重要性。同时，杨瑞龙和杨其静（2000）认为[2]，地方政府有很强的激励进行制度创新以获得潜在的制度收益，地方政府官员是制度创新的第一行动集团、能否不失时机地利用被称为"中间扩散型制度变迁"的制度创新机会，是实现本地制度性经济增长的关键。所以，在地方政府拥有独立矿产资源开发利益的背景下，各地政府的内在矿产资源开发制度创新激励，可增加当地的财政收入，有利于地方政府治理；为其领导人取得政绩，获得升迁铺平道路，争取砝码。

3. 各级地方政府之间矿产资源开发利益博弈竞争的外在表现

（1）各级地方政府之间矿产资源开发利益博弈的财政税收竞争。矿产资源开发中的税收竞争意味着各级地方政府通过竞相降低有效税率或实施有关优惠等途径，以吸引其他地区的矿产资源开发要素流入。这是由于[3]，尽管地方政府原则上可以运用的税收管理权很小，但在实际执行中，可在税率、税基、减免税等征收管理方面拥有广泛的执行裁量权，使各级地方政府之间矿产资源开发利益博弈的税收竞争中，可以采用包括减

---

① 冯兴元：《论辖区政府间的制度竞争》，《国家行政学院学报》2001 年第 6 期。

② 杨瑞龙、杨其静：《阶梯式的渐进制度变迁模型——再论地方政府在我国制度变迁中的作用》，《经济研究》2000 年 3 月 5 日。

③ 钟晓敏：《市场化改革中的地方财政竞争》，《财经研究》2004 年 1 月 3 日。

免税、差别税率、起征点等的税收执行优惠，诸如包税、税收奖励等隐性竞争形式的以财政返还为主的各类竞争，包括税收征管水平、地方投资环境提供等方面的配套措施竞争。

（2）各级地方政府之间矿产资源开发利益博弈的要素流动壁垒构建竞争。鉴于要素流出会给本地带来损失，各级地方政府之间的矿产资源开发利益博弈会通过市场封锁等方式树立壁垒，阻碍要素的自由迁移，保护自己的利益；会筑起关卡、壁垒，阻碍资金、技术跨地区流动，禁止外地矿产品进入，或阻止本地矿产初级原材料流出，或对外地矿产品强行加价、加征各种费用；或者对其使用者、销售者处处刁难等，以削弱其竞争力。而且，地方市场分割和保护阻滞了矿产资源开发政策的有效执行，并加剧各级地方政府之间的竞争。

（3）各级地方政府之间矿产资源开发利益博弈的负外部性忽略竞争。鉴于地方政府的政绩评估长期以来偏重于 GDP 等指标，造成对需要同级政府间共同合作解决的生态环境、开发效率等问题缺乏热情。导致对本地矿产企业和就业机会失去担心；造成对矿产企业进入成本的管制标准常常被降低甚至抛弃，形成卡姆伯兰德将之定性的"破坏性地方竞争"[①]。所以，地方政府偏好执行与自身矿产资源开发利益提升直接相关的开发政策，却主观忽略其负外部性问题。

（三）各级地方政府之间矿产资源开发利益博弈的合作性

各级地方政府之间的矿产资源开发利益博弈是持续存在的，既包括各级地方政府之间的冲突与竞争，也包括各级地方政府之间的合作与交流。

1. 各级地方政府之间矿产资源开发利益博弈合作趋势存在的理论原因

根据世界经合组织（OECD）的归纳，各级地方政府之间合作趋势存在的原因在于[②]：一是环境保护和可持续发展等公共政策问题需要区域内各级地方政府之间协力处理；二是区域经济发展失衡而出现的失业和贫穷等问题需各级地方政府之间通力合作解决；三是全球化冲击导致各级地方

① 谢炜、蒋云根：《中国公共政策执行过程中地方政府间的利益博弈》，《浙江社会科学》2007 年 9 月 15 日。

② 汪伟全、许源：《地方政府合作的现存问题及对策研究》，《社会科学战线》2005 年第 9 期。

政府之间需借由资源和行动整合的综合作用提升竞争力；四是各级地方政府之间的伙伴关系是其他合作关系所无法取代的机制。所以，各级地方政府之间矿产资源开发利益博弈的合作趋势存在深刻的内在原因，可由行政管理学中的政府间关系理论、区域经济学中的政府干预理论、国际贸易中的比较优势理论、公共经济学中的公共物品供给低效率、相互依赖和协同理论等进行理论阐释。

（1）各级地方政府之间矿产资源开发利益博弈合作趋势存在的政府间关系理论阐释。政府间关系的概念最早源于施耐德（Clyde F. Snider）的《1935—1936 年的乡村和城镇政府》[1]；美国行政学者罗森布鲁姆认为[2]，联邦主义需要联邦政府与州政府间、各州政府间两种类型的协调与合作；林尚立（1998）认为[3]，政府间关系主要指各级政府间纵向和各地区政府间横向的关系；刘祖云认为地方政府处于各个纵向和横向的"十字型节点"中，通过"十字型博弈"及其治理，达到合作目的的促进。因此，可发现，各级地方政府之间的矿产资源开发利益博弈，通过上下级的制约以及基于竞争与协商支配的对等权力利益分割体系，形成各级地方政府之间的合作机制，促进政府间矿产资源开发利益关系的协调和合作趋势。

（2）各级地方政府之间矿产资源开发利益博弈合作趋势存在的比较优势理论阐释。主要由亚当·斯密的绝对优势理论、大卫·李嘉图的相对优势理论，以及赫克歇尔和俄林的要素禀赋理论等构成的比较优势理论，对于国际分工和贸易的分析同样适用于区域分工和贸易问题的研究。因而，基于矿产资源赋存基础的区域间的生产成本和禀赋差异显现出的地方政府的矿产资源开发优势，导致区域性的分工。鉴于区域合作是区域分工的结果，又是区域分工的前提，因此，没有各级地方政府之间密切的矿产资源开发区域性合作，也就没有所辖区域矿产资源开发分工的深化和发展。因此，比较优势理论是各级地方政府之间矿产资源开发利益博弈合作趋势存在的重要理论基础，对指导政府间的矿产资源开发合作趋势具有重

---

① ［美］克莱德·F. 施耐德：《1935—1936 年的乡村和城镇政府》，《美国政治学评论》，1937 年；韦海鸣：《区域政府间合作的理论基础分析》，《学术论坛》2009 年第 4 期。

② ［美］戴维·H. 罗森布鲁姆：《公共行政学：管理、政治和法律的途径》，中国人民大学出版社 2002 年版。

③ 林尚立：《国内政府间关系》，浙江人民出版社 1998 年版。

要意义。

（3）各级地方政府之间矿产资源开发利益博弈合作趋势存在的系统理论阐释。鉴于系统论认为，各国、各地区是相互依存和依赖的不可分割的整体，都处在相互依赖的网络中而形成"系统"，因此，各级地方政府之间的矿产资源开发利益博弈必须"协同"运作、共同发展，以获得基于系统原理的矿产资源开发"功能最优"、"整体利益大于各部分之和"等系统效应。一是根据以系统论思想为基础的理查德·库珀的国际间相互依赖理论[1]，认为国家间的相互依赖意味着双轨的相互作用与影响，双方面的传递或相互依赖；需要多层次的合作，通过相互信任等方法来适应新变化。因而，该思想为研究国内各级地方政府之间矿产资源开发利益博弈中的合作趋势提供了理论依据，地区之间的矿产资源开发并不是独立的，而是彼此依存、相互联系的；政府间加强合作无疑会对地区矿产资源开发及其利益博弈具有极其重要的作用。

二是根据以系统论思想为基础的赫尔曼·哈肯的新兴的交叉学科协同学理论[2]，认为开放系统通过内部子系统间的协同作用，形成有序的自组织结构，因而，协同学理论对各级地方政府之间的矿产资源开发利益博弈合作具有较强的指导意义。各级地方政府之间的矿产资源开发"协同作用"，意味着矿产资源开发内部各依托要素或各子系统间的相互作用和有机整合；而其"自组织"意味着矿产资源开发系统自身所具有的，从不平衡恢复到平衡状态的能力；矿产资源开发存在从无序到有序的转变机制和驱动力量。因而，系统理论以及衍生的相互依赖、协同学等理论可以揭示政府间矿产资源开发的合作是必然趋势和要求。

（4）各级地方政府之间矿产资源开发利益博弈合作趋势存在的区域经济学理论阐释。区域经济合作[3]意味着不同区域彼此相关和相互依赖的各单位或组织之间，受较高利益获得的内在动因驱使，通过互利基础上的合同、协议或章程，而建立的各种联系。因而，区域经济理论关于区域发展要素及其流动、区域差异以及分工合作的分析，明确了各级地方政府之

---

① ［美］理查德·库珀：《相互依存经济学：大西洋共同体的经济政策》（The Economics of Independence：Economic Policy in the Atlantic Community），1968 年。

② 靳景玉、刘朝明：《基于协同理论的城市联盟动力机制》，《系统工程》2006 年第 24 卷第 10 期（总第 154 期）。

③ 魏后凯主编：《现代区域经济学》，经济管理出版社 2006 年版。

间矿产资源开发利益博弈合作趋势存在的客观基础和作用。基于矿产资源禀赋的区域间赋存条件、开发所依托的矿工、资本和技术等要素投入条件的不同，会形成区域分工优势，奠定各级地方政府之间矿产资源开发利益博弈中的联系与合作趋势存在的基础和前提。矿产资源禀赋及其开发依托要素条件的空间配置，在动态上表现为空间推移，其运动轨迹是极化、扩散效应作用下的优势区位寻优推移。而要实现矿产资源开发要素的空间合理配置，区域间必须是一种基于各级地方政府之间利益博弈合作趋势存在的，相互开放、相互合作的状态。通过合作，实现矿产资源开发依托要素的优化组合，促进区域矿产资源开发的优化配置。

（5）各级地方政府之间矿产资源开发利益博弈合作趋势存在的公共经济学理论阐释。作为解释、分析和规范政府职能和作用的公共经济学，政府也是追求自身利益最大化的"经济人"，通过哈丁的公共用地悲剧、"囚徒困境"博弈以及奥尔森的集体行动逻辑，形成的公共物品供给低效率模型化分析，为各级地方政府之间矿产资源开发利益博弈合作趋势存在的必要性和重要性奠定了理论基础。一是根据公共用地悲剧及其合作思想，对于亚里士多德的最早断言[1]，凡是属于最多数人的公共事务常常是最少受人照顾的；加雷特·哈丁将此断言模型化为公共选择分析，提出了著名的"公共用地悲剧"理论[2]，蕴含着区域政府间合作的思想。因此，鉴于矿产资源开发存在生态环保、可持续发展等整体公共利益管理领域，地方政府作为区域利益主体，为避免"公共用地悲剧"的发生，必须要增强合作。

二是根据"囚徒困境"及其破解理论，"囚徒困境"的均衡点是对博弈个体最理性的选择，但对全体来说将最不理性。鉴于"囚徒困境"的重复博弈特征，发现共谋的收益大于原先的"理性"选择时，就会选择合作。因而，其对各级地方政府之间矿产资源开发利益博弈的启示在于：在存在公共利益的各级地方政府之间的矿产资源开发利益博弈中，由于存在着个体成本和个体收益不对称性的问题，出于精诚合作的需要，需要通过各级地方政府之间的合作减少由于不断重复博弈所造成的损失，有效解

---

① 宋全喜：《公共服务的制度分析：以公共安全服务为例》，制度分析与公共政策学术网站，http：//www. wiapp. org/article/default. asp? id = 53。

② 陈会广、吴沅箐、欧名豪：《耕地保护补偿机制构建的理论与思路》，《南京农业大学学报》（社会科学版）2009 年第 9 卷第 3 期。

决矿产资源开发中的各项公共利益矛盾。

三是根据集体行动的逻辑理论，奥尔森认为①，由于个人在实现集体目标时的"搭便车"倾向，个人理性不是实现集体理性的充分条件，需要集团内存在迫使或诱使集体利益的选择性刺激机制，遏制个人理性与集体理性的矛盾倾向。因此，集体行动逻辑的存在和化解思路，为各级地方政府之间矿产资源开发利益博弈合作趋势存在，以及各级地方政府之间的矿产资源开发合作激励和约束机制提供了有益启示。

2. 各级地方政府之间矿产资源开发利益博弈中合作的重要意义

各级地方政府之间的矿产资源开发利益博弈合作存在是区域开发利益密切化的结果，更多地具有经济和社会发展的意义。具体地说：

（1）有利于提高整个国家的矿产资源开发竞争力。随着中国加入世贸组织，面临着来自全球更加激烈的矿产资源开发竞争，如果国内各个地方的矿产资源开发还是各自为政，彼此不合作，那么必然会在全球化的残酷竞争中输得一败涂地。而相反，各地方政府在矿产资源开发中彼此合作，会大大提高国家的整体竞争实力。

（2）有利于促进区域矿产资源开发协调和市场化进程，走出各级地方政府之间矿产资源开发利益博弈的"囚徒困境"。在区域矿产资源开发中，地方政府作为理性"经济人"，往往只具备个体理性而忽视政府之间整体利益提升的集体理性，在追求各自利益最大化时不可避免地会产生矿产资源开发矛盾与冲突，陷入利益博弈的"囚徒困境"。鉴于囚徒只有在长期合作或者借助外力强制介入的情况下，才会做出对双方都有利的行为选择，因而，区域间各级地方政府之间进行矿产资源开发利益沟通，彼此间建立长期互动合作关系，有助于实现区域矿产资源开发协调，促进矿产资源开发所依托要素的跨区域流动、合理配置和市场化进程，对矿产资源开发利益的条块分割、地区封锁和"蜂窝状"结构形成有力冲击。

（3）有利于改变中央与地方"一对一"的博弈格局，形成"一对多"的联合博弈局面，加速制度创新。通过各级地方政府之间矿产资源开发利益博弈合作，有助于形成跨各级地方政府之间区域性的利益共同体，联合向中央（上级）"讨价还价"；鉴于地方政府具有信息不对称的

---

① ［美］奥尔森著：《集体行动的逻辑》，陈郁等译，上海人民出版社1995年版。

优势，在分权和利益独立最大化的背景下，更具有制度创新的优势和动力，因而，会加速制度创新，形成对本区域更加有利的矿产资源开发公共政策安排。

第四章 矿产资源开发中中央与各级地方政府之间的博弈效应

一 中央与各级地方政府之间矿产资源开发利益博弈的效应

（一）中央与各级地方政府之间矿产资源开发利益博弈的地方政府行为效应

1. 地方政府执行矿产资源开发政策裁量权的利益扩张客观性冲动

（1）矿产资源开发政策执行的裁量权。裁量权是行政权的核心问题①，意味着行政主体在运用权力做出决定时，对决定的理由和标准的确定拥有较大的自由空间，会影响公共利益、集团利益、政府利益等。正如韦德所言，"法治所要求的并不是消除广泛的自由裁量权，而是法律应当能够控制它的行使"②。因此，地方政府在矿产资源开发管理过程中的政策执行裁量权有其存在的客观基础。首先，除行政权力扩张趋势③的影响外，矿产资源开发管理活动自身的特殊性及执行效率原则要求有执行裁量权。矿产资源开发政策的执行属公共利益管理活动，具有广泛性、具体性、多样性的特点，使得既定矿产资源开发政策的原则性、条文化难以完全契合具体实际，执行裁量权顺其自然地在矿产资源开发管理活动中立足并发展。

其次，矿产资源开发管理活动为了适应自身广泛性、具体性和多样性的特点，又必须具有能动性，因而更需要依赖执行裁量权的运用。作为国

---

① 孙德超：《论行政程序对行政自由裁量权滥用的控制》，《社会科学战线》2006 年第 3 期。

② ［英］韦德：《行政法》，楚建等译，中国大百科全书出版社 1997 年版。

③ 贺军：《我国行政权力扩张和泛法化的制度原因探析》，《湖南科技学院学报》2005 年第 6 期。

家矿产资源开发领域的组织者、指挥者、管理者、实施者，以及整个矿产资源开发活动的综合调节器，矿产资源开发政策执行中地方政府管理能动性的实现、执行效率的高低对于矿产资源开发的全面和谐发展至关重要。

最后矿产资源开发政策本身的局限性要求执行裁量权的存在。矿产资源开发政策的局限性表现在政策决策者会受到政治偏好、主观意识、知识水平、道德素质等的干预和限制，不可能制定出毫无瑕疵的矿产资源开发政策；从技术层面看，有限的政策文本具有模糊性，只能做出一些较原则性的规定和可供选择的措施，随着矿产资源开发政策的不断推行，必然涌现出新的利益关系，如新的矿产企业组织形式。因此，在各级地方政府执行矿产资源开发政策的同时，许多事情必须留给执行主体酌情处理。

（2）矿产资源开发政策执行裁量与利益扩张。尽管地方政府的矿产资源开发政策执行裁量权获得有其必然与必要，会调动其利益存在与发展的主观能动性，提高开发政策的执行效率，但也有其利益扩张的冲动，会导致其要求获得更多的政策执行裁量权，在一定程度进一步加剧其利益扩张，具体表现为：一是由于裁量权是在矿产资源开发政策规定范围内运行，地方政府会以裁量权为借口，钻政策空子或打"擦边球"，滥用职权，谋取私利，导致形式上合法的利益越来越多。二是对矿产资源开发政策文本中的弹性条款作任意性解释，或对不确定的要求的解释前后不一致，确保合乎地方利益最大化。三是鉴于部分裁量权由特殊机关、部门独占，具有垄断性，会采取形式合法的手段，捞取实为违法的矿产资源开发利益，产生地方和部门保护。因此，在矿产资源开发政策完善的过程中，地方政府存在不惜一切代价利用手中所掌握的裁量权谋取内在利益的扩张冲动。

2. 地方政府矿产资源开发利益诉求行为的短期化

（1）地方政府矿产资源开发利益诉求行为短期化的内在原因。短期内最大显示矿产资源开发政绩，完全符合地方政府和官员效用最大化的目标函数。一是矿产资源开发直接带来政府财税收入的增加，政府可支配财力增加和政府能力提升。因此，地方政府存在短期内将矿产资源开发利益的地方贡献发挥到极致的行为偏好；二是矿产资源开发形成的地方发展政绩意味着政治晋升的机会极大提升，虽然并不能保证在"政治锦标赛"中赢得胜利，起码不至于落后；三是从意识形态来说，矿产资源开发符合"发展才是硬道理"、"以经济建设为中心"的政治方针。因此，矿产资源开发的快速对地方来说是一举多得的行为。

（2）地方政府矿产资源开发利益诉求行为短期化的低效开发特征。鉴于地方政府官员有任期限制，且其政绩显示要在任期内完成，因此，会在矿产资源开发方式上选择最便捷、最简单、最见效的一种。会为了矿产资源开发规模的扩张、财税收入的增加，忽视开发效率，扮演着"援助之手"和"攫取之手"的不同角色①。导致低效的矿产资源开发行为虽然消耗了宝贵的矿产资源，却能够在短期内为地方政府聚敛大量的财政收入；又能带动相关产业的发展，继而直接拉动辖区居民消费和社会经济发展，因而乐此不疲。

（3）地方政府矿产资源开发利益诉求行为短期化的长远收益忽略特征。从理论上说，地区矿产资源开发的长远利益应该是资源可持续性利用，区域公共物品数量和质量供给能力和水平提升、矿区整体利益得到促进等，但这些往往都不能在短期内取得明显效果。尽管投入可以在短期内完成，但效果往往在相对较长的时期后才能完全发挥出来。因此，对于一个有任期的理性的地方官员来说，仅仅重视或特别重视短期内能拉动经济、增进税基的矿产资源开发项目是其最优决策，但这种行为选择推卸了有益于地区矿产资源开发可持续发展的工作和责任，严重损害了矿产资源开发长远收益。

（4）地方政府矿产资源开发利益诉求行为短期化的外部性问题漠视特征。虽然矿产资源开发可能带来很大的外部性，并对长期开发利益造成恶劣后果，但鉴于官员任期有限，不论是升迁、平调还是退休、调换岗位都意味着必须在任期结束后离开现有要职。这不仅意味着可以对任期内的机会主义行为后果不承担责任，即使地方政府的矿产资源开发行为具有外部性，向矿区、其他地区和社会公众转嫁了成本，造成的严重后果往往不会被追究，形成对矿产资源开发外部性问题漠不关心的思维和行为惯性。因而，地方政府的矿产资源开发利益诉求在于，通过矿产资源开发谋取巨额税收利益和政绩显示，导致地方政府通过矿产资源开发谋取的财政等的收益行为模式外部性，直接损害矿区居民的切身利益，相当于早早透支矿产资源开发长期发展的财富和价值；为了短期收益牺牲

---

① 陈刚、李树、余劲松：《援助之手还是攫取之手？——关于中国式分权的一个假说及其验证》，《南方经济》2009年第7期。

了可持续发展可能性，给社会发展造成深远的隐性危机，是一种典型的机会主义行为。

3. 地方政府矿产资源开发政策执行的行为异化特征

中央与各级地方政府之间的利益博弈会导致地方政府在矿产资源开发政策执行的行为选择过程中，通过行为异化追求利益最大化，典型的主要有：

（1）执行矿产资源开发政策的不利信息截留。中央制定的矿产资源开发政策在自上而下贯彻执行过程中，中途被截断，原有的精神与内容层层递减；或仅在地方少数干部中间小范围公开，使政策信息成为少数人的特权，传达不到政策利害相关人，导致政策难以配合执行。损害中央和上级的利益，影响政策目标相关利益主体的利益。

（2）执行矿产资源开发政策的故意不作为。地方政府无视矿产资源开发政策的时间、程序、目标要求，在主观上、行动上背离矿产资源开发政策的初衷，不转化为可操作的具体政策执行措施，使政策执行完全落空，严重损害矿产资源开发政策的严肃性和权威性。如 2006 年的甘肃省徽县水阳乡的公众血铅超标事件[1]，肇事污染企业十年来一直超标排污，国家环保总局领导认为[2]，看似责任在企业，实则根源在当地政府的不作为。畸形的政绩观导致一些地方政府漠视矿区健康，完全置国家环境政策于不顾，不作为。

（3）执行矿产资源开发政策的选择性执行。地方政府在执行矿产资源开发政策中，在若干项中央政策之间，在中央政策与地方政策法规之间，选择有利于地方利益的某项政策执行，使中央各部门的有关政策、措施难以在地方落实。

（4）执行矿产资源开发政策的替代性执行。地方政府在执行矿产资源开发政策时，执行与中央决策不一致的具有变异性的方案，使原有的政策方案难以实施。从表面上看，替代执行政策的时间、空间都没有变化，但政策的实质内容却发生改变。不仅影响了政策目标实现，恶化了政策执

---

① 新华网：《甘肃省徽县水阳乡血铅超标事件已查明》，2006 年 11 月，天水在线（http://www. tianshui. com. cn/news/ln/2006112121180818780. htm）。

② 潘岳：《甘肃、湖南两起重大环境事件源于"行政不作为"政府有关责任人应受到严厉查处》，2006 年 9 月，中华人民共和国环境保护部，http://panyue. mep. gov. cn/zyjh/200907/t20090708_ 154447. htm。

行环境，增加了问题解决的难度，且在政策执行中出现的变异和扭曲会使原有政策问题得不到解决，又引发新的政策问题；同时，替代执行也损害了中央的形象，降低了中央的威信和政策的整合力。

（5）执行矿产资源开发政策的附加性执行。政策内容扩大化，政策的调整对象、范围、力度、目标均超越矿产资源开发政策的初衷要求，其突出表现是"搭便车"。个别地方政府的矿产资源开发政策打着贯彻中央政策的旗号，推行反映其自身利益的"土政策"、"土规定"。在质的方面可能扩大原政策的内容，引发新的政策行为，影响原政策目标的实现。在量的方面，可能扩大原政策的调控力度与范围，改变政策功能，超越政策目标，出现政策浮夸。

（6）执行矿产资源开发政策的机械性。对于中央的矿产资源开发政策，有些地方政府简单地、机械地照章办事，不顾及本地区、本部门的矿产资源开发客观条件和具体情况，导致中央政策的总体宏观初衷与本地实际情况间矛盾，缩小和减弱了行政权力的范围和力度，使得原本科学合理的决策丧失了内在价值，不能发挥应有的效力，无法实现效益最大化，甚至引起政策的负面效应。如在落实矿产资源开发整合政策时，有些地方政府完全不考虑本地区的实际状况，最终难以取得理想的效果。

（二）中央与各级地方政府之间矿产资源开发利益博弈的中央行为选择及其均衡趋势

1. 中央修改矿产资源开发游戏规则偏好

（1）中央修改与地方政府利益博弈游戏规则的偏好。随着中央对地方政府的分权，地方政府在与中央利益博弈中有了一定的讨价还价实力；但鉴于中央在讨价还价中仍占有主导地位，特别是在中央对地方政府具有人事决定权的情况下，地方政府的讨价还价能力非常有限。因此，中央存在利用不对等的博弈地位，表现出不遵守规则，修改游戏规则的偏好。因此，尽管中央的矿产资源开发政策都有充分调动发挥地方政府积极性，加强矿产资源的保护与利用，解决诸如环境污染、地质条件破坏、资源浪费等问题，促进矿产资源开发的初衷，但不可否认的是，每次矿产资源开发政策的调整中央都占据主导地位，改革的目的都是为中央实现矿产资源开发利益的目标"解困"，正如张宇燕和何帆所言[1]，中央会从自身的利益目标出发，通过规则重构，达到利益目标最大化，从而表现出偏好游戏规则修改的"任意性"。

（2）中央修改与地方政府利益博弈游戏规则中的博弈行为特征。鉴于在中央与地方政府的利益博弈过程中，中央控制着地方政府人事的选拔权，在谈判中占有优势，因而，在矿产资源开发利益的分割争夺中，如果地方政府占有的矿产资源开发利益增多，那么中央就有激励利用自身的谈判优势，改变游戏规则，重新发起讨价还价，从地方政府那里攫取矿产资源开发利益。如现实中发生的亏损国有矿产企业推给地方政府，把盈利能力强的收归中央；调整中央与各级地方政府之间的矿产资源税收分成比例提高等。

当然，地方政府在与中央的利益博弈中，也会利用自身的信息优势，充分依托中央制定的博弈游戏规则条件，做出有利于增加自身矿产资源开发利益的行动。如地方政府对属于自己的矿产资源开发税收，加强征管，使其收入大幅度上升；和相关中央部门拉关系，争取更多的矿产资源开发专项转移支付；大力发展辖区内归自己所管辖的矿产企业，增加税源；对于那些归自己所管的亏损矿产企业，则"甩包袱"进行民营化，减轻自身负担。

2. 中央均衡地方政府矿产资源开发利益发展的政策构建趋势

（1）中央与各级地方政府之间矿产资源开发利益博弈的政策调整绝对性趋势。中央在矿产资源开发过程中一般扮演政策制定主体的角色，地方政府则负责政策执行。鉴于中央在地方的人事任用和管理、开发规划、财税政策及其审计管理、基建项目审批等政策途径占据优势，控制地方政府的矿产资源开发活动，获得同地方政府博弈的资本；而地方政府作为矿产资源开发政策执行主体，对中央决策的接受与实施程度上占据优势。特别是，在市场经济转型的重要时期，各种因素的综合作用使地方政府对中央决策的讨价还价能力不断加强，中央与地方政府之间会激烈地互动，所投射的画面乃"中央被迫与力量非常强大的地方政府商谈"[2]。正如巴里

---

① 张宇燕、何帆：《由财政压力引起的制度变迁》，载盛洪、张宇燕《市场逻辑与制度变迁》，中国财政经济出版社1998年版。

② Goldestein, Steven M., "Reforming Socialist Systems: Some Lessons of the Chinese Experience", *Studies in Comparative Communism*, 1988.

诺顿所言，地方总是以对己有利的方式在执行政策时变通执行中央决策，因此中国政治体制的一大特点是存在很强的"执行差距"①，因此，不论是中央还是地方政府都存在基于自身利益最大化的强力利益需求，会对矿产资源开发利益关系进行权威性分配的矿产资源开发政策提出符合自身利益目标的行为选择，导致中央与各级地方政府之间的矿产资源开发利益博弈存在着政策构建和调整趋势。

（2）中央与各级地方政府之间矿产资源开发利益博弈的政策均衡发展趋势。根据博弈地位和结构间的关系，参与人之间的博弈地位和结构之间存在同构与不同构的可能性②。如果博弈地位与其结构同构的话，博弈参与人就没有动力去突破旧的结构；如果博弈地位与其结构不同构，博弈地位逐渐增高的参与人就有动因根据博弈的新情境试图催生新的结构，导致原有的博弈结构规则可能发生变化。因此，如果中央与地方政府的博弈地位与其矿产资源开发结构是同构的，中央与地方政府的矿产资源开发利益关系结构规则就可以长期维持。但在现实的中央与地方的矿产资源开发利益博弈中，随着改革开放背景下地方政府博弈能力的提升，鉴于地方政府具有接近"信息源"的优势策略，可通过不断展现其博弈优势，使其博弈地位处在不断提升中，导致中央与各级地方政府之间博弈地位的动态变化与其原有的中央与地方的利益关系结构规则发生"不同构性"，导致地方政府在与中央的利益博弈中"反复展现"强势的矿产资源开发利益行为策略取向，导致两者在博弈的策略性互动中，逐渐改变两者相对的博弈地位，甚至会涉及对原有博弈结构规则的变革，导致矿产资源开发利益分割政策方向的变动。但这种方向性的变动在中央始终居于利益博弈强势地位的条件下，会使矿产资源开发利益政策向着利益均衡的趋势发展，以实现作为全体公民矿产资源开发利益代表的中央的整体矿产资源开发利益目标。

①　李芝兰：《跨越零和：思考当代中国的中央地方关系》，《华中师范大学学报》（人文社会科学版）2004 年第 6 期。

②　李胜：《两型社会环境治理的政策设计——基于参与人联盟与对抗的博弈分析》，《财经理论与实践》2009 年第 9 期。

二 各级地方政府之间矿产资源
开发利益博弈的效应

（一）各级地方政府之间矿产资源开发利益博弈效应的总体认识

1. 各级地方政府之间矿产资源开发利益博弈效应认识上的中西方差异

在各级地方政府之间矿产资源开发利益博弈效应的认识上，与西方存在差异：

（1）各级地方政府之间矿产资源开发利益博弈效应的评价。鉴于西方地方政府的主要职能是为辖区居民提供地方性公共物品，西方财政联邦主义理论对各级地方政府之间利益博弈的效应评价主要是从辖区选民的角度，唯辖区居民的效用最大化为目标和标准。而中国地方政府的行为目标是复杂的，不仅仅定位在地方性公共物品供给上，在促进本地经济增长、减少失业，保持社会稳定等似乎有着更多的责任和压力。因而，能促进辖区经济增长、财税增加、就业吸纳等地方政府目标的矿产资源开发，以及相关的各级地方政府之间利益博弈的效应评价就显得更为复杂和困难。

（2）各级地方政府之间矿产资源开发利益博弈效应的制度约束条件。西方财政联邦主义理论[①]关于各级地方政府之间利益博弈的理性假设和博弈效应研究表明：各级地方政府之间的利益博弈效应主要取决于地方政府行为所受到的制度约束；只要对追逐自身利益最大化的地方政府进行有效约束，其间的博弈就会体现出更多的合意性；反之，会体现出更多的消极效用。所以，鉴于中国还处于转型完善期，特别是地方政府的激励和约束更多地来自中央（上级），而不是当地居民和其他市场利益主体[②]。尽管矿区（村镇）当地居民和其他矿产资源开发利益主体可通过人代会等来行使自己的权利，但上级的考核更能直接地影响本级地方政府的行为，因而"用脚投票"机制对各级地方政府之间矿产资源开发利益博弈效应的约束较为有限。

---

① 吴昊：《简论财政联邦主义理论在中国的适用性》，《经济研究导刊》2009 年第 18 期。
② 周业安、冯兴元、赵坚毅：《地方政府竞争与市场秩序的重构》，《中国社会科学》2004年第 1 期。

2. 各级地方政府之间矿产资源开发利益博弈与经济增长的促进

各级地方政府之间的矿产资源开发利益博弈能促进辖区经济增长。主要原因有：

（1）各级地方政府之间矿产资源开发利益博弈的实质是各级地方政府之间改进开发条件、提升开发绩效和发展经济的竞争。出于辖区的矿产资源开发利益和地方官员政治利益的需要，地方政府运用所掌握的矿产资源开发管理权、开发所依托要素的配置权，调动一切手段来推动地方经济的发展。

（2）各级地方政府之间矿产资源开发利益博弈的手段是不断改进基础设施等硬环境和治理能力、制度等软环境来获取竞争优势，以吸引和鼓励开发要素投入，以及争夺更大市场份额来促进矿产资源开发利用。完善的矿产资源开发基础设施条件、政策和高效率的服务，能为矿产资源开发利益相关主体从事开发活动提供良好的外部经济环境，并激发矿产资源开发利益相关主体从事开发活动的积极性，促进辖区经济发展。

（3）各级地方政府之间矿产资源开发利益博弈能改善开发所依托要素的配置效率。传统集权型计划经济管理体制中的垄断特征，导致地方政府发展积极性的丧失[1]；分权化、市场化改革和各级地方政府之间的利益博弈意味着，矿产资源开发所依托要素的所有者可以比较不同的地方经济环境，并选择最有利于获取收益的地区。因而，意味着矿产资源开发所依托要素配置效率的提升和优化。

（4）各级地方政府之间矿产资源开发利益博弈能增强地方政府制度创新的积极性。各级地方政府之间的矿产资源开发利益博弈是在分权化、市场化的制度变迁过程中产生的，而博弈本身又推动了分权化、市场化改革进程。转轨时期的地方政府是制度创新的第一行动集团[2]，使地方政府更加重视基于市场化改革和制度变革的矿产资源开发利益追求，推动经济发展。

（二）各级地方政府之间矿产资源开发利益博弈的内部行为偏好

1. 矿产资源开发的地方政府主导

（1）矿产资源开发路径的地方政府主导。随着分权化，地方利益独

---

[1]　邓聿文：《下一步的关键在继续解放民权》，《同舟共进》2009 年第 12 期。

[2]　宋莉莉、彭涛：《现阶段制度创新的"第一行动集团"——论在渐进的市场取向改革中地方政府的角色行为》，《理论月刊》2001 年第 1 期。

立化与明晰化，地方政府行为方式的转变，自主发展可能与机会的形成。在财政压力和追求政绩的内在利益诉求和博弈压力驱动下，具有区域矿产资源禀赋优势的地方政府显现出空前的组织和管理地方矿产资源开发利益的积极性和主动性，极大地推动了地方矿产资源的自主开发利用、开发潜力与优势的挖掘，形成各具特色的发展道路。

（2）矿产资源开发格局的地方政府主导。在各地寻求适合辖区矿产资源开发特点的过程中，各地方政府都十分注意发挥自身的矿产资源禀赋优势，积极主导各自的发展特色和格局，实现在博弈中的胜出。鉴于倾斜性的地区优惠政策是一种十分稀缺的、可转换成巨大财富、对地方矿产资源开发格局起着重大作用的条件，因而，具有矿产资源禀赋的区域，都积极主动地向中央争取优惠政策，并对其加以充分利用，为本地区的矿产资源开发格局创造更为广阔的空间和博弈优势。

（3）矿产资源开发方式的地方政府主导。鉴于地方矿产资源开发客观上需要更多地依靠资本和劳动力等要素的流入，需要地方政府提供包括要素所有者的所有权保障、基础设施、进入市场帮助等良好的环境，因而，各级地方政府之间的博弈行为提供的强大行为刺激，促使具有区域矿产资源禀赋的地方政府，一方面想方设法扩大地方矿产资源开发利益、开源增收；另一方面尽量将钱花在"刀刃"上，增加对地区矿产资源开发有用的服务性支出，如矿产资源开发必需的基础设施等，以便为矿产资源开发要素的流入创造良好环境。

（4）矿产资源开发成效的地方政府主导。由于分权化带来的地方矿产资源开发自主与地方之间的利益博弈，使地方矿产资源开发焕发出勃勃生机，在较短时间内取得了显著成效。这是基于分权化的矿产资源开发效率优势，将传统体制中的外部性条件内化为地方的内部收益，形成对矿产资源开发利益相关主体的激励和报酬。

可见，基于分权化导致的各级地方政府之间的矿产资源开发利益博弈，在促进市场化进程的同时，也极大地促进了地方矿产资源开发与繁荣，奠定了整个国民经济健康发展的重要基础。

2. 矿产资源开发利益的地方政府与辖区矿产企业合（串）谋

（1）地方政府与矿产企业合（串）谋的内在原因。鉴于地方政府政绩最大化的实现在于辖区微观主体在市场竞争中处于有利地位，以构成经济增长中胜出的基础。所以，地方政府及其官员有动力为本地区的微观主体捕捉潜收益提供或创造有利条件，以强化本地企业的竞争力，加快本地经济发展来增加自己的"政绩"。因而，在地方间的矿产资源开发利益博弈压力下，地方政府常常会在一定程度上满足矿产企业扩大利益诉求权益的内在要求，并使与本地矿产企业间的合作大于冲突，形成合（串）谋。

（2）地方政府与矿产企业合（串）谋的制度创新影响。一是当矿产企业制度创新由地方政府出面组织或实施时，与其合（串）谋的矿产企业只是"服从"参与，较少承担相应的政治风险，可进一步刺激矿产企业的基于矿产资源开发利益需求的制度创新动力。

二是鉴于地方政府为获得中央（上级）对其矿产资源开发制度创新行为及其利益的事后认可，往往用诸如辖区源自矿产资源开发的财税收入增加、矿产企业绩效的提高等"民意"作为砝码，来佐证其矿产资源开发制度创新的正当性。这样，各级地方政府之间的利益博弈通过矿产企业的行为改变，间接地成为制度创新需求的有效渠道并与中央讨价还价，促进地方政府与矿产企业的合（串）谋、使矿产企业成为地方政府利益最大化获得的低成本集体行动组织。

三是尽管由地方政府推动的自主制度创新会使与其合（串）谋的矿产企业行为选择空间受到地方政府的参与约束和激励相容约束，但地方政府出面组织的自主制度创新使得本地区的制度创新具有规模经济效益，不仅导致与其合（串）谋的矿产企业大幅降低了制度创新成本，而且通过示范效应，使本辖区的矿产企业制度创新成本摊薄，促进了创新收益的提升。

（三）各级地方政府之间矿产资源开发利益博弈的外部效应

1. 各级地方政府之间矿产资源开发利益博弈的外部邻域效应

（1）各级地方政府之间矿产资源开发利益博弈的外部效应。外部性[1]在此意味着各级地方政府之间出于发展和博弈需要采用的某种矿产资源开发战略，不仅存在一些内部化的产出结果，也会导致受到该战略影响的不同利益主体之间冲突。许多地方政府都会充分利用其矿产资源禀赋，设立矿产资源开发专门区域，提供基础设施和外部开发条件等，其实施必然会涉及外部效应问题。尽管分享矿产资源开发利益的常常仅是参与开发的矿产企业和地方政府，但总成本的具体承担主体还包括让出矿产资源禀赋储

---

[1]　《外部性》，百度百科，http：//baike. baidu. com/view/682663. htm。

存土地的农民、受到生态环保影响的矿区居民等；此外，还可能对其他地方政府产生负外部性，影响到其他并未对开发所依托的要素提供吸引条件的地方政府；且其本地要素也可能外流，使其处于被动地位。因此，对各级地方政府之间矿产资源开发利益博弈可能带来的影响存在价值判断问题，存在许多难以确定的地方。

（2）各级地方政府之间矿产资源开发利益博弈的邻域效应。邻域效应（neighbourhood effects）属于外部效应或外部性的一种，特指在地理空间上相邻相接的外部效应。鉴于一个地区的矿产资源开发战略和行为选择，总是首先对其邻近地区产生正面和负面的影响，因而，各级地方政府之间的矿产资源开发利益博弈，会促使地方政府依赖其竞争优势胜出的打造，导致周边地区的要素向其聚集，对周边矿产资源开发带来压力；使得周边地区与其就分工协作、扩散学习与过度竞争、两败俱伤进行抉择。

2. 各级地方政府之间矿产资源开发利益博弈的"二律背反"悖论

（1）各级地方政府之间矿产资源开发利益博弈的"二律背反"。"二律背反"意味着地区间的利益博弈，一方面会强化政府对矿产企业的直接干预，另一方面又有助于削弱政府的行政干预。鉴于地方政府作为矿产资源开发利益的相关主体，在参与地区间的利益博弈中，往往会与矿产企业串谋，形成利益共同体，加深对矿产企业的直接干预。促使本地矿产企业获得资本注入以扩大规模、提升市场占有率、获得政策优惠等。

但地区间的利益博弈，降低了地方政府操纵本地矿产企业目标行为的可能性，减少其出于政治或社会目标的管制。因为当某些地方政府企图寻求地区内垄断或其他行政干预时，可能会使本地矿产企业处于市场竞争劣势，而博弈对手地区的矿产企业拥有更低成本和更高竞争优势，如果此时地方财政高度依赖本地矿产企业发展，会处于很不利的境地。

（2）各级地方政府之间矿产资源开发利益博弈导致"二律背反"的机理。首先，各级地方政府之间的矿产资源开发利益博弈具有正面激励。能够为矿产企业及其各种依托要素，如为资本和矿工提供善意环境，为要素拥有者的权利提供较为可靠的保障，提供基础设施、公共物品等。否则，市场经济条件下的"用脚投票"机制就会发生作用，辖区矿产企业及其要素就会流失，给地方政府以强大压力，从而推动其充分考虑辖区矿产企业的许多利益诉求，加深对矿产企业的干预合谋。

其次，地方政府政治目标的强加只能局限在辖区内，辖区矿产企业、开发所依托的要素会被强加的政治负担置于相当不利的地位。假设辖区矿产企业被要求只能雇用本地矿工且不能随便辞退，使其服从地方政治社会目标，这不仅意味着外地矿产企业的较低成本，也会大大提升地方政府操纵矿产企业业绩和目标的压力。所以，在各级地方政府之间的利益博弈格局下，没有任何一级政府拥有对矿产资源开发的全部垄断权。因为它不能把其意志完全强加给现实的矿产资源开发，如果非要这样，很可能使其辖区的矿产企业在开发市场上的失败，最终使自己陷入困境，遭受利益损失。

3. 各级地方政府之间矿产资源开发利益博弈的生态环保灾难

鉴于各级地方政府之间的矿产资源开发利益博弈是选择竞争还是选择合作方向，在很大程度上表现为地区之间在矿产资源开发的专业化分工与合作之间的基础条件状况。如果两个地区之间的矿产资源禀赋类似，开发基础、价值链的结构等相似，则地区间利益博弈中的竞争成分往往会多于合作，反之，则更多地选择协作。在地方利益驱使下，在矫正矿产资源开发结构雷同，寻找新的合理的价值链分工体系过程中，诸如地方支持本地矿产企业和进行地方保护的行为必然会发生，必然导致地方政府忙于矿产资源开发利益追求，形成矿产资源开发生态环保灾难。

4. 各级地方政府之间矿产资源开发利益博弈的产业发展畸形

与美国学者格雷特·哈丁提出的"公用地灾难"模型情况相似，在中国矿产资源开发过程中，各地方政府都知道自己过度的矿产资源开发扩张行为，可能导致地区开发结构不合理、宏观开发秩序失控。但都在扩张，如果谁先停下来，就会失去眼下的矿产资源开发利益机会，并且宏观失控的后果谁都有份。这时，理性的地方政府就会不顾一切地追逐眼前的矿产资源开发利益，而把调控的责任交给中央。在没有对政府间的矿产资源开发利益关系做出制度上的合理安排之前，中央、各级地方政府之间的多元利益关系很容易陷入"公用地灾难"的博弈格局之中。地方政府若稍稍照顾到中央的全局利益以及博弈对手的地区利益，就可能遭到巨大损失，而不听话的地方政府则可能因此捞到不少额外好处，从而为进一步的"公用地灾难"利益博弈胜出打下基础。这样，可能出现由于地区矿产资源开发利益障碍而造成的"公用地灾难"，导致地区矿产资源产业发展畸形，结构同构化和低度化。

5. 各级地方政府之间矿产资源开发利益博弈的安全监管懈怠

在很大程度上，政府对矿产企业负有不可推卸的安全生产监管责任。但地方政府的监管却很容易懈怠，这是由于，加大监管力度意味着要付出艰辛努力，影响矿产资源开发产能，进而影响到地方的财政收入和 GDP 政绩。如果本地区加大监管力度，其他无此行为选择的地区，会获得矿产资源开发的优势和利益胜出，影响本地区的 GDP 排名和政绩。最终，在宏观上发生合成谬误，地方政府的个体理性叠加构成利益博弈的集体、社会的非理性，安全监管懈怠，甚至故意忽略。通过政府自觉或不自觉与矿产企业松散或紧密的强势利益同盟，追求各自的利益最大化，甚至不惜以牺牲矿工生命为代价来为其辉煌的政绩前程铺道。

6. 各级地方政府之间矿产资源开发利益博弈的利益流出

即使矿产资源开发成果显著，具有理性人特征的矿产企业也会对矿产资源开发地的经济发展带动作用考虑较少；同时，如果区域矿产资源开发规划中的下游产业链建设不能进行，不能形成规模效益，不能提高矿产品的附加值，在产业"微笑曲线"中处于不利地位，又导致利益的丧失。在此背景下，各级地方政府之间的矿产资源开发利益博弈压力，会对矿产资源赋存地政府的干预领域和程度形成严格行为约束，使得其获取的利益空间受到打压限制、受惠空间非常有限、利益流出，可能导致本应获得的矿产资源开发利益和发展机会丧失。

（四）各级地方政府之间矿产资源开发利益博弈的积极效应

由于各地区的矿产资源禀赋条件、开发环境不同，矿产企业的能力不同以及所受到的约束条件不同，地方政府会采取不同策略行为。因而，各级地方政府之间矿产资源开发利益博弈行为的积极效应，具有法制化、道德化和利益优化原则的特征：一是体现矿区以及辖区公众或生活利益的原则：鉴于地方政府的行政目的是为辖区谋利益，保证公共利益的实现[1]，因而各级地方政府之间的矿产资源开发利益博弈行为可能增进或不损害辖区的总体利益；二是体现国家整体利益：鉴于全国各级地方人民政府都是服从国务院[2]的国家行政机关，因而其间的利益博弈行为会维护国家整体利益的最大化；三是体现行政伦理原则：鉴于和谐社会的构建需要服务型

① 王春福：《政策网络的开放与公共利益的实现》，《中共中央党校学报》2009 年第 8 期。

② 《中华人民共和国宪法》，新华网，http：//news. xinhuanet. com/ziliao/2004 - 09/16/content_ 1990063_ 8. htm。

政府①，因而各级地方政府之间的矿产资源开发利益博弈行为会追求透明、公平、效率、服务的道德规范。

1. 各级地方政府之间矿产资源开发利益博弈的知识和信息发现

按照新制度经济学理论，各级地方政府之间的矿产资源开发利益博弈具有知识和信息的发现过程特征，尤其对更优矿产资源开发制度知识的发现。这是由于，吸引更多的地方矿产资源开发所依托要素，必然会使地方政府加快"发现"或建立更好的制度，因为"在市场化的进程中，起点的差异可能决定地方政府获取竞争优势的难易程度，但真正决定地方政府是否能够获取竞争优势的因素可能在于当地的软环境，也就是制度和行政管理对资源的吸引力"②。因此，各级地方政府之间的矿产资源开发利益博弈，会促进对产权制度保护的加强、对民间投资限制的放松、行政审批制度改革的加快等制度创新行为，客观上加快和促进中国矿产资源开发的知识和信息发现。

2. 各级地方政府之间矿产资源开发利益博弈的制度创新行为

新制度经济学认为，组织间的利益博弈促使组织寻求改善现存制度的激励，因而，各级地方政府之间的矿产资源开发利益博弈必然会导致制度的不断修正，使博弈利益主体得以生存和发展，获取矿产资源开发利益博弈上的优势，获得比其他地方政府更多的潜在开发利益，包括基于矿产资源开发的政治利益（官员升迁）、基于矿产资源开发的地方财政收入最大化利益。通过积极优先的制度安排和创新行为，导致率先进行制度创新行为的地方政府获得更多的矿产资源开发优势条件，使本辖区的矿产资源开发利益得到足够大的提高，迫使其他的地方政府博弈对手模仿、学习和借鉴这种"示范效应"，形成博弈规则变动的规模效应，以发挥各级地方政府之间矿产资源开发利益博弈的压力作用。

3. 各级地方政府之间矿产资源开发利益博弈的税收和规制行为合理化

规制意味着以法律法规形式对矿产资源开发活动进行管理、协调和制约。各级地方政府之间的税收和规制利益博弈是矿产资源开发利益博弈的常规手段。地方政府的矿产资源开发税收活动，如果没有超越中央税法、

---

① 周美雷：《以公共服务评估促进和谐社会建设》，2006 年 12 月，人民网，http：//theory. people. com. cn/GB/40537/5158990. html。

② 周业安、赵晓男：《地方政府竞争模式研究——构建地方政府间良性竞争秩序的理论和政策分析》，《管理世界》2002 年第 12 期。

没有越权减免税，减免和补贴方式是正当恰当的，那么，各级地方政府之间的这种税收胜出利益博弈就属于合理的。通过各级地方政府之间关于矿产资源开发的合理税率降低和税负减轻等税收博弈行为选择，可以降低辖区矿产企业的投资和运营成本；通过许可、申报、审批、营业执照、标准设立等形式对矿产资源开发领域的层层规制，可促进矿产资源开发优势和要素配置优化，形成矿产资源开发的税收合理化和规制行为合理化。

4. 各级地方政府之间矿产资源开发利益博弈的地方基础设施改进和完善

完善的基础设施条件为矿产资源开发利益主体从事开发经营活动提供良好的外部经济环境，基础设施的供给不足既是许多地方矿产资源开发滞后的重要原因，也是其开发滞后的结果。为吸引和鼓励投资以及争夺更大市场和要素流入份额来开发矿产资源，各级地方政府之间的利益博弈将基础设施的建设作为矿产资源开发利益博弈的重要手段，扩大投入，以吸引矿产企业的设立、矿产资源开发所依托要素的流入。通过各级地方政府之间的利益博弈在一定程度上打破地方政府提供矿产资源开发公共物品的垄断地位，促使其通过发现和利用更加有效的诸如政府特许等提供方式，不仅导致地方政府管理矿产资源开发工具的改变，同时也成为地方政府、市场和社会间合作改进与完善地方基础设施、促进开发矿产资源的一种方式。

5. 各级地方政府之间矿产资源开发利益博弈的地方民主治理发展

各级地方政府之间矿产资源开发利益博弈中"用脚投票"机制作用的发挥，可有效约束政府权力的滥用。在利益博弈的压力下，地方政府相互间不得不约束自己的行为边界，放松对矿产资源开发利益的汲取和对相关利益主体的诉求压制，给予矿产资源开发更多的市场发展空间和更多的公民行为选择空间，从而引起矿区民主进程的加快、个人自由的实现和社会进步。在受到民意监督和"用脚投票"约束的前提下，地方政府对出台的矿产资源开发政策会对符合民意变得慎重，增进公众与政府间的交流和对话互动，通过矿产资源开发活动促进公民社会发育和地方公民参与的发展。正如哈耶克所说①，"尽管绝大多数个人根本不会打算搬家迁居，但通常都会有足够的人，尤其是年轻人和较具企业家精神的人，会对地方

---

① ［英］哈耶克：《自由秩序原理》，邓正来译，生活·读书·新知三联书店1997年版。

政府形成足够的压力，要求它像其竞争者那样根据合理的成本提供优良的服务，否则他们就会迁徙他处"。

（五）各级地方政府之间矿产资源开发利益博弈的秩序失衡

各级地方政府之间矿产资源开发利益博弈秩序失衡的典型表现有重复建设、地方保护主义、恶性的税收与规制竞争等。

1. 各级地方政府之间矿产资源开发利益博弈的重复建设

各级地方政府之间的矿产资源开发利益博弈会激发，基于利益博弈胜出的矿产资源开发投资扩张冲动行为取向，造成重复建设行为的开发秩序失衡。集中体现在地方政府在矿产资源开发管理中，重复投入大型的矿产资源开发公共基础设施建设；通过国有矿产企业在价高税大的项目上大量投资，或出台一些保护性政策，支持引导一些营利性高而生态环保负效应严重的矿产资源开发项目。从而对地方经济的发展起到极大带动作用，为地方政府的政绩添加光环，但同时造成矿产资源开发的财富闲置、浪费与低效率等消极后果，造成产能迅速扩张过剩，引发价格大战以及因原材料紧缺而导致的大战，使得地方政府为帮助地方矿产企业，应运而生或明或暗的地区市场封锁政策。

2. 各级地方政府之间矿产资源开发利益博弈的"倾销式"土地价格大战

土地是最大的存量资产，是政府手中最大的财富[①]；土地是一切矿产资源赋存和开发的源泉条件，是矿产资源开发必不可少的物质基础；地方政府可通过市场化运营使其变为最具活力的资本。因而，具有矿产资源先天禀赋优势的土地优惠供给成为各级地方政府之间矿产资源开发利益博弈的一个重要手段。为吸引矿产企业的设立和开发所依托要素的流入，许多地方政府会违反国家有关规定，擅自出台和制定土地优惠政策，以"倾销式"的土地价格大战进行矿产资源开发招商。导致地方政府利用大量的财政收入对矿产资源开发投资者补贴，挤占辖区的福利投入，剥夺矿区土地所有者的利益。

3. 各级地方政府之间矿产资源开发利益博弈的恶性税收竞争

合理降低税率和减轻税负，可降低矿产资源开发的投资和运营成本，

---

① 淮安市城市建设指挥部办公室：《如何经营一座城市》，http：//cjb. huaian. gov. cn/jsp/content/content. jsp？articleId = 33762。

促进优势形成和要素配置优化；但超过合理程度的恶性税收竞争会扭曲各级地方政府之间矿产资源开发利益博弈的正面效果，造成"割喉竞争"①效应。集中体现在地方政府在矿产资源开发管理中，绝大多数依赖制度外的税收竞争②，通过擅自减免税、有意放松税收征管力度、包税、税收"先征后返"、超额的税收奖励等手段，潜在地偏离国家相关的税收政策，吸引矿产企业和所依托要素的流入，获得各级地方政府之间的利益博弈优势。造成地方政府无法汲取足够的矿产资源开发财政税收资源用于地方公共物品供给，形成降低矿区公民和辖区社会福利水平的"扑向低层的竞争"（the race to bottom）③。扰乱正常的矿产资源开发税收秩序，淡化国家税收优惠政策对矿产资源开发的宏观调控效果。

4. 各级地方政府之间矿产资源开发利益博弈的恶性规制竞争

合理的规制竞争可促进适宜于矿产企业发展的低成本环境形成和市场秩序健康发育。但超过合理程度的恶性规制竞争使各级地方政府之间矿产资源开发利益博弈的正面效果被扭曲。集中体现在地方政府在矿产资源开发管理中，以不同的规制条件对矿工、资本、开发工艺等实行规制，导致各级地方政府之间利益博弈中的规制竞争行为。通过采用许可、申报、审批、营业执照、标准设立等形式对矿产资源开发利益相关主体层层规制，如果以低于社会公认的规制水平来吸引更多的矿产资源开发要素流入，如为加快矿产资源开发招商步伐，出台违反环保相关法律的"土政策"，导致矿产企业没有污染防治设施，以获取超额矿产资源开发经济和政治利益，就属于恶性规制竞争。最终会导致生态环境破坏、经济伦理受损，以及矿工权益和矿区公民身心健康受损等后果。

5. 各级地方政府之间矿产资源开发利益博弈的地方保护主义

（1）矿产资源开发中的地方保护主义。意味着地方政府为维护其辖区矿产资源开发利益相关主体和自身的利益，通过显性或隐性的行政规制手段方式，限制开发所依托要素的地域性流动或实施歧视性待遇的各种行为。随着地方利益主体地位的确立，各级地方政府之间的利益博弈显现，

---

① 《马英九：两岸不要再进行割颈、割喉式竞争》，台海网，http://taiwan.huanqiu.com/news/2008-12/327298.html.

② 熊冬洋：《对税收竞争中地方政府行政权力滥用的思考》，《税务与经济》2009年第5期。

③ 张靖华：《西方财政分权理论综述》，《开发研究》2005年第4期。

地方保护主义成为阻碍矿产资源开发市场发育的严重问题。

（2）矿产资源开发中地方保护主义行为的典型表现。出于本地利益，运用不合理的行政、经济和法律等手段[1]，通过数量和价格控制，技术壁垒，投入限制，劳动、资本和技术等要素流动限制等[2]保护方式和手法，限制要素流动，追求矿产资源开发及其税收的快速增长。同时，导致市场分割和封锁、过度竞争、价格大战等影响消极效应。

（3）各级地方政府之间矿产资源开发利益博弈导致地方保护主义的多种阐释。一是白重恩的地方保护财税决定论。根据白重恩等[3]的研究，地方政府倾向于保护创造高利润和税收、国有企业份额所占较大，以及较大企业所在的领域，这是基于财政分税制度分权的结果。因而，不难理解地方政府获得动力进行矿产资源开发利益博弈，去保护作为其税基的矿产企业和作为其政治权力基础、私人收益以及财政收入来源的国有矿产企业。

二是龚冰琳等的地方保护动力源阐释。根据龚冰琳等（2005）的研究[4]，1978 年的地方财政分权、地方经济管制权，以及对国有企业责任权的地方获得，产生了地方保护的动力源，导致各级地方政府之间的矿产资源开发利益博弈行为选择表现在：地方政府在为财政分权利益追求更好的矿产资源开发绩效激励的同时，也促使其保护本地矿产企业；在运用获得的经济管制权力承担投资主要责任的同时，也通过诸如颁发执照，对矿产企业等利益主体进行规制，甚至解决商业利益纠纷等保护本地利益；且地方政府官员的评价机制导致地方有很强的内在激励进行地方保护。

三是周黎安等的地方保护政治晋升博弈阐释。根据周黎安（2004）的研究[5]，财税激励不是地方保护主义的根本原因；地方官员合作困难的根源在于嵌入各级地方政府之间竞争中的政治晋升博弈性质，并长期存在

---

[1]　李善同、侯永志、刘云中、陈波：《中国国内地方保护问题的调查与分析》，《经济研究》2004 年第 11 期。

[2]　国务院发展研究中心课题组：《中国统一市场建设》，《新华文摘》2004 年第 19 期。

[3]　白重恩、杜颖娟、陶志刚、仝月婷：《地方保护主义及产业地区集中度的决定因素和变动趋势》，《经济研究》2004 年第 4 期。

[4]　龚冰琳、徐立新、陈光炎：《中国的地方保护主义：直接的微观证据》，《经济学报》2005 年第 1 期。

[5]　周黎安：《晋升博弈中政府官员的激励与合作——兼论我国地方保护主义和重复建设问题长期存在的原因》，《经济研究》2004 年第 6 期。

地方保护主义和重复建设问题①。因此，政治晋升锦标赛使得地方政府同时在矿产资源开发的经济和政治利益上进行博弈，导致矿产资源开发受到以零和博弈为特征的行政竞争支配，扭曲开发要素配置，出现区域矿产资源开发中的政府非合作倾向，并进行地方保护。

四是刘健雄的地方保护激励阐释。根据刘健雄的研究②，不能忽略财税激励对地方保护主义的影响。因为地方政府的政绩指标中除 GDP 增长率外，也包含财税指标。所以，各级地方政府之间的矿产资源开发利益博弈会基于任职期内的收益追求，无论从财政分权还是从政治晋升竞争来看，都有很强的激励来进行地方保护。

---

① 周黎安：《中国地方官员的晋升锦标赛模式研究》，《经济研究》2007 年第 7 期。
② 刘健雄：《财政分权、政府竞争与政府治理》，人民出版社 2009 年版。

第五章 矿产资源开发中中央与各级地方政府之间的博弈效应与利益失衡动因

一 中央与各级地方政府之间矿产资源开发利益博弈失衡的动因

(一) 中央与各级地方政府之间矿产资源开发利益关系的基础有待调整完善

中央与各级地方政府之间的关系基础会对中央与各级地方政府之间的矿产资源开发利益博弈关系构成重大约束，原有的高度集权关系模式的消极影响短时间内还无法根除；有的则是在矿产资源开发中出现的新矛盾和新问题，需要渐进的调整完善。

1. 中央与各级地方政府之间矿产资源开发利益关系的职责权限划分缺乏法制化和规范化

（1）中央与各级地方政府之间矿产资源开发利益关系的职责权限划分缺乏法制化。在中央与地方的矿产资源开发权限划分、制约上，还存在法律和政策的规定过于原则、笼统和宽泛，不易于操作[1]，缺乏必要的调整标准和调整程序[2]的背景下，会造成中央与地方政府互相掣肘、互相侵权的现象。不仅使得中央与地方政府的矿产资源开发利益关系缺乏稳定性和连续性，中央还可以随意地干预地方的矿产资源开发取向，地方不能有效地履行自己的职责；地方也常有越权行为和"变通"做法，使中央的

---

[1] 王良伟：《政策执行主体的自利性与公共政策失灵》，《中共南京市委党校南京市行政学院学报》2008 年第 1 期。

[2] 关晓丽：《国外中央与地方财政关系的支配性力量及启示》，《社会科学战线》2008 年第 1 期。

矿产资源开发政策目标难以落实，既遏制了地方作用和积极性的发挥，也严重削弱了中央的矿产资源开发调控能力，弱化了中央的权威；既不利于地方，也不利于全国的矿产资源整体开发。

（2）中央与各级地方政府之间矿产资源开发利益关系的职责权限划分缺乏规范化。由于中央与地方政府的矿产资源开发职权划分不够明确具体，且缺乏规范性，导致相互扯皮、纠葛，造成中央对地方政府的监督乏力，二者关系难以理顺。在此背景下，二者在矿产资源开发管理实践中就难免会出现摩擦冲突，逾越冒犯等弊端，使中央和地方各自的矿产资源开发管理职权很难切实有效地实施，导致利益失衡。

2. 中央对地方政府的矿产资源开发行为缺乏规范有力的监督约束调控能力

鉴于目前中央与各级地方政府之间的关系还带有明显的双重体制痕迹，中央对地方政府的矿产资源开发的某些方面统得过多与调控乏力同时并存①；随着分权化改革，中央向地方政府的权力下移，导致中央的矿产资源开发宏观调控能力较过去大为下降，出现有令不行、有禁不止的突出现象：造成一些地方政府从局部利益出发对地区的矿产资源禀赋及其开发要素进行区域性的垄断和封锁，人为设立进入壁垒和栅栏，分割矿产资源开发市场，严重阻碍了正当、合理的区域矿产资源开发要素配置；在矿产资源开发的执法领域，一些地方利用司法权力，故意背离事实和法律规定，偏袒本地当事人，损害外地当事人的利益。导致中央的矿产资源开发宏观调控与地方政府的中观调节不能正常衔接，削弱中央的矿产资源开发调控能力，导致矿产资源开发缺乏规范有力的监督约束调控。

3. 中央与各级地方政府之间矿产资源开发利益博弈的政企不分制约

随着"渐进式"改革思路②的确立，为减少行政干预，增强微观活力，就矿产资源开发领域而言，中央将相当部分矿产资源开发企业下放地方政府管理；同时，鼓励各种所有制成分矿产企业共同发展、同台竞技。但在政企不分的体制需进一步改革，企业运作的市场环境要进一步完善，以及地方政府对发展过分狂热的条件下，存在将矿产企业从中央

① 张锡恩：《论中央与地方关系的规范化、法制化——学习江泽民〈正确处理社会主义现代化建设中的若干重大关系〉的思考》，《东岳论丛》1996年第9期。

② 马晓河：《渐进式改革30年：经验与未来》，《中国改革》2008年第9期。

的附属物变成地方政府附属物的可能，存在非公有制矿产企业与地方政府"串谋"的行为选择偏好，造成政企关系的地方政府化，使得矿产企业未能真正成为适应矿产资源开发市场的法人实体和竞争主体。导致矿产企业在矿产资源禀赋权力（矿产资源勘察权、开发权等）的获得、开发资金筹措、开发要素配置等关键环节在遇到困难时，依靠发育不全的市场得不到合理解决，不得不求助地方政府给予照顾或解决。导致基于地方政府矿产资源开发利益最大化的矿产企业发展的地方保护主义，形成中央集权和地方政府分权关系上的"放乱收死"的怪圈，导致中央与各级地方政府之间的矿产资源开发利益博弈失衡，影响矿产资源开发的和谐发展。

（二）中央对地方政府矿产资源开发行为导向制度的不完善

1. 基于任期制的中央对地方政府矿产资源开发行为导向制度不完善

鉴于地方官员的任期制是影响地方官员行为的一个重要变量[1]，如不少地方对不同级别的领导岗位的年龄上限都做出了明确的规定[2]。另外，中央为了避免出现地方官员的"派系"和地方主义，往往运用职务调动的方式加快地方官员的流动，这也缩短了官员在某一地任职的年限，特别是省一级官员[3]。这意味着，地方政府的矿产资源开发"政绩显示"等行为都必须在一定时间内完成，而不可能经过漫长等待，导致地方官员需尽可能快地在短期内获得更多的基于矿产资源开发的经济效用、政治效用和信仰满足，有学者称这些利益选择行为是"短期行为"和"机会主义行为"[4]。如上届政府大量开发矿产资源，提升矿产资源利益的地方贡献份额，而将生态环境等外部效应的"还债"包袱留给下一届，导致下届政府可能无矿产资源可开发，并要收拾影响生态环保和可持续发展的烂摊子。

2. 基于任期考核制的中央对地方政府矿产资源开发行为导向机制不完善

---

① 吴建南、马亮：《政府绩效与官员晋升研究综述》，《公共行政评论》2009年第2期。

② 《干部年轻化不能绝对化》，2008年5月，京报网，http：//www.bjdj.gov.cn/Article/ShowArticle.asp？ArticleID＝36777。

③ 单伟：《美国学界对中国政治精英的研究》，2008年11月，http：//www.fed.org.cn/pub/workingpaper/200811414184841195.pdf。

④ 李军杰、钟君：《中国地方政府经济行为分析——基于公共选择视角》，《中国工业经济》2004年第4期。

鉴于中国目前政府体制的"压力型体制"① 特点,由上级给下级政府下达矿产资源开发的硬性指标,确定其利益诉求目标,通过"晋升锦标赛"的绩效考核引导其矿产资源开发行为方式,顺应"发展是硬道理"和以"经济工作"为核心的目标选择。不仅会导致地方政府以矿产资源开发利益的增长为基础,让矿产资源开发领域的每个官员仕途升迁都与本地的矿产资源开发利益增长挂钩,调动其推动地方发展的积极性,在相当程度上解决监督激励依次递减和信息不对称问题,导致监督成本大大节约。但还有很多不科学、不完善的地方,会导致以下两个方面的问题:一是重矿产资源开发的"显绩"、轻其"潜绩"。鉴于地方干部须在任期内干出更多看得见的"政绩",导致一些立竿见影的矿产资源开发"政绩工程"往往成为首选;并热衷于那些"显绩"的,诸如矿产资源开发规模和利税等显性指标,而对于矿产资源开发中生态环境保护、具有长远意义的矿产资源开发效率提升的结构战略性调整、开发生产能力和综合利用效率改善等"看不见的政绩"视而不见。二是重矿产资源开发成绩、轻成本。鉴于政绩考核大多没有引入成本比较或核算机制,导致一些地方没有将当地的矿产资源开发承受能力、资源禀赋和能源消耗水平、生态环境保护等因素引入考核范围,严重制约了地方政府矿产资源开发和环境的可持续发展。

二 各级地方政府之间矿产资源开发利益博弈失衡的原因

导致各级地方政府之间矿产资源开发利益博弈失衡的原因很多,但最主要或根本性的原因还是各级地方政府之间矿产资源开发利益博弈的制度安排失当。因为制度是行为的规则系统,提供行为边界、行为规范以及行为激励和约束条件。作为理性的行为主体,地方政府根据矿产资源开发制度环境构建的行为选择空间以及激励或约束条件,来选择最有利于自身利益的博弈策略行为。

---

① 徐岩松:《从压力型体制向合作体制转变县乡两级政治体制改革的优选之路》,2003 年 8 月,中国选举与治理网,http://www.chinaelections.org/Newsinfo.asp? NewsID = 18790。

（一）基于行政性分权制度负反馈的各级地方政府之间矿产资源开发利益博弈失衡

随着渐进式市场化改革，中央对经济发展的大部分控制权逐步转换为地方政府，充分发挥地方发展的主观能动性，并通过财政分权让地方政府获得发展收益权，落实地方政府的行政性分权，从而形成地方政府推动经济增长的主体格局；造就特有的以地方行政利益为边界的市场竞争关系和经济增长方式。其中的行政性分权制度奠定了各级地方政府之间矿产资源开发利益博弈形成的重要制度基础，但行政性分权存在的一些缺陷也是导致各级地方政府之间矿产资源开发利益博弈失衡的重要原因。

1. 矿产资源开发行政性分权的非制度化

（1）行政性分权的非制度性和非规范性。辛向阳认为，集权与分权是中央调整其与地方政治关系的一种工具[1]。中央往往出于控制和自身利益的需要把自认为重要的权力牢牢地抓在手中，只有当集权造成难以负荷的负担时，中央才被迫下放部分权力[2]。肖立辉把改革开放后的行政性分权看成是中央的"甩包袱性"行为[3]，导致无法避免的随意性后果，即缺乏法规的刚性约束。应松年和薛刚凌认为，中央与地方政府的关系模式为有限行政分权制，地方分权不充分，并缺乏法律保障[4]。王春梅认为，鉴于宪法和法律只规定了中央与地方政府的组织形式，没有明确规定中央与地方的权责划分；其间的权力大小及利益分配，基本是中央与地方领导人间讨价还价的谈判结果，缺乏法律依据[5]。行政性分权的非制度性和非规范性还体现在中央的倾斜分权上，导致中央与地方的权力关系因倾斜分权的不同而表现出较大的差异，形成东重西轻的倾斜分权格局和不同梯级的发展格局，导致各级地方政府之间实际权力的不平等和不公正。

（2）基于行政性分权非制度化的矿产资源开发利益分权的非稳定性。作为行政性分权的重要组成部分，分税制在划分中央与地方事权的基础上明确了其间的财政分配关系，把国家税收划分为中央固定收入、地方固定

---

① 辛向阳：《百年博弈：中国中央与地方关系 100 年》，山东人民出版社 2000 年版。
② 陈敬德：《乡村地区公共服务供给方式与机制研究》，《东南学术》2008 年第 1 期。
③ 肖立辉：《县委书记眼中的中央与地方关系》，《经济社会体制比较》2008 年第 4 期。
④ 应松年、薛刚凌：《地方制度研究新思路：中央与地方应用法律相规范》，《中国行政管理》2003 年第 2 期。
⑤ 王春梅：《西方发达国家政府职能的变革及其启示》，《理论学刊》2007 年第 2 期。

收入和共享收入。但矿产资源开发利益分权本身仍缺乏稳定性，因为矿产资源开发利益划分的税种立法权、解释权和税目税率的调整权集中于中央，中央可以通过毁约、自行决定调整体制的方式，逐步削弱地方政府的矿产资源开发利益的源泉基础；导致地方政府通过"上有政策，下有对策"，积极想对策以获得矿产资源开发利益；采用所谓"藏富于民"的做法，对矿产企业实行隐蔽式减免税，再以集资、摊派等形式走体外循环，将本应属于中央的部分矿产资源开发利益收入留在地方，以便在与上级和平级对手的矿产资源开发利益博弈失衡中胜出。

（3）基于行政性分权非制度化的矿产资源开发的机会主义偏好。非制度化的地方分权导致预期不确定性，造就地方政府在矿产资源开发利益博弈失衡中的机会主义政治伦理。为使本地方的矿产资源开发利益最大化，各地方都会千方百计地从中央那里争取尽可能多的矿产资源开发优惠政策；一旦得到，又都会力争用足用尽，还会以"打擦边球"的方式自行扩张权力，否则在各级地方政府之间的矿产资源开发利益博弈中就会陷入不利地位。鉴于分税制实施后，地方财政利益博弈上的主要形式由以前的减免税转为财政返还政策上的利益博弈，以及通过综合配套措施，增加特定方向的公共支出或者降低收费标准，以达到吸引资本的目的①，因而，充分提升了各级地方政府之间矿产资源开发利益博弈的重大作用。而且，即使因过度进行矿产资源开发而形成债务危机，上级政府都是最后担保人；各级地方政府之间的利益博弈行为选择缺乏刚性预算约束，给各级地方政府之间矿产资源开发利益博弈提供极大模糊空间，导致矿产资源开发中的短期行为，机会主义偏好和倾向明显。

2. 矿产资源开发行政性分权中的政企不分

地方行政性分权的背景条件，虽在短时期内有助于调动地方政府矿产资源开发的积极性，但在各级地方政府之间矿产资源开发利益博弈的压力下，矿产资源开发行政性分权中的政企关系不完善，会造成地方政府利用其所控制和影响的矿产企业的"合谋"态势，不顾市场容量，盲目扩大投资，加剧矿产资源开发的恶性竞争。地方政府利用所控制的国有矿产企业，或利用与其有着产权或其他矿产资源开发利益关系的矿产企业，通过

---

① 杨志勇：《财政竞争：呼唤约束和秩序》，2005 年 2 月，中国财经报，http：//web. cenet. org. cn/web/yzy/index. php3？ file = detail. php3&nowdir = &id = 58522&detail = 1。

某些方面的行政资源优势，干扰正常的矿产资源开发，导致政企不分；政府行为和市场行为相互纠缠，甚至政府行为取代或妨碍市场行为，导致地方保护主义，进而造成生态环境恶化、生产安全问题严重、矿产资源开发利用效率不高、可持续发展被忽视等矿产资源开发利益博弈失衡的外部效应问题。

3. 矿产资源开发行政性分权中的事权和财权不对称

1994 年实行中央、地方分税制后，全部消费税、75% 的增值税、大部分企业所得税等征收面大、税率高、易征收的税种，基本上收归中央①。相对而言，留在地方的大部分是一些征收面小、税率低、难征收的税种，主要是营业税、部分增值税和企业所得税三项占地方财政收入比重达70%②的税收。但与财权相对应的事权，中央与地方政府正好相反，中央与地方的财权、事权倒挂。如 1995—2004 年，中央财政收入占全国的52%，但支出占全国的总支出的30%；地方财政收入占全国的48%，但财政支出却占全国的70%③。而且省级政府也通过收入划分将主体税种划归省级（有的甚至截留中央的税收返还收入）。同时，各层次的上级地方政府也如法炮制，尽量将收入留用于本级政府，将事项推给下一级地方政府承担，财政困难逐级向下转嫁。在此背景下，具有区域矿产资源禀赋的地方政府，千方百计争取扩大矿产资源开发投资、上矿产资源开发项目，通过矿产资源开发的 GDP 增长和税收贡献来扩大财源，并有意识地将扩大财源的目标指向地方享有的矿产资源开发税种。矿产企业越多，意味着矿产资源开发税收越多，充分运用矿产资源禀赋，大力举办矿产企业自然就是最佳选项；导致各级地方政府之间的矿产资源开发利益博弈，采取一些不正当手段来保护本地矿产企业、本地市场，达到保护矿产资源开发财源的目的，导致矿产资源开发利益博弈失衡。

（二）基于政绩考核导向机制缺陷的各级地方政府之间矿产资源开发利益博弈失衡

毫无疑问，行政性分权对地方政府的财政激励是形成各级地方政府之

① 张流柱：《浅论我国现行分税制》，《湖南经济管理干部学院学报》2004 年第 1 期。

② 范利祥：《中央税收调控从严 地方土地财政面临两难》，2007 年 1 月，21 世纪经济报，http：//www. qhdfgj. gov. cn/hyxw/hyzh/2007 - 1 - 23/71234155925. html。

③ 孔善广：《地方政府真的是扰乱经济秩序的坏孩子吗？》，2006 年 9 月，光明观察，http：//guancha. gmw. cn/show. aspx？id = 572。

间矿产资源开发利益博弈的重要原因，但很难简单地用地方政府追求矿产资源开发的利润或财税动机来解释各级地方政府之间矿产资源开发利益博弈中出现的一些失衡现象，还需要从政绩考核制度存在的缺陷和偏差入手来解释。

1. 地方政府矿产资源开发的政绩考核制度

通常地方政府的政绩考核制度包括考核主体和绩效考核标准两个主要内容。鉴于现行的政治体制中，地方政府官员更多的是以上级政府任命为主，而不是由当地居民"用手投票"来决定[①]，因而，地方政府的矿产资源开发政绩考核主体的决定力量源自上级的偏好[②]。鉴于在向现代和谐社会转变的过程中，推动经济发展和维护社会稳定是政府的主要目标和任务，而且反映经济绩效的指标具有较大的可测性，因而，目前以惯例而非成文规定主导的矿产资源开发政绩考核标准主要是：基于矿产资源开发的GDP 产值贡献规模、GDP 增长率、财政收入等，以及安全生产生态环保和社会稳定等。

2. 基于政绩考核制的矿产资源开发的经济利益追求行为选择

重经济绩效的政绩考核主导了地方政府对矿产资源开发规模的片面追求行为选择。鉴于政绩考核标准引导地方政府及其官员千方百计地寻求能加快经济增长、促进本地区经济规模总量扩张的矿产资源开发方式，而各种税高利大的矿产资源开发项目有助于实现经济总量的增长，因此，只要有能增强经济业绩的矿产资源开发项目，即使在中央加大宏观调控压缩措施的情况下，受利益驱动，地方政府都会千方百计上马，仍然不断增加投资；或者由国有矿产企业直接上马，或者助推民营矿产企业上阵，导致矿产资源开发能力过剩问题加重。而且，在获取矿产资源开发利益最大化的各级地方政府之间利益博弈中，地方政府会运用各种手段来捍卫自己的矿产资源开发利益。当地方政府辖区的企业家能力较强时，就可能通过技术和制度创新来规范地进行矿产资源开发利益博弈；一旦企业家能力不足，地方政府就可能采取保守行为，更多地通过行政、司法和财政手段等直接

① 何增科：《试析我国现行权力监督存在的问题及原因》，《学习与探索》2008 年第 7 期；袁飞、陶然、徐志刚、刘明兴：《财政集权过程中的转移支付和财政供养人口规模膨胀》，《经济研究》2008 年第 5 期。

② 博小随：《地区发展竞争背景下的地方行政管理体制改革》，《管理世界》2003 年第 2 期。

干预矿产资源开发，采取保护本地的矿产资源开发禀赋、市场和税基而采取的地方保护主义行为。另外，尽管出于各自利益最大化考虑，只要合作比不合作带来更多的矿产资源开发收益，同级各级地方政府之间的矿产资源开发利益博弈仍有谋求合作的动机；但各级地方政府之间矿产资源开发利益博弈具有的"政治锦标赛"性质减少了各级地方政府之间合作博弈的可能性①，加剧了其间在矿产资源开发中合作博弈的失效行为。

3. 基于政绩考核制的矿产资源开发的政治晋升竞赛行为选择

政绩考核制度决定了地方政府官员要通过经济竞赛来获取政治晋升。鉴于在既定的政绩考核游戏规则下，发展经济不是最终目的，而变成了地方官员谋求晋升的重要手段和工具；同时，导致处于同一层级的地方政府官员在"官场"上为晋升而竞争（政治锦标赛）②。而且这种只有有限数目的官员可以获得提升的政治晋升博弈是参与人间的零和博弈③，导致在"政治锦标赛"上胜出的前提在于，获取或保持经济绩效的相对优势。因而，在政绩考核制引导下的各级地方政府之间的矿产资源开发利益博弈中，地方政府的政治晋升竞赛理性行为选择：一是只能采取本地率先实施或者积极效仿的矿产资源开发利益博弈方式。如各种税高利大、有助于实现绩效的相对优势目标的矿产资源开发项目，无论对手何种行为选择，本辖区都要建设，导致矿产资源开发重复建设现象的产生。二是采取"恶性竞争"的矿产资源开发利益博弈方式。为获取矿产资源开发绩效的相对优势，地方政府不仅会对"双赢"性的矿产资源开发合作政策不积极，而且会将政策的立足点和主要的受益对象都局限在本辖区内，甚至会不惜牺牲辖区的矿产资源开发利益推动"恶性竞争"的发生；在选择切实提高本地矿产资源开发效率的方式可能难以获取或保持绩效的相对优势条件下，不排除地方政府会采取以损失矿产资源开发的辖区社会福利为代价的利益博弈方式战胜对手，"拖垮"、"挤垮"、"搞臭"对手，直至对手对其晋升不构成政治博弈胜出危险。这就是矿产资源开发利用效率、生产安全、可持续发展、生态环保等矿产资源开发利益博弈失衡现象产生的一个

---

① 李尧远、任宗哲：《我国区域经济发展中地方政府合作困难的原因与措施探析》，《西北大学学报》2009 年第 5 期。

② 同上。

③ 安康、刘祖云：《政治领域的道德风险辨析——委托代理理论的视角》，《南京市行政学院学报》2006 年第 12 期。

内在原因。

（三）基于约束机制弱化的各级地方政府之间矿产资源开发利益博弈失衡

1. 各级地方政府之间矿产资源开发利益博弈的约束机制

（1）各级地方政府之间矿产资源开发利益博弈约束机制的类别。各级地方政府之间的矿产资源开发利益博弈总是在具体的制度环境下进行的，受到一定约束条件的限制。其约束机制的类别主要有：一是宪法和法律的约束。鉴于无论是中央还是地方政府的利益选择行为都必须限定在法律规定的范围内，因而，各级地方政府之间的矿产资源开发利益博弈要受到与矿产资源开发相关的宪法和法律的约束。二是矿区内居民的约束。鉴于政府的产生和存在价值在于社会公民的利益要求，因而，矿产资源赋存地的居民可通过利益表达和退出机制来约束政府间的矿产资源开发利益博弈行为。三是上级政府的约束。鉴于地方政府是政府体系中的分支机构，因而，各级地方政府之间的矿产资源开发利益博弈多多少少都会受到上级政府的约束。只是单一制国家的中央（上级）对地方（下级）政府的约束强；而联邦制国家来自上级政府的约束弱些①。

（2）各级地方政府之间矿产资源开发利益博弈的约束机制作用。各级地方政府之间矿产资源开发利益博弈效应的呈现特征，主要取决于地方政府行为受到有效约束的作用状况。对具有理性特征、追逐自身利益最大化的地方政府而言，只要约束机制对其行为选择的限制合理有效，各级地方政府之间的矿产资源开发利益博弈就会呈现出更多的合意性；而在约束机制缺乏的条件下，地方政府的矿产资源开发理性会放大，体现出更多的消极效应。如果地方政府的行为选择拥有极大的自主性空间，不存在法律和政策边界的不可逾越性，社会力量尤其是矿区普通民众对地方政府的矿产资源开发制约弱化，也没有中央与地方政府之间依托职能、权限的严格界定而形成的相互之间的行为制约，则会导致矿产资源开发约束机制弱化，助长各级地方政府之间矿产资源开发利益博弈的严重失衡。

---

① 张紧跟：《纵向政府间关系调整：地方政府机构改革的新视野》，《中山大学学报》2006年第2期。

2. 各级地方政府之间矿产资源开发利益博弈的法律约束机制缺失

鉴于法治原则①构成了现代政府权力运作的外壳，规约了政府权力和公民权利的深度和广度，因而，法律约束机制的缺失会导致矿产资源开发中的行政决策行为偏差和地方保护主义行为，形成各级地方政府之间矿产资源开发利益博弈的失衡。

（1）基于法律约束机制缺失的地方政府矿产资源开发行政决策体制偏差。鉴于地方政府的行政决策体制总体上具有权力型特征，法治化、民主化的科学决策模式不完善。决策的随意性、"拍脑袋"使得权力几乎成为唯一的或最重要的决策源，谁拥有的决策权大，所偏好的政策就会得到通过和贯彻②，因而，导致地方政府矿产资源开发的重大行政决策失误和不当等的概率增加，诸如媒体报道的各地滥建大型的、具有政绩目的的矿产资源开发项目。地方政府浪费国家有限的矿产资源禀赋和财政能力，盲目进行矿产资源开发投资和重复建设行为，与行政决策体制上的权力性决策有着极大关联，其内在原因在于行政首长的决策权力没有法律对其约束，并最终导致各级地方政府之间的矿产资源开发利益博弈失衡。

（2）基于法律约束机制缺失的地方政府矿产资源开发行政决策程序偏差。矿产资源开发决策最重要的步骤与程序，如调查程序，方案设计程序，可行性论证程序等并没有用法律规范的形式确立下来③，导致矿产资源开发管理"拍脑袋决策"的现象发生；且由于没有相应的法律程序规定，使矿产资源开发决策中，"拍脑袋决策"的人得以"拍屁股走人"。

（3）基于法律约束机制缺失的地方政府矿产资源开发行政决策法律责任追究偏差。矿产资源开发管理法律责任追究制度上的缺陷，会助长各级地方政府之间利益博弈中的机会主义行为。地方政府不遵循法定程序，不履行法定审批程序，不进行可行性论证而导致的矿产资源盲目开发、重复建设等决策性浪费行为，在法律责任追究缺乏的条件下，决策失误不过是决策者交了一次学费，只需在"批评教育"、"责成有关方面纠正"的名义下，回避所造成的成千上万损失的决策失误法律责任承担，逃脱法律惩罚。导致对各级地方政府之间矿产资源开发利益博弈中的随意

①　尹成果：《〈宪法与政府〉学习指导纲要》，2008 年 5 月，http：//www. bsdj. cn/21/372/377/20085193773559. html。

②　陈振明：《公共政策分析》，中国人民大学出版社 2002 年版。

③　王万华：《统一行政程序立法的破冰之举》，《行政法学研究》2008 年第 3 期。

决策，较少有所顾忌；客观上鼓励地方政府逃避责任的投机心理；而眼前的矿产资源开发所实现的地方增长贡献，所带来的经济利益和政治利益需求又是如此迫切，导致矿产资源开发浪费等各级地方政府之间矿产资源开发利益博弈失衡的行为选择结局，不仅一发而不可收，而且成为"理性"选择的自然之事。

3. 各级地方政府之间矿产资源开发利益博弈的中央宏观调控式微

改革开放后，尽管中央仍继续通过干部人事制度等维持着对地方严格的政治控制①，但随着中央和地方间的行政性分权，两者间呈现出一种被一些学者称为"地方公司主义"或"经济联邦主义"的关系，即地方政府像一个大型股份公司的事业部，中央则行使公司总部的职能②。

（1）中央与地方政府在矿产资源开发管理运行中的作用和地位上的相对强弱关系。尽管中央以宏观调控方式对地方政府控制，引导矿产资源开发持续、稳定、健康的发展。但"强地方弱中央"的"经济联邦主义"格局，使中央的矿产资源开发宏观调控常常显得乏力，无法有力地规制各级地方政府之间的矿产资源开发利益博弈失衡行为。随着行政分权化，中央不仅把矿产资源开发的行政管理权下放，也把市场管理权伴随下放，并给予地方进行体制改革的自主权，导致地方政府在一定程度上是一个地区的"所有者"③，是地方矿产资源开发的主宰，在矿产资源开发中的作用越来越大。相比之下，中央在矿产资源开发中的作用和地位弱化。

（2）中央的矿产资源开发利益收入增长弱化。在"分灶吃饭，财政包干"调动地方政府发展经济，增加财政收入积极性的财政体制改革背景下，国家财政分散在地方，中央财政收入增长弱化。与此相反，许多地方政府却连年财政能力提升，特别是许多具有区域矿产资源禀赋的地方政府却得益于矿产资源开发利益，得益于将资源税作为地方税种的规定④，连年财政盈余。中央汲取矿产资源开发利益的财政能力是中央宏观控制矿

---

① 黄强、郑力：《后全能时代中央与地方政府的博弈及思考》，《唯实》2006 年第 1 期。

② 周业安：《地方政府竞争与经济增长》，《中国人民大学学报》2003 年第 1 期。

③ 封慧敏：《地方政府间跨地区公共物品供给的路径选择》，《甘肃行政学院》2008 年第 3 期。

④ 刘飞：《资源税：宜中央地方共享而非地方独享》，2010 年 12 月，中国经济，http：//www. ceh. com. cn/ceh/cjxx/2010/12/4/72226. shtml。

产资源开发秩序的能力基础，在中央财政弱化的情况下，中央宏观调控能力自然弱化。由于地方政府在分税制下具有矿产资源开发利益获得的内在行为积极性，特别是完全拥有资源税等矿产资源开发利益的内在规定权和开发积极性，不仅使矿产资源开发的微观利益主体面临不确定的开发环境，而且地方财力规模的不断膨胀，增强了与中央对抗的力量，加剧了中央控制国民经济运行的难度。在矿产资源开发的宏观调控过程中，"上有政策，下有对策"和各地"土政策"的盛行，以及地方政府过度追求矿产资源开发利益，重复建设与地方保护的普遍化，都充分地反映了中央对各级地方政府之间矿产资源开发利益博弈宏观调控约束的乏力。

4. 各级地方政府之间矿产资源开发利益博弈的矿区居民约束机制弱化

（1）矿区居民的"用脚投票"和"用手投票"两种约束机制。这两种机制分别相当于市场竞争中消费者的"退出"和"意愿表达"，由赫希曼（Hirsehman，1970，1976）加以总结明确[1]："退出"指消费者在产品供给者之间进行选择的能力，对现有供给服务质量不满意可以选择替代，从前一个"退出"。"意愿表达"指消费者就其不满意的服务表达出试图改变输出数量和质量的偏好，而不是选择退出该服务。因而，矿区居民的"用脚投票"机制，意味着可根据自己的偏好用迁徙方式，来选择提供不同税收水平和公共产品菜单的地方政府及其辖区。居民"用手投票"机制，狭义上意味着可通过选举地方领导人来表达自己的需求和意愿；广义上还包括通过参与地方政府决策过程使地方管理者或政治代表了解其意愿。所以，各级地方政府之间矿产资源开发利益博弈中的矿区居民"用脚投票"和"用手投票"机制具有约束地方政府的利维坦性质[2]，使各级地方政府之间的矿产资源开发利益博弈表现出更多的合意性，提高矿区的社会福利水平。

（2）矿区居民"用手投票"机制约束地方政府矿产资源开发行为的力量弱小。各级地方政府之间矿产资源开发利益博弈在提高矿区居民福利水平上的合意性，与矿区居民难以发挥"用手投票"机制来约束地方政

---

[1]　［美］阿尔伯特·O. 赫希曼：《退出、呼吁与忠诚——对企业、组织和国家衰退的回应》，卢昌崇译，经济科学出版社 2001 年版。

[2]　张恒龙、陈宪：《当代西方财政分权理论述要》，《国外社会科学》2007 年第 5 期。

府矿产资源开发行为具有很大的关联性。中国《宪法》① 和《地方组织法》② 明确规定：地方权力机关由地方选举产生，是地方居民行使权力的机关。从法理上，这意味着地方的矿产资源开发事务由矿区等地方居民自行决定，蕴含着地方分权的制度理念；意味着地方官员必须对地方矿区负责，蕴含着其对辖区居民负责的地方自治精神；更意味着地方政府的矿产资源开发行为选择必须符合辖区民众的利益，尽量实现本辖区居民的福利最大化；意味着辖区居民可以"用手投票"机制来约束地方政府的矿产资源开发行为。但美好的宪政规范实现需要一个渐进的过程，需要国情历史的现实性结合，理想与实际运作之间存在着较大的差异。根据"党管干部"和"各级下管一级"的干部任命制度③，地方政府官员实行的是一种自上而下的政府任命选拔制度，上级根据地方（下级）官员任职期间所实现的政绩来考核其政治管理能力，来决定其政治升迁。而且，尽管地方人大是辖区居民实施"用手投票"的主要组织机构，但其对政府不形成真正的约束力④，且还会在政府的利诱下（如政府出资改善办公、住宅条件等）形成利益同盟，因而，矿区居民的"用手投票"选举机制在约束地方政府矿产资源开发行为上的力量是较弱的，易导致利益失衡。

（3）各级地方政府之间的矿产资源开发利益博弈与要素的"用脚投票"机制逐渐完善。各级地方政府之间的矿产资源开发利益博弈在提高辖区福利水平上的合意性，与要素难以发挥"用脚投票"机制来约束地方政府的矿产资源开发行为有很大的关联性。尽管随着市场化改革，要素流动的"用脚投票"机制逐渐形成，并成为各级地方政府之间矿产资源开发利益博弈得以进行的重要影响力；鉴于中国经济增长在很大程度上由投资拉动的特征，积极进行矿产资源开发的各地方政府对流动性较强的、稀缺的资本要素有着近乎本能的强烈兴趣，而对流动性较差的劳动要素及其需求可能不在优先考虑范围内，因而只能利用"用脚投票"来约束各级地方政府之间矿产资源开发利益博弈行为的主要是资本要素所有者，通

---

① 《中华人民共和国宪法（全文）》，人民网，http：//www. people. com. cn/GB/shehui/1060/2391834. html。

② 《中华人民共和国地方各级人大和地方人民政府组织法》，百度文库，http：//wenku. baidu. com/view/a20025136edb6f1aff001f36. html。

③ 徐湘林：《党管干部体制下的基层民主试改革》，《浙江学刊》2004 年第 1 期。

④ 李秀江：《地方人大何时走出监督困局》，2009 年 11 月，民主与法制时报，http：//www. mzyfz. com/news/times/v/20091118/104727. shtml。

过资金的流动和矿产企业的区位调整对地方政府的矿产资源开发行为形成一定约束力，导致基础设施、审批管理等公共服务的改善。相比之下，矿工流动不仅受制于地区间的气候、文化、个人社会关系差异等导致的迁移成本，还受制于户籍制度，因而"用脚投票"的劳动要素跨区域迁移在约束各级地方政府之间的矿产资源开发利益博弈行为的作用发挥比较有限。

（四）基于"规制过度"和"规制弱化"的各级地方政府之间矿产资源开发利益博弈失衡

各级地方政府之间矿产资源开发利益博弈中出现的一些失衡现象，还需要从"规制过度"和"规制弱化"导致的缺陷和偏差入手来解释。

1. *矿产资源开发利益博弈中的政府规制*

（1）矿产资源开发利益博弈的政府规制。规制由英文"Regulation"而来，是规范制约之意。政府规制是指政府运用法律、法规、制度等手段对经济和社会加以管理、协调和制约①；其产生与市场失灵有关，按照奥尔森的观点②，所有的社会科学研究范畴，几乎都是围绕关于个体理性与集体理性关系的两条定律展开的。基于利益诉求的个体理性会导致集体理性的第一条定律，在斯密的市场制度阐述的中得到强调；由个体理性不会导致集体理性的第二条定律，在哈丁的"公用地悲剧"和奥尔森的"集体行动的逻辑"所阐述的公共资源利用无度、公共秩序混沌无序等诸多问题中得到反映。因此，矿产资源开发利益博弈的政府规制是对矿产资源开发市场失灵的回应，对其中的信息非对称性、经济外部性、垄断三种情况的反映；意味着政府规制作为一种基本的利益博弈规则安排，是对矿产资源开发利益结构及其经济绩效的主要方面的直接的政府规定，依托市场准入控制、矿产品价格决定、开发所依托要素的规定，以及在合理条件下相关利益主体责任和义务的规定等，对微观矿产资源开发利益相关主体（主要是矿产企业）的行为选择进行直接控制或干预。

（2）矿产资源开发利益博弈中政府规制职能的越位和缺位。矿产资源开发利益博弈生成的政府规制制度，往往存在规制过度或越位、规制不公、规制缺位等问题。这是因为：一是矿产资源开发无疑需要政府的推动

① 沈春光：《和谐社会建设中的政府规制问题探讨》，《中国特色社会主义研究》2007 年第 6 期。

② 陈潭：《集体行动的困境：理论阐释与实证分析》，《中国软科学》2003 年第 9 期。

作用，再加上市场失灵需要政府承担弥补市场缺陷的责任，导致对政府的迷信极易造成政府规制过度。二是众多规制机构可能既是矿产资源开发利益公共部分的代表者，又是部分矿产企业（特别是国有矿产企业）的利益相关者，既当裁判员又当运动员，导致矿产资源开发利益博弈中政府规制的"利益相关者"，很难立足"超然地位"进行公正规制。三是随着矿产资源开发的不断拓展，规模和范围的迅速扩大，交易和利益关系的日益复杂，利益博弈的动态失衡损害行为也名目繁多并"推陈出新"，政府或因信息不对称难辨其弊、不能及时进行矫正，或因缺乏经验、财力和技术条件不足不能有效应对，或因调控能力和程序机制滞后，无法采取有效措施及时加以制止。所以，中国矿产资源开发利益博弈中的政府规制存在的越位和缺位现象是常态，必须予以正视；而且各级地方政府之间的矿产资源开发利益博弈失衡会加剧地方政府规制的越位和缺位。

2. 矿产资源开发利益博弈中的"规制过度"

各级地方政府之间矿产资源开发利益博弈中的"规制过度"会导致地方政府采用各种途径干涉矿产资源开发行为、形成市场割据，导致利益博弈失衡。鉴于各级地方政府之间矿产资源开发利益博弈中的"规制过度"意味着，直接对外地矿产品进行"数量控制"、价格限制和地方补贴的"价格控制"，工商质检等方面的"技术壁垒"歧视；对外来矿产企业原材料投入的"投入限制"，企业设立的市场准入限制；对矿产资源开发所依托的资本、劳动和技术等要素的"流动限制"等。并且采用以行政审批为主要手段的地方保护主义表现形式，通过行政审批的保护性和限制性的博弈规则安排，使地方市场分割行为更趋"合法化"和"规范化"。因而，尽管政府规制可以通过对矿产资源开发利益主体的有效监管，交易费用的降低、开发范围的拓宽、开发规模的增加、矿产资源开发的分工与专业化推动，发挥地方政府的区域矿产资源禀赋比较优势，促进地方政府的博弈胜出；但各级地方政府之间矿产资源开发利益博弈中的"规制过度"，将本应统一、开放、竞争、有序的矿产资源开发市场分割成相互间"孤岛"时，不仅没有发挥政府规制的价值，反而提高交易费用，导致矿产资源开发范围和规模萎缩，使得具有潜在矿产资源禀赋和开发比较优势（包括矿工、土地、资本等优势）的不同地方之间，由于市场交易费用太高而不能把矿产资源开发利益转化为现实，与政府规制的初衷相违背。

3. 矿产资源开发利益博弈中的"规制弱化"

与"规制过度"对应，各级地方政府之间矿产资源开发利益博弈中的"规制弱化"或"规制缺位"意味着，地方政府以低于社会公认的矿产资源开发规制水平，来吸引更多的矿产资源开发利益相关主体和开发所依托的要素，以便在各级地方政府之间的利益博弈中胜出，但导致的后果常常是生态环境的破坏、资源开发伦理的损害、矿工权益的伤害和矿区居民身心健康的损害等。有些地方政府为在矿产资源开发招商中胜出，实现地方一时的矿产资源开发利益追求，轻视矿产资源开发的可持续性，对矿产企业损害矿工、矿区权益，漠视矿区居民的身心健康，违背矿产资源开发的社会公共利益的行为采取不闻、不问、不管，甚至以发展地方经济、维护地方稳定的名义，出台一些"土政策"、"土规定"不允许环保执法部门去调查矿产企业的违法排污行为，充当违法排污"保护伞"。如金华市在 2006 年 4 月出台的《关于进一步优化市区经济发展环境的若干意见》中，严格限制环保等部门执法①。而这些矿产资源开发的政府规制缺位和弱化，在很大程度上是地方政府及其职能部门源于各级地方政府之间矿产资源开发利益博弈的内在压力，与追求地方矿产资源开发利益和区域经济发展、追求政绩联系在一起，是政府规制者与被规制者间利益博弈串谋的结果。

（五）基于合作局限性的各级地方政府之间矿产资源开发利益博弈失衡

虽然各级地方政府之间矿产资源开发利益博弈的区域合作正在蓬勃发展之中，被视为协调各级地方政府之间矿产资源开发利益关系的重要举措；但各级地方政府之间在规范区域合作秩序上存在着局限性，导致各级地方政府之间的矿产资源开发利益博弈失衡。

1. 各级地方政府之间矿产资源开发利益博弈中的合作困境

要更好地解决各级地方政府之间的利益博弈失衡，各级地方政府之间矿产资源开发利益博弈中的合作困境必须受到重视。

（1）各级地方政府之间矿产资源开发利益博弈中的合作制度化程度相对较低。鉴于各级地方政府之间的合作只是一种区域政府倡导式的非制

---

① 国家环保总局：《近期两大环境事件根源在行政不作为》，2006 年 9 月，人民网，http://politics. people. com. cn/GB/1027/4819641. html。

度性合作协调机制①，因而，各级地方政府之间的矿产资源开发利益博弈中的许多共识达成，利益分割的动态均衡是靠领导层做出承诺来保障的，缺乏法律效力，使得各级地方政府之间矿产资源开发利益均衡发展的共识缺少稳定性。一旦地方领导调动便容易使合作机制架空，而且各级地方政府之间的合作一般采取集体磋商的形式，这种形式容易在涉及各级地方政府之间实质性的矿产资源开发利益博弈问题时，常常由于分歧太大，而无法受到利益博弈的制度性游戏规则的约束，达成利益均衡发展的共识。

（2）各级地方政府之间矿产资源开发利益博弈中的合作组织化程度相对较低。各级地方政府之间区域性矿产资源开发合作的组织形式常常相对较为松散，没有一套制度化的矿产资源开发事项决策机制，也没有建立起一套功能性的组织机构。矿产资源开发组织机制的缺乏，大大增加了区域政府间矿产资源开发利益博弈的合作成本。

（3）各级地方政府之间矿产资源开发利益博弈中的合作战略规划程度相对较低。各级地方政府之间矿产资源开发利益博弈的合作共识常常已经确立，但缺乏统一的矿产资源开发合作战略规划，没有统一的矿产资源开发方案共识，导致各地方政府在很大程度上都是按照自身矿产资源开发利益的内在逻辑和实际需要来展开博弈，忽略整个区域矿产资源开发的实际要求和总体利益最大化。

（4）各级地方政府之间矿产资源开发利益博弈中的合作支持化程度相对较低。虽然分权化改革导致地方政府的自主权日益增大，但中国毕竟是单一制程度较高的国家，中央与地方之间仍然是领导与被领导的关系②，各级地方政府之间矿产资源开发利益博弈中的合作机制要得以真正建立，离不开相关的改革完善和制度保障，离不开中央在制度层次上进行矿产资源开发创新的积极导向，以打破区域矿产资源开发合作的体制障碍，为政府间区域性矿产资源开发合作创造良好的制度环境等。只有通过上下互动的模式构建支持，解决矿产资源开发中的制度缺陷，如完善中央与地方间矿产资源开发利益分割的制度化关系，建立各级地方政府之间矿产资源开发利益博弈的约束机制，以及完善政绩考核制度等，增加各级地方政府之间矿产资源开发利益博弈的合作可能性，减少其和谐发展失衡行

---

① 彭正波：《长三角区域政府合作：现状、困境与路径选择》，《经济与社会发展》2008 年第 9 期。

② 同上。

为，寻求其秩序规范途径，才能有效推进各级地方政府之间矿产资源开发利益博弈中的合作，真正建立起区域政府间矿产资源开发的合作机制。

2. 各级地方政府之间矿产资源开发利益博弈中的合作机制内在缺陷

各级地方政府之间矿产资源开发利益博弈中合作机制本身存在的主要问题是，区域矿产资源开发合作组织运作缺乏制度化组织规则的约束。从制度经济学的角度看，组织是按一定规则运作的个体成员的集合，其所依赖的规则层次的高低（正式制度如法律，一般规则，非正式制度如传统、习俗等）决定了组织的地位和组织功效。以法律法规等正式制度为运行规则的组织属于制度化组织，其组织功效较非制度化的组织对其组织成员的约束力更具有强制性[1]。鉴于现行法律制度上缺乏对政府间相互关系的规范性法律条文[2]，因而，体现各级地方政府之间在矿产资源开发利益博弈中相互关系的，以地方政府为构成主体的区域性矿产资源开发合作组织，缺乏必要的法律依据规范，难以构建矿产资源开发合作组织的制度化运行规则，形成有法律约束力的相互合作与协调关系。

鉴于具有法律约束力的区域合作规则缺乏，意味着各级地方政府之间矿产资源开发利益博弈中的合作缺乏必要的制度保障，不仅无法为各级地方政府之间矿产资源开发利益博弈中的合作行为提供足够的激励，也无法对违反合作"游戏规则"的地方政府进行充分的惩罚，以使矿产资源开发的违规者望而生畏。因而，各级地方政府之间矿产资源开发合作的重要性和必要性，尽管在观念上认可，但在现实的矿产资源开发利益博弈冲突和竞争面前，各地方政府仍然会自行其是，导致合作机制本身存在着缺陷，难以规范各级地方政府之间的矿产资源开发利益博弈行为，从而造成矿产资源开发利益博弈中的种种失衡。

---

① 石国亮：《中国政府的管理规则系统》，《学习与探索》2010 年第 1 期。

② 马敬仁：《论广域规划落实中不同层级政府间行政责任及问责体系——以珠江三角洲地区发展规划为例》，广东省行政管理学会，http：//www. gdpas. gov. cn/InfoShow. asp？ id＝553。

第六章 矿产资源开发中中央与各级地方政府之间博弈的内在机理

一 中央与各级地方政府之间矿产资源开发利益博弈的内在机理

在矿产资源开发管理过程中，若要避免中央与各级地方政府之间的利益博弈困境，降低制度变迁成本，就必须依据中国国情，对二者间的博弈策略做准确分析，预见可能出现的博弈困境并提出化解之策。限于篇幅，着重探讨中央与各级地方政府之间利益博弈中有代表性的利益博弈关系。

（一）中央与各级地方政府之间关于矿产资源开发政策的利益博弈

1. 中央与各级地方政府之间关于矿产资源开发政策循环制定的利益博弈

（1）中央与各级地方政府之间关于矿产资源开发政策制定的循环特征。鉴于中央与各级地方政府之间的利益博弈，既有在既定博弈规则下的讨价还价，互相展开策略行动，也有顺应矿产资源开发形式或环境的变动要求，对博弈规则变化制定的讨价还价。如分税制下矿产资源开发税收政策，就明显改变了中央与各级地方政府之间的矿产资源开发利益分割的博弈规则；且长期来，博弈规则改变的重要性可能更甚于在既定规则下博弈参与各方的策略性行为。在中央与地方政府之间讨价还价确定了矿产资源开发政策安排后，在后继的博弈中，中央仍有激励利用自身的人事安排优势重新与地方政府就该政策变动发展进行谈判，获取矿产资源开发利益最大化。因此，中央与各级地方政府之间关于矿产资源开发政策制定具有循环特征。

（2）中央与各级地方政府之间关于矿产资源开发政策制定的利益博弈组合。在中央与各级地方政府之间的矿产资源开发利益博弈中，鉴于中央掌握着地方政府的人事使用权，导致中央依托地方官员的升迁安排，占据矿产资源开发利益的讨价还价优势，地方政府则处于谈判劣势地位。同时，鉴于中央的监管范围毕竟有限，且收集地方政府矿产资源开发管理行为的信息监管存在客观成本，地方拥有依托信息优势与中央讨价还价的谈判砝码。因此，在中央与地方政府的矿产资源开发利益博弈规则安排中，始终交织着政府官员的政治升迁利益诉求。在对矿产资源的开发利益分割规则进行谈判时，如果没有相应制约机制，中央（上级）就会利用对下级的人事选拔作为谈判优势"胁迫"下级"就范"。因此，中央与各级地方政府之间的矿产资源开发利益政策制定的利益博弈组合可以表述如下。

表6-1　　　中央与各级地方政府之间关于矿产资源开发政策制定的
利益博弈组合

中央与各级地方政府之间的利益博弈策略组合		地方政府的策略	
		服从	不服从
中央的策略	不改变政策	（不改变政策，服从）	（不改变政策，不服从）
	改变政策	（改变政策，服从）	（改变政策，不服从）

在这里，中央的策略有两类：一是不改变政策（即维持现有的矿产资源开发利益分割政策不变，既定利益格局不变）；二是改变政策（改变现有的矿产资源开发利益分割政策，变动既定利益格局）。地方政府的策略有两类：一是服从（即对中央改变矿产资源开发利益分割政策，采取服从态度）；二是不服从（即对中央改变矿产资源开发利益分割政策，采取不服从态度）。

（3）中央与各级地方政府之间关于矿产资源开发政策制定的利益博弈机制。鉴于中央与各级地方政府之间就矿产资源开发政策的变动进行利益博弈时，会利用地方政府人事选拔机制增加谈判砝码；而且中央在数量上仅有一个博弈方，地方政府有多个博弈方；因而任命制下的中央无疑会对地方政府的矿产资源开发行为取向，依托职位的安排具有决定性作用。而且，在后继的博弈中，中央仍有激励利用自身的人事安排优势重新与地方政府就该政策变动发展进行利益最大化的谈判。所以，中央与各级地政府之间关于矿产资源开发政策制定的利益博弈过程可以分析如下：

阶段1：鉴于中央与地方政府的矿产资源开发利益博弈中有两种策略：行动1——不改变中央与各级地方政府之间的矿产资源开发政策安排；行动2——改变中央与各级地方政府之间的矿产资源开发政策安排，以维持或变动中央与各级地方政府之间的矿产资源开发利益分割规则。因此，如果中央在博弈中选择行动1不改变现有政策安排，那么中央与地方政府会各自在现有规则内行动，维持矿产资源开发利益分割现状，二者的博弈结束，此时，中央与地方政府按照既定的矿产资源开发政策规则行动。

图 6 - 1　中央与地方政府的矿产资源开发政策制定利益博弈阶段 1

阶段2：如果中央在博弈中选择行动2：改变中央与各级地方政府之间的矿产资源开发政策安排，并提出新的矿产资源开发利益分割规则；此时地方政府有两种可能的行动：行动1——选择服从中央与各级地方政府之间矿产资源开发利益划分的新规则；行动2——不服从中央与各级地方政府之间矿产资源开发利益划分的新规则。此背景下，如果地方政府选择行动1："服从"，那么博弈结束。

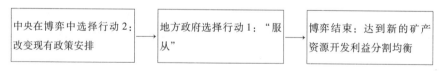

图 6 - 2　中央与地方政府的矿产资源开发政策制定利益博弈阶段 2

阶段3A：如果中央在博弈中选择行动2——改变中央与地方政府之间的矿产资源开发政策安排，并提出新的矿产资源开发利益分割规则；如果此时地方政府选择行动2——不服从中央与各级地方政府之间矿产资源开发利益划分的新规则。此背景下，鉴于中央拥有地方的人事权，因而会以任命新官员相威胁，其结局如下：地方政府被迫接受新的政策改变，二者博弈结束。

图 6 - 3 中央与地方政府的矿产资源开发政策制定利益博弈阶段 3A

或者，真的任命了新的地方政府官员。这时，中央与地方政府之间又开始了新的博弈：

图 6 - 4 中央与地方政府的矿产资源开发政策制定利益博弈阶段 3B

阶段 3B：博弈循环。地方政府可以选择服从或者不服从；如果选择服从，二者博弈结束，又回到了阶段 1 的博弈情况；如果选择不服从，二者博弈又回到了阶段 2 的博弈情况。这时，中央可以维持原规则不变，继续与地方政府谈判，地方政府可以选择服从或不服从；或者，中央提出新规则，继续与地方政府谈判；地方政府可以选择服从或者不服从，从而继续博弈。

（4）中央与各级地方政府之间关于矿产资源开发政策制定的利益博弈特征。一是二者间的政策制定利益博弈反映了某种程度的矿产资源开发利益均衡。鉴于中央与地方政府都倾向于对政策制定表达自己的矿产资源开发利益诉求，而中央与各级地方政府之间利益考虑的重点、时段和范围不尽相同，导致围绕具体的方案安排和利益分配进行讨价还价，形成矿产资源开发管理的政策实施方案。因此，政策方案实际上反映了某种程度的矿产资源开发利益均衡，而利益均衡的程度主要是由中央与各级地方政府之间的讨价还价能力和策略所决定的。

二是二者间的政策制定利益博弈会随着各方的讨价还价能力和策略调整而发生均衡格局的变化。鉴于矿产资源开发政策执行过程是把有关利益分配方案从观念形态转化为现实的过程，是方案制订过程的延伸。因此，政策形成时的利益需求没有得到满足的地方政府会利用矿产资源开发信息优势，进行"逆向选择"和"道德违背"，从而将自己的利益诉求放到政策执行过程中，即通过改变政策实施的手段和条件，实现自己在政策决策过程中未能得到的矿产资源开发目的和利益。

三是二者间的政策制定利益博弈存在循环往复特征。鉴于中央与地方政府均为"理性人"，即中央与地方政府都会按照各自的矿产资源开发利益目标函数，以自身效用的最大化为目标取向来进行决策。因而，其政策制定利益博弈的循环往复特征可分析如下：

首先，可由地方政府提出矿产资源开发管理改革方案（地方政府常常是制度创新的主体），对此中央可以选择接受或拒绝；如果中央拒绝地方政府的方案，则他自己提出另一方案（包括维持现状），让地方政府选择接受或拒绝。若地方政府接受，则博弈结束；若地方政府拒绝，则地方政府再提出新方案，由中央来选择。

其次，从博弈过程看，若地方政府先提出矿产资源开发改革方案，对于新的权力和利益分配，中央可以接受或不接受。一方面，中央基于对矿产资源开发管理方式的足够认知，认为矿产资源开发管理方式的实施会带来比较好的治理绩效，从而接受，则博弈结束；另一方面，中央缺乏对矿产资源开发管理模式的相应知识储备，对其实施后产生的示范效用和不确定性无法预知和把握，而且实施也会导致自身权力的大量流失，对实施后能否有效控制地方政府心存疑虑，出于稳定性的理性考虑，从而拒绝，则博弈开始下一阶段。

再次，在新的博弈阶段，中央提出修改方案（包括维持现状），地方政府选择接受或不接受。一方面，地方政府依然会以自身利益最大化（包含政治升迁收益）作为最终目标取向，会在一些矿产资源开发的关键问题上，通过各种正式和非正式途径进行游说、劝告，迫使中央自动修改矿产资源开发政策；另一方面，地方政府迫于中央的政治强制力，接受此方案，则讨价还价博弈结束；同时在下一个新的博弈阶段，地方政府提出修改方案，中央可以选择接受或拒绝。

最后，以此类推，中央与地方政府的讨价还价博弈重复进行下去，直到双方都有了比较接近的认知水平，在目标函数的取向上也达成了妥协，彼此认同了矿产资源开发政策方案，则博弈结束。否则，如此循环。

四是二者间的政策制定利益博弈具有发展阶段的相对独立性。也即每次一方提出一个方案和另一方选择是否接受为一个阶段。在此循环过程中，只要有任何一方接受对方的方案，则二者间的矿产资源开发利益博弈就宣告结束。如果方案被拒绝，则被拒绝的方案就与以后的讨价还价过程不再有直接关系。

五是二者间的政策制定利益博弈最优讨价还价次数。在中央在与各级地方政府之间的矿产资源开发利益博弈过程可发现，只要中央对地方政府官员有任命权，中央如果想改变与各级地方政府之间的矿产资源开发利益政策规则，总可以通过任免新地方政府官员（或相威胁）、不断提出新的规则来实现。因此，在矿产资源开发利益政策制定博弈中，中央可以利用其谈判优势，为实现其目标，总有激励就与各级地方政府之间的矿产资源开发利益划分规则进行重新谈判。但长期来看，鉴于中央重新发起改变与各级地方政府之间的矿产资源开发利益划分规则的谈判也是有成本的，若将重新制定政策的成本与重新划分规则后中央可以从地方政府那里获得的矿产资源开发利益相比较，就可以决定其间最优的谈判次数[1]。

(5) 中央与各级地方政府之间关于矿产资源开发政策制定的利益博弈结论。一是中央与各级地方政府之间关于矿产资源开发政策制定的利益博弈能力受到正确运用人事任免权的重大影响。在中央与各级地方政府之间关于矿产资源开发政策制定的利益博弈中，如果中央面临强势的地方政府时，中央的人事任免权没能合理充分运用，可能会限制其居于强势地位的利益博弈能力，意味着中央重新改变矿产资源开发利益分割政策规则的成本比较高：其提出的规则往往会受制于地方政府抵制；导致中央要么重新修改其提议的利益划分政策规则，与强势的地方政府官员进行新的谈判；要么在强势的地方政府官员面前，只能维持原规则不变。

二是中央与各级地方政府之间关于矿产资源开发政策制定的利益博弈能力受到良好制度约束的惯性影响。如果存在良好的矿产资源开发制度，导致中央与各级地方政府之间的矿产资源开发利益划分规则谈判博弈受到规范约束，比如宪法约束，那么中央随意利用手中对地方政府官员的任免权获得谈判优势地位的能力将受到限制，会导致矿产资源开发利益划分规则不容易发生变更。如果杜绝了中央与地方政府之间就矿产资源开发利益划分的重新谈判，会导致中央与地方政府只能考虑，通过提升矿产资源开

---

① 《讨价还价模型》，百度百科，http: //baike. baidu. com/view/1370335. html。

发利用效率，消除外部生态环保负效应，促进可持续发展等，而不是通过矿产资源开发利益份额调整，甩掉外部生态环保负效应等，减轻自身的利益目标诉求压力。

2. 中央与各级地方政府之间矿产资源开发政策执行的委托代理利益博弈

（1）中央与各级地方政府之间矿产资源开发政策执行的委托代理关系。委托代理理论源于股份制公司管理体制研究，意味着通过完善制度设计和安排，使经营层的经营策略和行为能较好地兼容自身利益和股东利益。鉴于在委托人与代理人间存在着信息不对称，委托人不能直接观察到代理人采取的经营策略和行为，或者说委托人获取完全信息成本巨大，失去了进行观察的意愿和能力；而理性的代理人很可能利用信息优势谋取自身利益，发生"逆向选择"和"道德风险"。因此，依照委托代理理论的思路，在矿产资源开发政策执行的问题上，中央与地方政府的效用目标也不尽一致，而且也存在着信息不对称，也是委托代理问题，可将中央与各级地方政府之间的矿产资源开发利益博弈看作不完全信息动态博弈。中央作为矿产资源开发委托人是行为影响的一方，代理人地方政府是矿产资源开发的具体行为人。在委托人对代理人监督不力或两者之间存在严重信息不对称，且委托人获取信息成本巨大的情况下，会产生代理人对委托人的背叛，即地方政府以种种借口不执行中央的相关矿产资源开发管理政策，而中央面对地方政府的博弈策略选择，将会选择核查或不核查，以追求矿产资源开发利益最大化。

（2）中央与各级地方政府之间矿产资源开发政策执行的委托代理利益博弈模型。根据现实情形和模型建构需要，对中央的可能行为方式作两种假定：核查与不核查；对地方政府的可能行为也作两种假定：严格执行和虚假执行。令，

$R1$（Revenue）——矿产资源开发政策严格执行时中央的整体收益；

$R2$——地方政府严格执行矿产资源开发政策的收益；

$R3$——地方政府虚假执行矿产资源开发政策的收益；

$C1$（Cost）——中央核查的成本支付；

$C2$——地方政府严格执行矿产资源开发政策所需的成本；

$C3$——地方政府虚假执行矿产资源开发政策时，应付中央核查所需的造假成本；

$C4$——地方政府虚假执行矿产资源开发政策被发现所面临的处罚成本；

P（Probability）——地方政府虚假执行矿产资源开发政策被发现的概率（$0 \leqslant P \leqslant 1$）。

所以，中央与各级地方政府之间基于委托代理关系的矿产资源开发政策执行的利益博弈收益矩阵可以建立如表 6 - 2 所示，中央与地方政府的每个行为组合都是一种"纳什均衡"状态，背后都涉及一定的利益获得和成本付出。

表 6 - 2　　　　中央与各级地方政府之间基于委托代理关系的
矿产资源开发政策执行的博弈收益矩阵

策略组合		中央	
		核查	不核查
地方政府	严格执行	$R2—C2,\ R1—C1$	$R2—C2,\ R1$
	虚假执行	$R3—C3—C4,\ —C1$	$R3,\ 0$

（3）中央与各级地方政府之间关于矿产资源开发政策执行的委托代理利益博弈模型分析。对于中央与各级地方政府之间的矿产资源开发政策执行的委托代理博弈而言：

首先，地方政府虚假执行矿产资源开发政策被发现的概率 P 的大小，意味着中央有效鉴别地方政府行为的能力：当 $P \rightarrow 0$，中央不能有效鉴别地方政府的行为，也即地方政府虚假执行矿产资源开发政策时，被中央发现所面临的处罚成本为 0（即 $C4 \rightarrow 0$）。这时，要使地方政府严格执行既定的矿产资源开发管理政策，就必须使地方政府虚假执行的造假成本大于严格执行的成本（$C3 > C2$）。但在中央不能有效鉴别地方政府的行为（$P \rightarrow 0$）条件下，如果发生地方政府严格执行政策的成本大于造假成本（$C2 > C3$）时，地方政府行为的"理性"约束条件不能得到满足，地方政府会选择"退出"执行真实的政策。

具体来说，如果地方政府严格执行既定的矿产资源开发管理政策，中央的最优策略是不核查；如果地方政府虚假执行，中央的最优策略则是核查；如果中央不核查，地方政府就会选择只获取收益较大的虚假执行策略。如果假设中央愿意花费巨大成本进行核查，且中央是具有较高的监督鉴别能力（$P \to 1$），则地方政府只能严格执行既定的真实执行政策方案。

其次，问题的关键在于中央的核查成本（$C1$）常常是巨大的，中央不愿意花费巨大成本进行信息收集和辨别，且中央实际监督能力也不足以一查即准，此时，理性的中央会选择不核查，即处于"理性无知"的局面。而在中央不核查条件下，地方政府的理性选择就是虚假执行。因此，在中央与地方政府之间"信息不对称"状况下，地方政府会选择既能获利又承担较少成本的虚假矿产资源开发执行策略，这种两者之间的基于委托代理的矿产资源开发政策执行的利益博弈具有不合作博弈的特征，并会反复进行下去，最终导致矿产资源开发政策方案的执行进入"锁定"状态。

（4）中央与各级地方政府之间矿产资源开发政策执行的委托代理博弈恶性锁定破解思路。鉴于矿产资源开发政策执行的博弈过程存在着多个"纳什均衡"状态，因而需要破除政策执行过程中出现的"纳什均衡"和"锁定"状态。

一是鉴于中央与各级地方政府之间基于各自利益最大化的、对矿产资源开发利益目标的不同认知程度，导致两者在矿产资源开发政策选择上存在较大的差别，并成为政策执行上不合作博弈的逻辑起点，成为"囚徒困境"的重要原因，因而，需要进一步探究和完善矿产资源开发管理理论；需要有一种学习的态度和意愿，通过渐进的学习、积累过程，创建"学习型政府"，从而提高中央与地方政府的矿产资源开发认知程度及其同一性。

二是鉴于中央与地方政府的矿产资源开发利益博弈，从根本上讲是中央与地方政府间利益关系的一种外延表现形态，因而将这种无序的不合作博弈转变到相对有序的合作博弈是问题的关键。事实上，如果没有相应的制度约束，任何政策的制定和执行过程，都会陷入一种或多种类型的博弈困境。政策的制定过程是多个"纳什均衡"解的讨价还价过程，政策的执行过程是一种"委托—代理"的欺诈博弈过程[1]。因此，要以科学规范的强制性法律体系作为约束中央与地方间政府矿产资源开发利益关系的准绳，对双方的任何违规行为都要加以制约和纠正，促进政策执行过程中不确定性的和相互猜忌心态的消除，化解不合作博弈思维，树立合作的基于

---

[1]　金太军：《从行政区行政到区域公共管理——政府治理形态嬗变的博弈分析》，《中国社会科学》2007 年第 6 期。

"重复博弈"的矿产资源开发利益均衡发展思维。

3. 中央与各级地方政府之间矿产资源开发政策执行的监督利益博弈

鉴于地方政府在执行矿产资源开发政策的过程中具有导向自身利益最大化，偏离中央政策初衷的偏好，自身很难实现自发协调，自动校正；按照哈耶克的理论，"内部规则"的协调失灵，必须引入"外部规则"[①]。因此，矿产资源开发政策执行需引入中央（上级）的更高层次监督，施加外部协调，保证地方政府执行政策规则。为便于分析，用中央与地方政府完全信息静态博弈分析二者之间的矿产资源开发政策执行监督利益博弈。

（1）模型构建。假定中央声明，自觉践行科学发展观、严格执行矿产资源开发政策的官员将受到重用，即顾全大局、认真贯彻国家矿产资源开发政策的领导干部将受到提拔；同时，不遵守中央法令的地方将被罚款或主要领导人将受到行政处分，从而影响那些阳奉阴违官员的矿产资源开发行为模式。具体假定：一是中央与地方政府均为风险中性者；二是中央的督监是有成本的，因而有不监督的机会主义倾向。令，

$L0$——表示地方政府遵守矿产资源开发政策状态下的收益或产出；

$L1$——表示地方政府不遵守矿产资源开发政策状态下的收益或产出；其中，$L1 > L0$，否则地方政府没有违约的动力；

t——表示中央从地方获取的矿产资源开发政策收益或税率；

$tL0$——表示中央在地方政府遵守矿产资源开发政策状态下的收益；

$tL1$——表示中央在地方政府不遵守矿产资源开发政策状态下的收益；

C——表示中央的矿产资源开发政策监督成本；

f——表示中央对地方实施的罚款力度（用占中央所得的比例计）。

表6-3　中央与各级地方政府之间的矿产资源开发政策监督利益博弈

政策监督利益博弈		中央	
		监督	不监督
地方政府	遵守	$L0 - tL0,\ tL0 - C$	$L0 - tL0,\ tL0$
	不遵守	$L1 - tL1 - fL1,\ tL1 - C + fL1$	$L1 - tL1,\ tL1$

---

① ［英］哈耶克：《法律、立法与自由》，邓正来等译，中国大百科全书出版社2000年版。

（2）中央与各级地方政府之间矿产资源开发政策执行的监督利益博弈模型纯策略分析。按照矩阵图中箭头方向进行分析，可以发现该博弈是没有双方都能接受的纳什均衡的策略组合。这是由于：一是如果中央选择监督，地方政府的最优策略是遵守；二是当地方政府选择遵守时，中央的最优策略又是不监督；三是当中央不监督时，地方政府又选择不遵守；四是当地方不遵守时，中央又要选择监督为最优。也即博弈双方之间的利益始终都不会是一致的。

表 6 - 4　　　中央与各级地方政府之间的矿产资源开发政策监督
利益博弈的纯策略

政策监督利益博弈		中央	
		监督	不监督
地方政府	遵守	$L0 - tL0$，$tL0 - C$	$L0 - tL0$，$tL0$
	不遵守	$L1 - tL1 - fL1$，$tL1 - C + fL1$	$L1 - tL1$，$tL1$

（3）中央与各级地方政府之间矿产资源开发政策执行的监督利益博弈模型混合策略分析。中央与各级地方政府之间矿产资源开发政策执行的监督利益博弈双方，为了获得最大的期望值，必须以一定的概率分布随机选择一些策略，即博弈方必须选择混合策略。令，pl——地方政府遵守政策概率，则不遵守政策概率 $1 - pl$；pc——中央监督概率，则不监督概率 $1 - pc$。

表 6 - 5　　　中央与各级地方政府之间的矿产资源开发政策
监督利益博弈的混合策略

政策监督利益博弈		中央	
		监督 pc	不监督（$1 - pc$）
地方政府	遵守 pl	$L0 - tL0$，$tL0 - C$	$L0 - tL0$，$tL0$
	不遵守（$1 - pl$）	$L1 - tL1 - fL1$，$tL1 - C + fL1$	$L1 - tL1$，$tL1$

首先，中央的期望收益。

$$Ec = pc[pl \times (tL0 - C) + (1 - pl)(tL1 - C + fL1)] + (1 - pc)[pl \times tL0 +$$

$$(1 - pl) \times tL1]$$
$$= pc[pl(tL0 - C) + (1 - pl)(tL1 - C + fL1) - pltL0 - (1 - pl)tL1] +$$
$$[pl \times tL0 + (1 - pl)tL1]$$

则，$\partial\ Ec/\partial\ Pc$（$Ec$ 对 Pc 求导数）$= pl(tL0 - C) + (1 - pl)(tL1 - C + fL1) - pltL0 - (1 - pl)\ tL1$

$$= pl(tL0 - C - tL1 + C - fL1 - tL0 + tL1) + (tL1 - C + fL1) - tL1$$
$$= - pl * fL1 + fL1 - C$$

当中央期望收益最大化时，有 $\partial Ec/\partial Pc = 0$，即 $pl = 1 - C/fL1$。

同理，地方政府的期望收益。

$$Ec = pl[pc(L0 - tL0) + (1 - pc)(L0 - tL0)] + (1 - pl)[pc(L1 - tL1 - fL1) + (1 - pc)(L1 - tL1)]$$
$$= pl[pc(L0 - tL0) + (1 - pc)(L0 - tL0) - pc(L1 - tL1 - fL1) - (1 - pc)(L1 - tL1)] + pc(L1 - tL1 - fL1) + (1 - pc)(L1 - tL1)$$

则，$\partial\ El/\partial\ pl$（$El$ 对 pl 求导数）

$$= pc(L0 - tL0) + (1 - pc)(L0 - tL0) - pc(L1 - tL1 - fL1) - (1 - pc)(L1 - tL1)$$
$$= pc(L0 - tL0 - L0 + tL0 - L1 + tL1 + fL1 + L1 - tL1) + L0 - tL0 - L1 + tL1$$
$$= pc \times fL1 - (1 - t)(L1 - L0)$$

当地方期望收益最大时，有 $\partial El/\partial pl = 0$，即 $pc = (1 - t)(L1 - L0)/fL1$。

所以，中央与各级地方政府之间的矿产资源开发政策监督利益博弈的混合策略的概率组合为：

中央：$[(1 - t)(L1 - L0)/fL1,\ 1 - (1 - t)(L1 - L0)/fL1]$；地方政府：$(1 - C/fL1,\ C/fL1)$。

（4）模型的进一步分析及其政策效应。中央与各级地方政府之间的矿产资源开发政策监督利益博弈的效应是不同的。

首先，对中央而言，根据中央监督均衡概率 $pc = (1 - t)(L1 - L0)/fL1$ 可知：

一是如果地方政府的违约收益越大，即（$L1 - L0$）越大，此时中央选择监督的概率越大，否则起不到震慑地方政府的效果。因此，如果中央要保证矿产资源开发政策在地方的基本落实，必须缩小地方政府的违约收益（$L1 - L0$），以降低中央监督概率。

二是如果地方政府所留的矿产资源开发利益越大，即（$1 - t$）越大，中央选择监督的概率就越大。因为地方政府留成的部分越多，地方政府从违反矿产资源开发政策中获得的收益也就越多。因此，税收不规范，宏观实际税负很低，会助长地方政府一定程度的违规。

三是中央的处罚程度越大，即处罚因子 f 越大，中央真正实行监督的概率越小，因为地方政府一旦违反矿产资源开发政策，将面临高昂代价。因此，中央对那些违法的地方政府官员应采取"重典"，绝不能手软姑息。

其次，对地方政府而言，根据地方政府遵守政策的均衡概率 $pl = 1 - C/fL1$ 可知：

一是如果中央实施监督的成本越高，即 C 越大，地方政府得知中央获取信息越难，则地方政府选择遵守矿产资源开发政策的概率越小。地方政府一般都深谙中央获取信息的难度，一些地方政府阳奉阴违，更增加了中央甄别信息的成本。因此，如果监督机制的实施成本高，即使看起来很完美，最终也会坠入"空想"；如果能充分发挥领导监督、群众监督、制度监督和舆论监督等复合作用，减少信息不对称性，会降低监督成本。

二是中央处罚力度越大，即处罚因子 f 越大，地方政府选择遵守矿产资源开发政策的概率就越大。中央在意识到地方政府玩"捉迷藏"游戏的内在利益动机基础上，加大处罚力度，抓几个大案要案，杀一儆百，能够督促地方政府贯彻中央命令的自觉性。

三是当（$L0 - tL0$）>（$L1 - fL1 - tL1$）时，意味着地方政府不遵守矿产资源开发政策的收益会小于遵守的收益，也即地方政府的矿产资源开发政策行为选择满足理性的约束性条件。

（二）中央与地方政府关于矿产资源开发典型事项的利益博弈

1. 中央与各级地方政府之间关于矿产资源开发利益上解份额的利益博弈

在中央与地方政府关于矿产资源开发利益上解的利益博弈过程中，鉴于地方政府获得的份额稳定会增加其行为预期，有力地调动其矿产资源开发利益的行为积极性；但如果中央与地方政府关于矿产资源开发利益上解份额不确定的存在会削弱其积极性，政策效果适得其反。下面以一个完全信息动态利益博弈模型来解释中央与地方政府关于矿产资源开发利益上解份额的利益博弈关系。

（1）中央与地方政府关于矿产资源开发利益上解博弈的基本假定。假定中央与单个的地方政府进行矿产资源开发利益份额划分的博弈。令 x——中央确定的地方政府矿产资源开发利益的上解比例，y——地方政府的矿产资源开发利益规模，那么，

中央的矿产资源开发利益所得为：$R = xy$。

地方政府的矿产资源开发利益所得为：$L = (1 - x)y$。

假定中央的利益博弈行为目标在于矿产资源开发利益所得最大化，即 $MgxUc = R = xy$。

假定地方政府的矿产资源开发利益目标是减去获得成本后的矿产资源开发利益所得最大化，即 $MgxU = (1 - x)y - gy^2$，式中，gy^2 代表成本，矿产资源开发利益的获得成本，且假定①该类成本的变动随着收益规模的增加而上升。其间的博弈过程可分为中央信守矿产资源开发利益份额分享承诺与否的两种情形。

（2）中央在信守份额承诺条件下与地方政府关于矿产资源开发利益上解份额的利益博弈行为选择。信守份额承诺意味着，中央能够信守事先签订的矿产资源开发利益分享合同；在动态博弈中相当于中央首先行动，事先确定一个矿产资源开发利益上解份额 x；地方政府后行动，根据既定的份额 x，选择矿产资源开发利益所得的规模 y。

首先，求解第二阶段的纳什均衡。地方政府的最优策略是：$MgxUl = (1 - x)y - gy^2$

解最优化得地方政府的反应函数：$\frac{\partial Ul}{\partial y} = 0$，则 $y^c = (1 - x)/2g$。式中，上标 c 表示中央信守合同。

其次，中央在第一阶段的最优策略是：$MgxR = xy = x(1 - x)/2g$。

解最优化得中央的反应函数：$\frac{\partial R}{\partial x} = 0$，则 $x = 1/2$。

代入地方政府反应函数得：$y^c = 1/4g$。

（3）中央在不信守份额承诺条件下与地方政府关于矿产资源开发利益上解份额的利益博弈行为选择。不信守份额承诺条件，意味着中央不能够信守事先签订的矿产资源开发利益分享合同。也就是说，中央在事后可

---

① 顾惠祥：《控制税收征管成本的探讨》，《税务研究》1999 年第 6 期。

以任意修改上解比例 x，在博弈中相当于地方政府先行动，中央后行动。

首先，中央在第二阶段的最优策略是：$MgxR = xy$（注意：在此 x 为变动的，并随 y 的变动而变动）。

解最优化得中央的反应函数为：$\dfrac{\partial R}{\partial y} = 0$，则 $x = -ydx/dy$（注意：y 为变量，x 为 y 的函数，xy 对 y 求导数）。

其次，地方政府知道中央的反应函数，在第一阶段地方政府最优策略：$MgxUl = (1 - x)y - gy^2$。

解最优化得地方政府的反应函数为：$\dfrac{\partial Ul}{\partial y} = 0$，则 $1 - x - x'y - 2gy = 0$（注意：y 为变量，x 为 y 的函数，xy 对 y 求导数）。

最后，联立中央和地方政府的反应函数，解微分方程组得：$x = 1 - gy + C/y$（注意：C 为常数）。

为比较，当 $x = 1/2$ 时，$y^{nc} = 1 - [1 + (16gC)^{1/2}]/4g$。式中，上标 nc 表示中央不信守合同。

（4）中央与地方政府关于矿产资源开发利益上解份额的利益博弈结果分析。把 y^c 和 y^{nc} 作比较，可见：$y^{nc} < y^c$，这说明中央不信守合同会使地方政府的矿产资源开发利益降低。即中央改变合同，地方政府可以用降低开发管理的积极性、减少获得矿产资源开发利益规模，而"藏富于企业"的方法来对付这种利益划分规则的任意变动。因此，可得结论：

一是中央与地方政府关于矿产资源开发利益分享政策的随意变动，不满足动态一致性要求，会导致地方政府的矿产资源开发利益规模减小，进而导致中央利益受损。所谓政策的动态一致性（dynamic consistency 或 time consistency）意味着，政策的制定和执行过程都应该是最优的，假设没有任何新的信息出现[1]。因而，在中央与各级地方政府之间的矿产资源开发利益博弈中，如果中央能信守合同，将增加地方政府的行为预期，激发地方矿产资源开发和增加税源的积极性。反过来，中央不会选择信守合同，理性的地方政府预见到中央的行为，就会减少矿产资源开发努力和收益，会使中央的收入下降。

二是中央与地方政府关于矿产资源开发利益分享政策的随意变动，会

---

① 张维迎：《博弈论与信息经济学》，上海人民出版社 1996 年版。

促使地方政府充分利用信息不对称优势，导致矿产资源开发的"道德风险"行为。鉴于中央与各级地方政府之间的矿产资源开发利益博弈中，仍然存在信息不对称问题，地方政府拥有信息优势，更靠近矿产资源开发利益及其税源建设。如果中央随意改变矿产资源开发利益上解比例，理性的地方政府出于"理性"会千方百计"藏富于民"，导致道德风险和机会主义行为。

2. 中央与各级地方政府之间关于矿产资源开发管理制度创新的利益博弈

（1）矿产资源开发管理制度创新。矿产资源开发制度是为决定矿产资源开发利益相关主体的互动关系而人为设定的一些规则，其主要作用在于通过建立利益相关主体相互作用的稳定的（但不一定有效）结构来减少不确定性[1]，从而保障和促进矿产资源开发的利益高效均衡。鉴于制度的形成变迁可以分为需求诱致型和供给主导型。需求诱致型的制度变迁意味着改变制度的需求诱致型方式会碰到外部效果和"搭便车"问题；暗含着制度创新的密度和频率将少于整体的社会最佳量。供给主导型的制度变迁意味着制度安排实际发生的前提条件是权力中心的制度创新收益大于其成本，也暗含着权力中心在组织实施制度创新时，不仅具有降低交易费用实现社会总产出最大化的动机，也有力图获得最大化的垄断租金的"诺思悖论"[2]。因此，如果在中央与各级地方政府之间的矿产资源开发利益博弈中，仅有基于地方政府或中央矿产资源开发利益需求的需求诱致型或供给主导型两种制度变迁方式，则会出现持续的矿产资源开发制度不均衡，需要中央与各级地方政府之间不断进行基于矿产资源开发利益诉求的博弈互动，创新矿产资源开发管理制度。

（2）中央与各级地方政府之间关于矿产资源开发管理制度创新的利益博弈模型。鉴于中央与各级地方政府之间的矿产资源开发制度存在持续不均衡的可能，潜在制度收益的显现会诱发地方政府和中央展开关于矿产资源开发管理制度的博弈。下面通过中央与各级地方政府之间关于制度创新的、非对称的信息静态博弈模型构建，来说明决定二者关于矿产资源开发管理制度创新利益博弈的影响因素。

---

①　王仲兵：《论中国会计制度变迁》，《会计之友》2001 年第 7 期。
②　［美］道格拉斯·诺思：《经济史上的结构与变迁》，陈郁等译，上海三联书店 1991 年版。

鉴于面对潜在的矿产资源开发管理制度创新收益，地方政府有创新与不创新两种战略选择；中央对矿产资源开发管理制度创新有反对、默认和赞同三种战略选择。

令 R 代表地方政府进行矿产资源开发管理制度创新能带来的收益增量；

$C1$ 代表地方政府支付的关于矿产资源开发的设计、组织，实施等制度创新费用；而当中央赞同时，制度创新费用由中央承担；

$C2$ 代表在中央反对矿产资源开发管理制度创新时，为争取中央同意，地方政府须支付的博弈费用；

r 代表矿产资源开发管理制度创新对中央带来的收益，r 可能大于 0、等于 0 或者小于 0；

$P1$、$P2$、$P3$ 代表地方政府在选择战略时，由于不知道中央对制度创新的战略（态度），只能根据以往的经验推断其选择不同战略的概率；且 $P1 + P2 + P3 = 1$。

表 6 - 6　中央与地方政府矿产资源开发管理制度创新博弈的支付矩阵

策略选择		地方选择	
		创新制度	不创新制度
中央选择	反对（P1）	$r + C2, R - C1 - C2$	(0, 0)
	默认（P2）	$r, R - C1$	(0, 0)
	支持（P3）	$r - C1, R$	(0, 0)

（3）中央与各级地方政府之间关于矿产资源开发管理制度创新的利益博弈模型分析。首先，中央对矿产资源开发管理制度创新的行为选择不一定"反对"就是最佳。尽管由于存在条件 $r + C2 > r > r - C1$，这意味着，中央对矿产资源开发管理制度创新的行为选择，"反对"优于"默认"优于"赞同"，成连续性递推关系；粗略一看，似乎中央的态度越倾向于"反对"，则其收益越高。其实，中央的态度会影响到地方政府矿产资源开发管理制度创新的可能性，从而反过来影响中央的预期净收益。

其次，制度创新的预期收益越高、费用越低，中央越倾向于支持，则地方政府进行矿产资源开发管理制度创新的积极性越高，可能性越大。这是由于：一是考虑中央的各种态度，如果地方政府的期望收益条件存在：

$P1 \times (R - C1 - C2) + P2 \times (R - C1) + P3 \times R \geqslant 0$，可得：$R(P1 + P2 + P3) \geqslant P1(C1 + C2) + P2C1$，也即 $R \geqslant P1(C1 + C2) + P2C1$，这时，意味着地方政府关于矿产资源开发管理制度的行为选择战略应是进行制度创新。

二是鉴于在矿产资源禀赋比较好的地区，如果还拥有便于开发的交通区位优势，具有较强的商业运作精神，完善的配套制度环境，以及较高的市场化水平等比较优势，会导致地方政府进行矿产资源开发管理制度创新的预期收益 R 较高，且成本 C1 较低。因而，创新的内在动力大、外部制约小。

三是如果中央对矿产资源禀赋较好的地区采有大开发战略，有意促进其创造性开发，更倾向于支持地方政府的制度创新活动，则支持的概率（P3）较大，而反对的（P1）和默认的（P2）概率较小，会导致条件 $R \geqslant P1(C1 + C2) + P2C1$ 特别容易满足。因而，这些地区地方政府的矿产资源开发管理制度创新的密度和频率就可能明显多于其他地区，更能促进制度创新建设。例如，各种矿产资源开发重点规划区的构建，正是中央的大力支持，地方政府代理本地区的矿产资源开发利益相关主体和中央展开制度构建的内在利益诉求博弈，推动制度创新和市场化进程，缓解了矿产资源开发管理制度构建不均衡，促进了矿产资源开发利益管理制度的创新。

3. 中央与各级地方政府之间关于矿产资源开发生态环境保护的利益博弈

（1）中央与各级地方政府之间关于矿产资源开发生态环境保护的关系。中央与地方政府在矿产资源开发生态环境保护方面会发生目标和行为标准的偏离，产生非合作博弈。这是由于：一是中央与地方政府关于矿产资源开发的生态环境保护和治理中是一种委托代理关系，且二者的当期目标却不完全一致。中央基于分权的改革使地方政府成为相对独立的利益主体，地方政府更加关注与其政绩挂钩的本辖区矿产资源开发的财税贡献、就业岗位提供等中短期发展问题。二是由于地方政府具有信息优势，在矿产资源开发利用的操作层面上与中央在博弈过程中处于强势地位，从而改变矿产资源开发的中央委托者和地方政府代理者的预期。地方政府会利用中央所不具有的完全信息，在追逐利益偏好强于政治风险规避的动机驱使下，具有为矿产企业充当保护伞作用的偏好，并在"代理"中央治理地方的矿产资源开发污染过程中发生逆向选择和道德风险问题。

（2）中央与各级地方政府之间关于矿产资源开发生态环境保护的利益博弈模型。中央与各级地方政府之间的矿产资源开发生态环境保护博弈可视为"智猪博弈"。这是由于：生态环境保护需要成本投入，而生态环境作为公共品的非排他性又会让其他利益相关主体"搭便车"；同时生态环境污染造成的社会成本具有外部性，可以转嫁给其他地方或其他利益相关主体。但担负统筹矿产资源开发全局的中央对生态环境保护则负有不可推卸的责任，无法转移和逃避。这使得在矿产资源开发生态环境保护中，如果中央监管规制的措施不到位，地方政府不仅不会有治理污染的动力，且等待中央治理污染将会是其占优策略。其具体博弈关系可采用具体的收益矩阵描述。

表 6 - 7　　　　中央与各级地方政府之间矿产资源开发生态环境
保护博弈的收益矩阵

策略组合		中央选择	
		治理生态环境污染	放任生态环境保护
地方 选择	治理生态环境污染	2, 6	-1, 10
	逃避生态环境保护	5, 5	0, 0

如表 6 - 7 所示，可以排列出四种策略：一是地方政府和中央同时治理生态环境污染，得益为（2, 6）；二是地方政府对生态环境保护逃避，中央治理，得益为（5, 5）；三是地方政府治理生态环境污染，中央放任，得益为（-1, 10）；四是地方政府逃避生态环境保护，中央放任，得益为（0, 0）。

由此可看出，等待中央治理矿产资源开发生态环境污染将是地方政府的占优策略。中央明明知道，地方政府在"代理"中央治理各辖区的矿产资源开发生态环境污染过程中可能发生逆向选择和道德风险的问题，也只能选择自行治理。因为该选择大大优于中央选择"放任"所得到的 0 收益。所以，在监管规划政策和措施不到位的情况下，地方政府和中央间关于矿产资源开发生态环境保护的最终博弈结果是一个"智猪博弈"：地方政府"逃避"中央"治污"。

（3）中央与各级地方政府之间关于利益博弈的政策含义。如果中央实施监管较得力，地方政府会重视矿产资源开发生态环境保护，对违反规定的矿产企业收缴排污费、罚款或停产。但鉴于国家监管的实施成本，长期来看，作为代理人的地方政府总会选择使其期望效用最大化的矿产资源开发行动，放任趋利的矿产企业选择地方政府的行为预期作为自己行为的出发点，规避检查风头、违规排放，形成与中央矿产资源开发宏观生态环境保护的直接冲突。正如布坎南所言，集体行动如若没有很好地进行组织结构设计和组织制度建构，会导致谋求集团"内部"私利现象的发生，公共组织内部的"自利性"就会腐蚀公共组织的整体"公共性"，出现公共选择理论中的"内部效应"①。所以，应把中央关于矿产资源开发生态环境保护的惩罚承诺、地方政府的声誉乃至任期政绩考核等监控手段综合考虑，使地方政府的政治风险成本足够大，敦促地方政府矿产资源开发生态环境保护的积极治理，减弱阻止内部效应。

4. 中央与各级地方政府之间关于矿产资源开发秩序规范的利益博弈

（1）中央与各级地方政府之间关于矿产资源开发秩序规范博弈的基本关系。矿产资源开发秩序规范本质上是相关利益主体间基于矿产资源开发利益得失考虑而进行的一种非合作、动态的、不完全信息博弈过程，取决于基于博弈规则的博弈参与方的策略行为选择。也即处于非合作博弈关系的中央和地方政府在选择矿产资源开发策略时，尽量使与对方利益相冲突的个人效用最大化，而不是使集体收益最大化；而且，其间的矿产资源开发策略选择行动有先后次序；信息拥有存在不完全特征。如果双方行为缺乏有效制度约束的情况下，地方政府作为中央在矿产资源开发秩序规范政策执行领域中的"代理人"，会产生机会主义行为倾向，在损害委托人（中央）利益的前提下追求自身利益最大化。

（2）中央与各级地方政府之间关于矿产资源开发秩序规范博弈的基本模型。为方便起见，假设地方政府在矿产资源开发秩序规范过程中的策略选择有两种："规范"和"不规范"；中央的策略选择也有两种："惩处"和"不惩处"。假设：

一是在矿产资源开发秩序规范前，地方政府获取的收益为 B；则开发秩序规范后，地方政府的收益将为 $-B$，中央的收益为 $B1$。

二是两者之间是"非零和博弈"，地方政府不进行矿产资源开发秩序规范会给中央带来的收益为 $B2$；中央惩处地方政府不进行矿产资源开发

---

① ［美］布坎南、托里森：《公共选择理论》，陈斌译，商务印书馆1972年版。

秩序规范过程需花费的各种成本计为 C（主要表现为花费在监督检查等方面的人力、物力和财力等）；在中央的惩处行为中，地方政府的可能损失为 $C2$（主要表现为地方政府遭受中央处罚、处理秩序混乱和安全事故的费用，以及因被新闻媒体曝光而影响地方形象等直接成本和机会成本）。

三是中央不惩处地方政府不进行矿产资源开发秩序规范将会给中央造成的损失为 $C1$（主要表现为影响中央宏观调控和产业结构调整的顺利实施、由于安全事故引发的社会不安定因素、生态环境破坏损失等方面）；为争取中央不惩处地方政府违反矿产资源开发秩序规范的行为，地方政府将要花费额外的成本 $C3$。

四是在中央采取"惩处"策略的情况下，地方政府违规执行中央的矿产资源开发秩序规范政策而被中央查处的概率为 $p(0 < p < 1)$。

五是假设中央的策略选择是在地方政府的行为选择之后进行，且用 ZY 表示中央，DF 表示地方政府。则双方的动态博弈关系可以通过图6–5来表示。

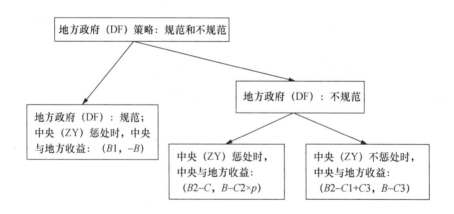

图6–5 中央与各级地方政府之间关于矿产资源开发秩序规范的动态博弈关系

（3）中央与各级地方政府之间关于矿产资源开发秩序规范博弈的基本分析。首先，在该动态博弈关系中，若地方政府在执行中央的矿产资源开发秩序规范政策过程中，直接选择"规范"的策略，则中央与地方政府双方的利益博弈关系结束。

其次，中央的策略行为分析。鉴于在现实中，地方政府从自己的矿产资源开发利益考虑出发往往会选择"不规范"，则由中央针对地方政府的行为判定进行策略选择，依据逆推归纳法，中央会依据策略选择的利益得失情况，在"惩处"和"不惩处"之间进行选择。因此，会比较中央选择惩处时的收益：$(B2 - C)$ 与选择不惩处时的收益：$(B2 - C1 + C3)$，进行直接衡量。在此，会出现两种情况：

情形一：若 $B2 - C < B2 - C1 + C3$，即 $C1 < C3 + C$ 时，中央的最佳策略选择将是"不惩处"；

情形二：若 $B2 - C > B2 - C1 + C3$，即 $C1 > C3 + C$ 时，中央将选择"惩处"的策略。

鉴于地方政府不执行中央矿产资源开发秩序规范政策，对中央的损失而言，不仅表现在中央规范政策意图的落空；还表现在地方政府由此形成的对中央权威的挑战。因此，除非中央认为地方政府的种种物质条件不具备可行性而根本无法执行中央的矿产资源开发秩序规范政策时，中央通过衡量自己得失后的选择必定是采取"惩处"策略。也就是说，中央的行为策略是一种"可信性威胁"。这意味着中央在与地方政府的动态博弈中先行为的博弈方是否该相信后行为的博弈方会采取对自己有利的或不利的行为[①]；意味着在"可信性威胁"状态下，中央的"惩处"策略不仅体现在口头声明，且表现为中央由此采取的诸如往地方派遣专门核查组、设立举报监督电话等一系列具体"动真格"的信息行动。

最后，在中央会"惩处"策略的预期下，地方政府的矿产资源开发秩序规范行为选择，会在规范时的收益 $(-B)$ 与不规范的收益 $(B - C2 \times p)$ 之间进行比较，并会出现两种情况：

情形一：当 $-B > B - C2 \times p$，即 $B < C2 \times p/2$ 时，地方政府采取"规范"的行为收益将大于"不规范"而需要承受成本，其觉得违规无利可图自然会执行中央的矿产资源开发秩序规范政策。

情形二：当 $-B < B - C2 \times p$，即 $B > C2 \times P/2$，地方政府采取"规范"的行为收益小于"不规范"而需要承受成本，其会选择"不规范"行为，虚假执行中央的矿产资源开发秩序规范政策。

事实上，地方政府采取各种手段阻挠中央政策在地方的实施，这种情形在现实中更为常见。由于不管中央采取何种策略，地方政府遵循的原则

---

① 《什么是可信承诺》，智库百科，http：//wiki.mbalib.com/wiki/% E5% 8F% AF% E4% BF% A1% E6% 89% BF% E8% AF% BA.

都是利益最大化原则，只要不执行中央的矿产资源开发秩序规范政策就有利可图，即使中央的实际策略选择是"惩处"。所以，双方动态博弈的子博弈完美均衡将是：惩处、不规范。

因此，中央与各级地方政府之间关于矿产资源开发秩序规范的利益博弈是一种非合作性质的均衡，具有稳定性，是由双方的最佳策略构成。在这种均衡状态下，中央与地方政府都确信，在给定对手战略决定的情况下，都选择了最优战略以回应对手的策略，从而导致出于各自理性考虑所进行的策略选择最终使中央与地方政府的矿产资源开发秩序规范博弈均衡会陷入类似于"囚徒困境"的状态，个体的理性行为最终导致集体的非理性结果，使双方的均衡选择成为一种无效的均衡解，造成矿产资源开发秩序规范的无效和混乱，社会财富浪费。

所以，要使地方政府遵照执行中央的矿产资源开发秩序规范政策，就必须使其规范有利可图，即 $B < C2 \times p \, / 2$ 存在。也就是说，在中央与地方的动态博弈关系中，在地方政府实行矿产资源开发秩序规范之前从中获取收益一定的情况下，制约双方策略选择的重要变量体现在地方政府在中央"惩处"中的成本损失 $C2$（含直接成本和作为机会成本的间接成本两个方面）与因"不规范"而被查处的概率 p 上。只要提高 $C2$ 和 p，使地方政府在中央执行矿产资源开发秩序规范政策过程中承受的成本大于获取的收益，地方政府就缺乏采取对策"不规范"的动机。

5. 中央与各级地方政府之间关于矿产资源开发利益生产安全的利益博弈

（1）中央与各级地方政府之间关于矿产资源开发利益生产安全的博弈模型。鉴于中央在矿产资源开发生产安全过程中，与地方政府进行着各自认为合乎理性的博弈，可对二者的矿产资源开发生产安全利益博弈进行如下假定：

首先，关于中央的生产安全假定。一是鉴于中央的本职在于通过矿产资源开发生产安全的管理太空，如果能以最好的形式、最恰当的投入，与地方政府等相关利益主体一道，达到生产安全的预期目的，意味着完成了分内任务就皆大欢喜了，就可以假定中央的生产安全得益为 0，也即（严格生产安全，0）。

二是鉴于矿产资源开发生产安全必须投入极大的社会成本，参与生产安全管理的中央必须投入人、财、物等辛勤付出，在地方政府的理性动机驱动下，整体生产安全不一定收到积极效果；反而在矿产资源开发的天然禀赋条件约束下，安全生产有其内在的偶然性，中央疏于生产安全管理，安全生产仍存在能良好运行的可能。因此，中央疏于生产安全存在两种情形：

情形一：中央疏于生产安全，矿产资源开发生产安全运行良好，假设中央得益为 A，也即（疏于生产安全但运行良好，0）；

情形二：中央疏于生产安全，矿产资源开发生产安全不能良好运行，造成政府形象受损、社会财富损失，假设中央得益为（−B），也即（疏于生产安全但运行不好，0）。

其次，关于地方政府的生产安全假定。一是鉴于地方政府遵守中央关于矿产资源开发生产安全的各项规章制度是其分内之事，故假设此时地方政府得益为0，也即（遵守生产安全规则，0）。

二是鉴于地方政府有直接参与矿产资源开发活动的必要性与可能性的内在利益偏好，因而存在着不遵守中央生产安全规则的可能，因此，从短期来说，存在两种情形：

情形一：地方政府不遵守中央生产安全规则没有受到中央的惩处，其可能得益为 C，即（不遵守生产安全规则，没被处罚，C）；

情形二：地方政府不遵守中央生产安全规则受到中央惩处，假设其可能得益为（−D），即（不遵守生产安全规则，受到处罚，C）。

所以，根据以上假设，可列出中央与各级地方政府之间关于矿产资源开发利益生产安全的博弈收益矩阵。

表6−8 中央与各级地方政府之间关于矿产资源开发利益生产安全的策略组合

策略组合		中央的生产安全管理	
		疏于管理	严格管理
地方政府的生产安全规则遵守	不遵守	C, $-B$	$-D$, 0
	遵守	0, A	0, 0

（2）中央与各级地方政府之间关于矿产资源开发利益生产安全利益博弈的纯策略分析。可以发现：该博弈没有双方都能接受的纳什均衡的策略组合，任何一个博弈状态都是不稳定的，博弈状态会按照矩阵图中箭头方向进行运动，两博弈方之间的矿产资源开发利益生产安全利益始终都不会是一致的。

表6-9 　中央与各级地方政府之间关于矿产资源开发利益生产安全
博弈的策略组合运动状态

策略组合		中央的生产安全管理	
		疏于管理	严格管理
地方政府的生产安全规则遵守	不遵守则	$C, -B \longrightarrow -D, 0$	
	遵守	$0, A \longrightarrow 0, 0$	

因此，在这种博弈中，双方为了获得最大的期望值，必须以一定的概率分布随机选择一些策略，即博弈方必须选择混合策略。

（3）中央与各级地方政府之间关于矿产资源开发利益生产安全博弈的混合策略分析。令 Pl 为地方政府不遵守生产安全规则的概率；Pc 为中央疏于生产安全管理的概率。则，

中央在矿产资源开发利益生产安全中的期望得益为：$Pc[A(1-Pl) + (-B)Pl]$；

地方政府在矿产资源开发利益生产安全中的期望得益为：$Pl[C \times Pc + (-D)(1-Pc)]$。

表6-10　　中央与各级地方政府之间关于矿产资源开发利益
生产安全的混合策略组合

策略组合		中央的生产安全管理	
		疏于管理（Pc）	严格管理（$1-Pc$）
地方政府的生产安全规则遵守	不遵守（Pl）	$C, -B$	$-D, 0$
	遵守（$1-Pl$）	$0, A$	$0, 0$

为便于分析，画出中央与地方政府行为变动概率关系图。

首先，从中央与各级地方政府之间关于矿产资源开发利益生产安全博弈的混合策略（一）中可知（见图6-6）：从中央的期望得益 A 与（$-B$）的连线上，每一个点的横坐标可表示地方政府选择不遵守生产安全规则行为的概率 Pl；纵坐标就可以表示中央在地方政府的任一行为选择条件下，选择生产安全管理的概率 Pc。

鉴于中央的矿产资源开发利益生产安全期望得益为：$Pc[A(1-Pl) + (-B)Pl]$，则有：

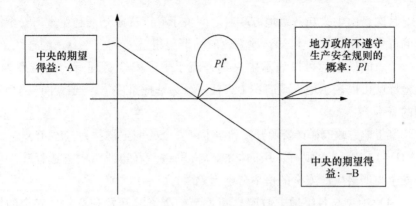

图6-6 中央与各级地方政府之间关于矿产资源开发利益
生产安全博弈的混合策略（一）

如果 $Pl > Pl^*$，此时，中央期望的得益小于0，因而其必定会选择严格的生产安全管理，地方政府大于 Pl^* 的破坏概率是不可能的。

如果 $Pl < Pl^*$，则中央期望的得益大于0，因而其选择疏于生产安全管理是合算的。此时，地方政府即使提高一点违规生产安全管理的概率，只要不大于 Pl^* 就不会有被惩罚的危险，因此，地方政府选择的生产安全管理概率就会趋近 Pl^*。所以，地方政府对安全生产管理行为选择违规与不违规的概率分别为 Pl^* 与（$1 - Pl^*$）。

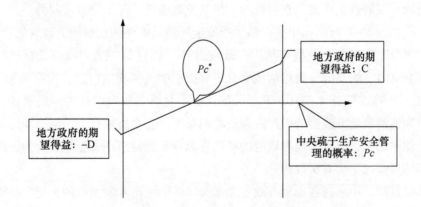

图6-7 中央与各级地方政府之间关于矿产资源开发
利益生产安全博弈的混合策略（二）

其次，由中央与各级地方政府之间关于矿产资源开发利益生产安全博弈的混合策略（二）可知：地方政府的期望得益 C 与（$-D$）的连线上，每一个点的横坐标可以表示中央选择疏于生产安全管理行为的概率 Pc，纵坐标就可以表示地方政府在中央任一行为选择条件下，选择生产安全管理的概率 Pl。

鉴于地方政府矿产资源开发利益生产安全的期望得益为：$Pl[C \times Pc + (-D)(1-Pc)]$，则有：用同样的分析思路，可知证明中央选择疏于生产安全与严格生产安全的概率分别为 Pc^* 与（$1-Pc^*$）。

（4）中央与各级地方政府之间关于矿产资源开发利益生产安全的博弈机制分析。首先，分析中央严格生产安全管理，加大对地方政府违反矿产资源开发利益生产安全规则的处罚力度后，导致的短期机制效应和长期机制效应。

一是中央严格生产安全管理，加重对地方政府的处罚，可促进地方政府的矿产资源开发利益生产安全行为自律，在中央同样的混合策略下，会导致地方政府的期望得益可能变动为负，从而在短期内减少甚至停止违规行为。

二是中央严格生产安全管理，中央加重对地方政府处罚，会导致中央提高疏于生产安全管理的概率，虽然在短时期能抑制地方政府的矿产资源开发利益生产安全违规行为，但长期却会使中央更少关注地方政府的矿产资源开发利益生产安全管理行为，使其长期违规情况不会有所改善。

如图 6-8 所示，中央严格生产安全管理，中央加重对地方政府处罚，中央疏于生产安全的概率从 Pc^* 提高到 Pc^{**}，这时，地方政府又会选择混合策略，而其混合策略的概率分布取决于中央的期望得益，即取决于 A 与（$-B$）。只要 A 与（$-B$）不变，加重对地方政府的处罚，虽然在短时期能抑制地方政府的矿产资源开发利益生产安全违规行为，但长期却只能使中央更少地关注地方政府的矿产资源开发利益生产安全违规行为，而其违规情况不会有所改善。

其次，中央与各级地方政府之间关于矿产资源开发利益的长期生产安全取决于地方政府的客观实际。这是由于：反过来，在地方政府对矿产资源开发利益生产安全的行为选择混合策略不变的情况下，如果中央的期望得益为负，其肯定会要选择严格生产安全管理。这时，地方政府就会选择减少对矿产资源开发利益生产安全的违规的概率（从 Pl^* 减少到 Pl^{**}），其

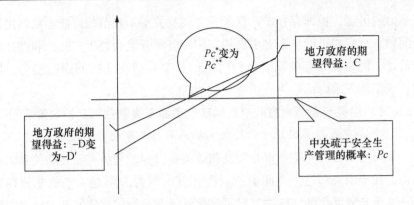

图 6-8 中央与各级地方政府之间关于矿产资源开发
利益生产安全博弈的混合策略（三）

至不违规。在该水平上，中央的基于生产安全与疏于生产安全管理的期望
得益可能又相等了，达到新的混合策略均衡。因此，中央的疏于生产安全
管理的概率取决于地方政府的期望得益，即 C 与 （－D），只要 C 与
（－D) 的值不变，中央在长期中关注矿产资源开发利益生产安全的程度就
不会变化。

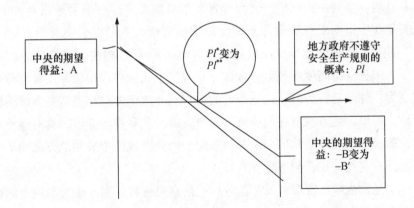

图 6-9 中央与各级地方政府之间关于矿产资源开发利益
生产安全博弈的混合策略（四）

综上所述，中央与各级地方政府之间关于矿产资源开发利益生产安全
的利益博弈存在失衡的内在机理，中央存在矿产资源开发利益生产安全管

理不力的可能，也即存在矿产资源开发利益关系不和谐的可能。要解决这个问题，只有尽可能加强对中央相应矿产资源开发利益生产安全职能部门的监督，提高中央有关职能部门的工作效率和解决实际问题的能力。同时，规范地方政府的行为。

（三）中央与各级地方政府之间矿产资源开发利益博弈的政策启示

1. 完善中央与各级地方政府之间矿产资源开发利益关系的目标

中央与地方之间矿产资源开发利益关系目标的完善在于互动关系的制度化，在于中央和地方之间矿产资源开发的权力和利益关系的法律性规范。鉴于非制度化的行政性分权不仅导致地方政府矿产资源开发权力获得和运用的不确定性，且会导致不规范的运作方式追求权力利益最大化，引发矿产资源开发的短期行为。同时，会导致矿产资源开发管理调控经常出现中央"踩刹车"，以求遏制地方政府自我利益化的矿产资源开发执行，而地方"踩油门"的情况。因而，要消除地方政府矿产资源开发的消极行为，就必须规范中央和地方之间的权力和利益关系，实行其间矿产资源开发利益制度化的法律性分权。

首先，中央与地方政府之间矿产资源开发利益分权的规范化。随着地方政府在分权化改革中对矿产资源开发控制权的掌控，具有相对独立的开发利益后，会与中央在矿产资源开发利益分割上产生一系列矛盾与冲突；尤其是在中央的矿产资源开发调控政策损害地方利益时，会导致其"对抗"冲动，尽可能地减少或避免自身（地方）利益损失。尽管地方政府仍须与中央保持高度的政治一致性，只有当中央的矿产资源开发政策行为转变为一种政治行为时，地方政府的内在利益抗衡才会被迫转变为政治性服从，所以，地方政府在与中央的矿产资源开发利益博弈中，具有经济利益抗衡和政治利益服从的双重分裂倾向。因此，规范中央和地方之间矿产资源开发利益分权，须考虑：

一是重视矿产资源开发利益分权的信息对称性。鉴于中央与地方的矿产资源开发利益分权中，如果权力分割中的"责、权、利"三者不统一，地方政府的行为就会产生扭曲或偏差。没有利的有责有权会导致地方政府丧失积极性和主动性；没有责的有权有利会导致其"大胆妄为"；没有权的有责有利会导致其"无所作为"。因此，随着地方政府从中央获得矿产资源开发权力更多、利益和获利机会更大，也应从中央承袭更多责任和义务，保证地方政府拥有矿产资源开发利益的信息对称性。

二是重视矿产资源开发利益分权化的内部构成。鉴于矿产资源开发利益权限分配的构成会对地方政府行为方式产生重大影响。在矿产资源开发利益博弈中，中央保持相当大的控制权，意味着地方政府独立行为方式的严重约束，导致其矿产资源开发行为选择的较大依赖性和依附性。反之，地方政府拥有较大的控制权，意味着对中央垄断矿产资源开发控制权限制的可能，导致其个性化行为方式明显，影响矿产资源开发利益的均衡发展。因此，随着地方政府对越来越多矿产资源开发控制权的掌握，特别是在矿产资源开发利益上的诉求越发明显，中央仍需具有极强的行政力量，拥有更多的政治行政控制权，对地方掌握的矿产资源开发利益控制权形成约束，通过行政处罚或撤职，对以牺牲中央矿产资源开发利益来追求地方政府自己目标的行为施加限制，保证地方矿产资源开发利益与中央保持一致。因此，必须通过分权化内部构成的变化，保持经济控制权与政治控制权的适度分离和均衡运用，保证中央对地方政府矿产资源开发行为方式的导向性影响。

三是重视矿产资源开发利益分权化中的预算约束程度。鉴于地方政府的预算约束程度会对其行为方式变化有直接影响，因此，地方政府的矿产资源开发利益预算约束软化，意味着从中央获得最终的矿产资源开发利益保障，以帮助其躲避矿产资源开发"外部性"治理等的财税灾难。并且，由于地方政府的矿产资源开发决策是出于自身利益最大化考虑的，如果矿产资源开发的成本开支可以让别人（中央）"埋单"，则自然会促使地方政府产生强烈的不负责任的矿产资源开发动机。因此，矿产资源开发利益权力的分散与硬预算约束相结合是关键所在，将促使地方政府矿产资源开发行为动机的合理化。

因此，中央和各级地方政府之间的矿产资源开发信息不对称，开发行为不规范问题的解决有赖于进一步正确划分中央与地方的事权，建立中央和地方间等级明确的和有法律或者制度保障的分权体系，加快矿产资源开发权力划分的行政法制化建设进程，从根本制度上减少和解决中央与地方间矿产资源开发利益的非合作博弈。

其次，中央与各级地方政府之间矿产资源开发利益分权的法律化。法制化分权意味着以法律来明确中央与各级地方政府之间的矿产资源开发职责权限，实现权限划分的法定化、制度化、程序化。鉴于合法利益关系行为法律条文的缺乏意味着中央与地方矿产资源开发利益权限的大小及利益分配，基本是带有动态不确定性的讨价还价谈判的结果，因此，要构建中央与各级地方政府之间矿产资源开发利益博弈秩序，必然要从行政分权制走向法律分权制。具体地说：

一是依法明确中央与地方矿产资源开发的职责权限。从法律制度上明确规定哪些权力必须由中央行使，哪些权力由地方自主行使，使中央合理集权和地方合理分权在矿产资源开发过程中相互依存，相互制约，动态平衡。其基本划分原则应是：凡是关于国家整体利益、全局利益的矿产资源开发利益权力应由中央处理；凡是关于地方局部利益和地方自主发展的矿产资源开发利益归地方处理，而提供矿产资源开发公共物品和服务之类事务的权限和范围在二者之间合理划分。

二是科学划分财权，完善分税制下的矿产资源开发税费分割。尽管分税制保证了中央集权，为地方分权打下了基础和制度空间，但分税制下的矿产资源开发税费制度缺陷，有待完善。鉴于中央集中控制税种的立法权、解释权和税目税率的调整权，导致其毁约、自行决定调整矿产资源开发利益分割的偏好，会逐步削弱地方政府的矿产资源开发基础。所以，矿产资源开发利益权限的划分必须体现中央的主导地位，体现矿产资源开发利益目标的全国性最大化，保障中央必须有足够的权威、信息和手段基础；促进地方政府矿产资源开发的积极性和灵活性，要让地方政府享有一定范围和一定程度的矿产资源开发税收权力，促进地方政府矿产资源开发行为优化，遏制地方保护主义。

三是建立一套科学规范的矿产资源开发利益转移支付制度。科学规范的矿产资源开发转移支付制度意味着，为地方政府提供额外的收入来源，弥补收支差额，增强其提供矿产资源开发外部效应的公共服务能力。同时，中央通过转移支付，对地方政府的矿产资源开发预算支出进行控制和调节，以实现中央的矿产资源开发宏观调控目标。

2. 明确中央与各级地方政府之间矿产资源开发利益关系的治理思路

明确中央与地方矿产资源开发利益关系治理思路的核心是将地方政府置于辖区矿产资源开发利益相关主体的监督和约束之下，克服中央与各级地方政府之间的矿产资源开发"激励扭曲"关系，克服中央与各级地方政府之间的矿产资源开发"代理扭曲"关系。

首先，克服中央与各级地方政府之间的矿产资源开发利益"激励扭曲"关系。鉴于中央与各级地方政府之间的矿产资源开发利益委托—代理关系中"激励扭曲"的主要根源在于，矿产资源开发中的地方政府面临着随行政层级逐步下移、渐次相对"软化"的产权制度环境，诱发地方政府机会主义行为，并导致矿产资源开发利益失衡和失序，因此，必须从明晰产权和"硬化"预算约束的角度，"硬化"地方政府所面临的制度环境；通过中央适度收权，在矿产资源开发利益分割上进一步扩大中央的全部矿产资源开发利益比重；在矿产资源开发宏观调控中，加强监管力度，在财税政策之外适当考虑使用必要的行政手段，来保持矿产资源开发的稳定运行。

其次，克服中央与地方政府之间矿产资源开发管理的"代理扭曲"关系。导致矿产资源开发代理扭曲的本质原因是信息不对称，克服信息不对称的有效路径是有效缩短信息传递链条，减少信息失真。因此，对矿产资源开发中地方政府代理人角色的行为监管，实行更为有效的同级委托和同级监督。应重塑各级地方人大的政治地位，保证人大成为矿产资源开发利益各相关主体或集团进行利益诉求的政治平台，在公共选择过程中满足交换性契约关系；强化矿产资源开发矿区（村镇）对地方人大监督与约束同级政府的效果核查，进一步完善事实上的委托—代理关系，放大矿区相关利益主体的声音，促进地方政府关注矿产资源开发利益协调发展和可持续发展。

与此同时，中央由矿产资源开发委托人变为裁判员和矿产资源开发秩序的维护者，主要负责处理矿产资源开发利益分配和安全稳定问题，把地方矿产资源开发管理的具体职能交给地方政府。对于地方政府矿产资源开发的外部效益（正效应或负效应）问题，由中央运用其所掌握的中央矿产资源开发利益按照"外部效应内部化"的原则依据法律和法规通过规范的转移支付方式解决。

二　各级地方政府之间矿产资源开发利益博弈的内在机理

（一）各级地方政府之间矿产资源开发利益博弈失衡的基本机理

1. 各级地方政府之间矿产资源开发利益博弈的"集体行动逻辑"

（1）集体行动的逻辑。根据奥尔森的研究[①]，尽管集团利益存在，由

---

① ［美］曼瑟尔·奥尔森：《集体行动的逻辑》，陈郁、郭宇峰、李崇新译，上海人民出版社1995年版。

于其具有的公共物品的特性，会引起个体"搭便车"行为的产生；有理性的、寻求自我利益的个人不会采取行动以实现共同利益或集体利益。公共物品的非排他性使得集团成员认为，即使不承担任何成本也照样可以享用；而且，当集团成员越多时，个体就会产生"有我没我影响不大"的消极心理，从而对公共物品供给和管理采取漠不关心的态度。除非集团中人数很少，或者除非存在强制或其他特殊手段以使个人按照共同利益行事。实际上，在各级地方政府之间的矿产资源开发利益博弈过程中，鉴于矿产资源开发在资源利用的可持续、生态环保的邻域效应、安全生产的外部效应等方面具有的公共物品特性，奥尔森的"集体行动的逻辑"同样有其市场。不同地区之间有时会共享一种或几种矿产资源，当某一地区对共享的矿产资源开发实施生态环境等保护时，由于不能阻止其他地区享受该矿产资源开发保护等带来的效益，极易产生"搭便车"问题，从而使各级地方政府之间利益博弈的集体行动失效。

（2）基于集体行动逻辑的"智猪博弈"模型。尽管各级地方政府之间存在更大更多的以中央为代表的矿产资源开发集体（共同）利益，鉴于各级地方政府之间矿产资源开发利益博弈中的参与方实力不可能对等，如果某些方面存在悬殊差异的话，则常常会出现"智猪博弈"的局面，即"搭便车"结果，不能实现共同的集体利益目标。假设在执行某项矿产资源开发政策（如生态环保政策）中涉及 A、B 两个同级地方政府，如果政府 A 的政策执行实力和外部条件高于政府 B，其通过执行矿产资源开发管理政策所获得的利益预期也明显高于政府 B；那么，即使矿产资源开发政策的执行要求由政府 A、B 双方共同完成，执行过程也基本会演变成：政府 A 执行，政府 B 对政策执行"搭便车"，坐享其成。

表6-11　基于集体行动逻辑的矿产资源开发政策执行的"智猪博弈"模型

各级地方政府之间的"智猪博弈"		地方政府 B	
		执行	等待
地方政府 A	执行	(4＝7－3, 0＝3－3)	(3＝6－3, 4＝4－0)
	等待	(9＝9－0, －2＝1－3)	(0, 0)

如表6-11所示：假设执行矿产资源开发政策会带来10个单位的利益，但该执行政策所耗费的成本为3个单位。其间的博弈局势如下：

一是如果地方政府 A、B 共同执行该矿产资源开发政策,则实力和条件较强的政府 A 获得 7 个单位收益,减去其付出的 3 个单位成本,最终收益为 4 个单位;而政府 B 获得 3 个单位收益,减去付出的 3 个单位成本,最终收益为 0 个单位。

二是如果单由地方政府 A 执行该矿产资源开发政策,政府 B 单纯坐享其成等待,则 A 获得 6 个单位收益,减去其付出的 3 个单位成本,最终收益为 3 个单位;而 B "搭便车" 获得 4 个单位收益,因为没有付出成本,最终收益也为 4 个单位。

三是如果单由地方政府 B 执行该矿产资源开发政策,A 单纯坐享其成等待,则 A 获得 9 个单位,因为没有成本付出,其最终收益为 9 个单位;而 B 获得 1 个单位收益,减去付出的 3 个单位成本,最终收益为 -2 个单位。

四是如果双方都不执行该坐享其成的政策,所得收益都为 0。

(3) 基于集体行动逻辑的各级地方政府之间矿产资源开发利益博弈的优势管理策略分析。比较可知:"等待" 是地方政府 B 的优势策略,"执行" 是地方政府 B 的劣势策略。把地方政府 B 的劣势策略 "执行" 消去后,"等待" 变成了地方政府 A 的劣势策略;将地方政府 A 的劣势策略 "等待" 删去后,可以得到该项博弈的结局:实力弱的地方政府 B 坐享其成地 "等待",地方政府 A 会基于成本收益分析后 "执行" 矿产资源开发政策。另外,假设当政府 A 的矿产资源开发政策执行实力和可获得的预期收益并不显著时,也可能出现政府 A、B 双方均 "等待" 的博弈结果。

2. 各级地方政府之间矿产资源开发利益博弈的 "公用地悲剧" 机理

(1) 矿产资源开发中的 "公用地悲剧"。加雷特·哈丁的 "公用地悲剧"[1],悲观地认为理性地追求个体利益最大化的行为选择会导致公共利益受损的恶果。群体中的个体成员若都要利用一项没有排他性所有权的共有资源,各个成员单独行动,会导致该公共资源的过度使用。在地方分权体制下,中央用以 GDP 增长为核心的相对绩效标准来考核地方官员,会导致地方政府为追求更多的对 GDP 增长形成贡献的矿产资源开发利益、比 "同行" 更好的矿产资源开发政绩,往往会采取 "与邻为壑" 甚至是

---

① 刘雪莲:《论全球性问题治理中西方发达国家的责任》,《政治学研究》2008 年第 1 期。

"挖墙脚"的策略①；鉴于矿产资源开发的生态环保、可持续性发展、安全生产以及禀赋高效利用等问题的公共物品特征，使各级地方政府之间的矿产资源开发利益博弈过程，符合学界关于"公用地悲剧"的描述，可以解释地方政府之间，为实现矿产资源开发利益最大化追求而采取合作的集体行动的困难所在。

（2）各级地方政府之间矿产资源开发利益博弈的"公用地悲剧"。在各级地方政府之间矿产资源开发利益中采取合作的集体行动可分为三类情形：

表 6 - 12   各级地方政府之间矿产资源开发利益博弈中的"公用地悲剧"模型

各级地方政府之间的"公用地悲剧"博弈		地方政府 B	
		合作	不合作
地方政府 A	合作	(10, 10)	(- 10, 6)
	不合作	(6, - 10)	(- 10, - 10)

一是在地方政府 A 和政府 B 在矿产资源开发过程中，如果双方均能从全局出发，选择合作开发的话，则各自可以增加 10 个单位的收益。

二是如果某一地方政府选择严格执行矿产资源开发政策，并力图与其他地方政府合作，而另一地方政府选择逆矿产资源开发政策导向而行，不与其他地方政府合作，则合作的一方往往可能损失 10 个单位的收益，而不合作的一方却会增加 6 个单位的收益，但由此造成的外部负效应则由两者共同承担。

三是当二者均违背矿产资源开发政策，且彼此选择不合作时，从短期来看，双方可能都有部分收益；但就长远利益而言，却很可能导致矿产资源开发政策的整体落空，从而侵害矿产资源开发的公共利益，导致地方政府的合法性受到质疑，即地方政府各自损失 10 个单位的收益；双方博弈的结果往往是"零和博弈"，甚至是"负和博弈"。

在中国现行的绩效考核体制下，地方政府往往更倾向于追求短期政绩

---

① 傅勇：《"国六条"应首先调控地方政府》，《中国经营报》2006 年 5 月，http：//villamsg. focus. cn/news/2006 - 05 - 29/209350. html。

以保有或提高行政官员的地位上升空间[①]，由此会造成二者均有违背矿产资源开发政策的内在动机，且选择彼此不合作的行为偏好，造成"公用地悲剧"的结局。

3. 各级地方政府之间矿产资源开发利益博弈的生态环保悖论

（1）各级地方政府之间矿产资源开发利益博弈的生态环保容量争夺和利益冲突。鉴于现有的矿产资源开发制度和生态环境保护机制会导致中央是生态环境污染问题的最终负责，而地方政府仅是生态环保政策的具体执行者；在地方政府更加关注地区矿产资源开发利益、就业目标，以及区域间矿产资源开发利益的相对政绩等各级地方政府之间的矿产资源开发利益博弈"胜出"压力的背景下，当矿产资源开发整体可资利用的生态环境承载力有限的情况下，各级地方政府之间争夺矿产资源开发生态环保容量的利益博弈将是"零和博弈"，地方政府存在放任和鼓励辖区矿产企业进行排污和容量指标争夺的偏好，会导致各级地方政府之间矿产资源开发利益博弈的失衡。

首先，各级地方政府之间矿产资源开发利益博弈中的生态环保容量是"零和"利益关系。假设矿产资源开发生态环保系统由两个规模和实力相当的地方政府 A 和 B 组成。设 $\overline{W}$ 为矿产资源开发系统所能承载的最优排污极限量，$\overline{W_i}$ 代表地方政府 A 和 B 在矿产资源开发中的极限最优排污量，则各级地方政府之间的矿产资源开发排污关系为：

$$\gamma_i = \frac{\overline{W_i}}{\overline{W}}，\text{其中，} i = 1，2；\text{由于} \overline{W} \text{一定，而} \sum W_i = \overline{W}，\text{所以，有} \gamma_1 + \gamma_2 = 1。$$

其次，各级地方政府之间矿产资源开发利益博弈中的生态环保容量存在超限的偏好和可能。鉴于矿产资源开发具有生态环境污染等外部负效应，在地方政府为获得更多、更快的矿产资源开发利益驱动下，每个地区都有增加污染排放的动机，会就矿产资源开发污染的排放容量展开利益博弈；也即在矿产资源开发系统最优的污染物排放容量一定的条件下，地方政府追求辖区矿产资源开发"政绩"的利益动机和行为驱动，各地区期望的污染排放量大于整个矿产资源开发系统的最优排放量。

---

① 刘卓珺：《中国式财政分权与经济社会的非均衡发展》，《中央财经大学学报》2010 年第 1 期。

令 Ui 表示地区的矿产资源开发利益规模；$\overline{W}^*$ 表示地区矿产资源开发利益最大化时的排污量，则各级地方政府之间意愿的矿产资源开发排污关系为：$\theta_i = \dfrac{\overline{W_i^*}}{\overline{W}}$，式中，$i = 1,\ 2$；

由于 $\overline{W_i^*} > \overline{W_i}$，则有 $\theta_1 + \theta_2 > 1$。

这是因为，基于矿产资源开发利益的驱动，为了获得意愿中的排污量，地方政府将放松对辖区矿产企业的生态环境监管和治理，放任高污染高排放的矿产企业发展，鼓励甚至帮助辖区矿产企业争夺更多的矿产资源开发生态环境容量。

最后，各级地方政府之间矿产资源开发利益博弈中的生态环保目标存在内在冲突。如果地方政府严格执行矿产资源开发生态环保政策，$\overline{W_1} + \overline{W_2} = \overline{W}$，则会实现矿产资源开发利益整体的最大化。但由于意愿的排放份额（θ_i）大于最优的排放份额（γ_i）。

$\theta_i > \gamma_i$，即 $\overline{W_1} < \overline{W_1^*}$，和 $\overline{W_2} < \overline{W_2^*}$

故，$\overline{W_1} + \overline{W_2} < \overline{W_1^*} + \overline{W_2^*}$，以及排放的利益 q 期望追求存在差距：$U(\overline{W_1}) < U(\overline{W_1^*})$、$U(\overline{W_2}) < U(\overline{W_2^*})$。因此，地方政府与整个矿产资源开发可持续发展间、各级地方政府之间的矿产资源开发利益目标之间，都存在生态环保利益目标内在冲突。

（2）各级地方政府之间矿产资源开发利益博弈中的开发利益损失与生态环保关系。在各级地方政府之间矿产资源开发利益的生态环保目标相互冲突的利益博弈中，鉴于矿产资源开发系统所能承载的极限排污量 $\overline{W}$ 一定，由于污染量的增加会导致福利损失，也即二者之间呈现负向相关关系，为简化，假设每个地方政府的矿产资源开发利益损失函数①如下：

$$G_1 = \alpha(W_1 + W_2 - \overline{W})^2 + \beta_1(W_1 - \overline{W_1})^2$$
$$= \alpha(W_1 + W_2 - \overline{W})^2 + \beta_1(W_1 - \gamma_1\overline{W})^2$$
$$G_2 = \alpha(W_1 W_2 - \overline{W})^2 + \beta_2(W_2 - \overline{W_2})$$
$$= \alpha(W_1 + W_2 - \overline{W})^2 + \beta_2(W_2 - \gamma_2\overline{W})^2，其中，$$

α 为常数，表示由于矿产资源开发导致的生态环境恶化、生态破坏、开发效率低下、生态安全声誉下降、可持续发展受损等，给地区 i（$i = 1$，

① 刘凌波、丁慧平：《乡镇工业环境保护中的地方政府行为分析》，《管理世界》2007 年第11 期。

2）带来的福利损失参数。

$\beta_i(i=1,2)$为常数，表示地方政府i相对于生态环境污染而赋予矿产资源开发利益的权重；β_i越大，表示地方政府赋予矿产资源开发利益损失的权重越大，相应赋予生态环境保护的权重越小。当地方政府极端重视矿产资源开发的利益损失时，则$\beta_i \to \infty$。这反映了地方政府为保护辖区的矿产资源开发利益，可能放松对本地矿产企业的环保监督和治理，使其福利损失最小化。

（3）各级地方政府之间矿产资源开发利益博弈中的生态环保容量争夺及均衡变动。假设各级地方政府之间的矿产资源开发利益博弈遵守古诺模型[①]，即地方政府在选择自己的矿产资源开发环保行为时，假设对方的行为不变，解析每个地方政府矿产资源开发利益损失函数的最优化问题。

令$\partial G_i / \partial W_i = 0$，可得，地方政府 A 和地方政府 B 的矿产资源开发环保行为的反应函数为：

$$W_1 = \left[-\alpha W_2 + (\beta_1 \gamma_1 + \alpha) \overline{W} \right] / (\beta_1 + \alpha)$$
$$W_2 = \left[-\alpha W_1 + (\beta_2 \gamma_2 + \alpha) \overline{W} \right] / (\beta_2 + \alpha)$$

W_1 与 W_2 之间的行为关系可用图表示如下：

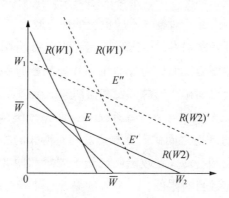

图 6 - 10　各级地方政府之间矿产资源开发利益博弈中的
生态环保容量争夺及均衡关系

在图 6 - 10 中，纵轴表示地区 A 排污量，横轴表示地区 B 的排污量，$R(W1)$和$R(W2)$分别代表二者间的函数关系。$\overline{W}\,\overline{W}$ 曲线代表矿产资源开发系统最优排污总量约束。当均衡点位于 $\overline{W}\,\overline{W}$ 右上方时，表示矿产资源开发系统的总排污量超过最优限制量，且越远离原点，污染越严重；当均衡点位于 $\overline{W}\,\overline{W}$ 左下方，表示矿产资源开发系统总排污量小于社会最优限制量，且越靠近原点，污染越少。

由式可见，地方政府的矿产资源开发排污量反应函数的斜率和截距取决于变量 β_i。以地方政府 A 为例，若 β_2 不变，β_1 增加，则均衡点由 E 移到 E'，更加远离 $\overline{W}\,\overline{W}$；如果 $\beta_i(i=1,2)$ 同时增加，均衡点将进一步移到 E''。

（4）各级地方政府之间矿产资源开发利益博弈的生态环保悖论形成。各级地方政府之间利益博弈中的生态环保均衡点变动，意味着地方政府对矿产资源开发利益及其对经济增长指标贡献的过度关注，将导致辖区矿产企业污染物排放增加和环境恶化。在目前的经济发展阶段和特定的矿产资源开发管理体制下，各地方政府都认为自己单方面放松对矿产企业的环境监管将使自己以较小的生态环境污染为代价，获得快速增长的矿产资源开发利益及其对经济增长贡献的"政绩"。由于博弈双方都强调矿产资源开发利益而忽视了生态环境保护，最终的结果是，整个矿产资源开发环境的恶化和生态破坏。因此，对辖区本应负责的地方政府，不仅难以起到监管和治理矿产资源开发所引发的生态环境问题的作用，各级地方政府之间的矿产资源开发利益博弈反而成为导致生态环境问题日益严重的重要原因，形成各级地方政府之间矿产资源开发利益博弈的生态环保悖论。

4. 各级地方政府之间矿产资源开发利益博弈的合作动力不足

（1）各级地方政府之间矿产资源开发利益博弈的相对政治绩效函数。鉴于矿产资源开发利益博弈在政治领域属于"零和博弈"，因为可以获得提升的官员常常是数目有限的，一个人的提升意味着另一个人提升机会的丧失或升迁概率的直接降低，也即一人所得构成另一人所失[1]；同时，中央（上级）政府以矿产资源开发绩效评估的激励手段决定下级地方政府官员的职务晋升，且基于 GDP 相对绩效的晋升机制在实证研究中被证明确实被中国政府使用着[2]。这种基于相对绩效的政治晋升机制在矿产资源

---

[1]　安康、刘祖云：《政治领域的道德风险辨析——"委托代理理论"的视角》，《中共南京市委党校南京市行政学院学报》2006 年第 6 期。

[2]　吴建南、马亮：《政府绩效与官员晋升研究综述》，《公共行政评论》2009 年第 2 期。

开发利益博弈过程中日益显现出弊端，导致各级地方政府之间矿产资源开发利益博弈的合作动力明显不足。

根据 Lazear 和 Rosen 的政治锦标赛模型和周黎安的研究（political tournaments model）[①]，各级地方政府之间矿产资源开发利益博弈中的相对绩效政治晋升函数可构建如下：

假定地方政府 i 的矿产资源开发利益绩效由 G_i 表示：

$G_i = N_i + rN_j + u_i$，式中，i，$j = A$，B，且 $i \neq j$；

N_i 表示地方官员 i 的努力程度；

N_j 表示地方官员 j 的努力程度；

r 表示系数，代表官员的努力对地区矿产资源开发利益绩效产生的"溢出效应"；令 $|r| < 1$，这意味着，不论是正效应或是负效应，任一官员的矿产资源开发管理行为对自身绩效的影响要超过对别人绩效的影响；

u_i 表示一个随机扰动项；假设 u_i 与 u_j 相互独立，且（$u_i - u_j$）服从期望值为 0 的独立对称同分布 F。

该式表示，地方政府官员的矿产资源开发绩效不仅取决于自身的努力付出，还取决于博弈对手的努力付出对自己的影响，以及其他非能知晓的原因。

（2）地方政府官员在区域间矿产资源开发利益博弈中的相对政治绩效"胜出"激励规则。假设地方政府官员间的矿产资源开发利益博弈的规则为：如果 $G_i > G_j$，那么官员 i 得到提拔，并获得 V 的效用，未被提拔的地方官员 j 获得的效用为 $v(V > v)$。

令地方官员 i 为获得提拔，在矿产资源开发中付出 N_i 努力的成本大小为 $C(N_i)$，则地方官员 i 在矿产资源开发中获得的净效用为：

$U_i(N_i, N_j) = F[(1-r)(N_i - N_j)] \times V + (1 - F[(1-r)(N_i - N_j)]) \times v - C(N_i)$

式中，$U_i(N_i, N_j)$ 表示地方官员 i 在矿产资源开发中获得的净效用；$F[(1-r)(N_i - N_j)]$ 表示地方官员 i 获得提拔的概率[②]；$1 - F[(1-r)(N_i - N_j)]$ 表示地方官员 i 没能获得提拔的概率。这是由于，地方官员 i 为在矿产资源开发中获得政治"胜出"，得到提拔，其可能性概率的分布

[①] 周黎安：《晋升博弈中政府官员的激励与合作——兼论我国地方保护主义和重复建设问题长期存在的原因》，《经济研究》2004 年第 6 期。

[②] 同上。

函数大小为：

$$Pr(G_i > G_j) = Pr[(G_i = N_i + rN_j + u_i) - (G_j = N_j + rN_i + u_j) > 0]$$
$$= Pr[(u_j - u_i) < (1-r)(N_i - N_j)]$$
$$= F[(1-r)(N_i - N_j)]$$

所以，由官员 i 净效用最大化的最优条件：$\dfrac{\partial Ui\ (Ni,\ Nj)}{\partial Ni} = 0$，

得：$(1-r)f[(1-r)(N_i - N_j)](V-v) = C'(\alpha_i)$，

其中，$f[(1-r)(N_i - N_j)]$ 表示 $F[(1-r)(N_i - N_j)]$ 的概率分布密度函数。

又，假设该概率分布具有对称特点，因而在对称的纳什均衡下，有：
$(1-r)f(0)(V-v) = C'(N_i)$；

由该式可知：r 越大，意味着 $C'(N_i)$ 越小；而为使 $C'(N_i)$ 越小，$C(N_i)$ 必须越大。也即博弈对手官员 j 的努力对本辖区矿产资源开发绩效产生的溢出效应越大，意味着本辖区官员 i 靠自身努力提高自身效用的成本付出越大，其努力的激励作用越小。

（3）整个矿产资源开发系统在各级地方政府之间利益博弈中的相对政治绩效"胜出"激励规则。鉴于整个矿产资源开发系统的净效用须考虑所有博弈方的成本付出，因而，整体的效用最大化为：

$$\max U = \max[(G_i + G_j) - C(N_i) - C(N_j)]$$
$$= \max[(G_i = N_i + rN_j) + (G_i = N_i + rN_j) - C(N_i) - C(N_j)]$$
$$= \max(1+r)(N_i + N_j) - C(N_i) - C(N_j)；$$

所以，由整个矿产资源开发系统的净效用最大化条件：$\dfrac{\partial U}{\partial N_i} = 0$，

得一阶条件：$(1+r) = C'(N_i)$

式中，r 越大，意味着 $C'(\alpha_i)$ 越大；为使 $C'(\alpha_i)$ 越大，$C(\alpha_i)$ 必须越小，也即官员 j 的努力对地区矿产资源开发业绩产生的溢出效应越大，官员 i 靠自身努力提高自身效用的成本付出越小，激励作用越大。

（4）基于各级地方政府之间矿产资源开发利益博弈相对政治绩效"胜出"激励规则的差异分析。通过比较矿产资源开发系统与单个地方政府官员在各级地方政府之间矿产资源开发利益博弈中相对政治绩效"胜出"的激励规则，可发现：

在整个矿产资源开发利益最优的情况下，r 越大意味着地方官员激励

应该越大；可是在政治博弈的情况下，r 越大意味着地方官员的激励越小。因此，矿产资源开发利益博弈中的政治目标促使参与人只关心自己与博弈对手的相对位次，在成本允许的情况下，参与人不仅做有利于自己的事情；而且用同样的激励去做不利于其博弈对手的事情；对于那些利己不利人的事情激励最充分。因而，政治博弈的存在使各级地方政府之间矿产资源开发利益博弈中的合作激励先天不足，导致矿产资源开发利益博弈失衡。

（二）各级地方政府之间矿产资源开发利益博弈的冲突与协调机理

1. 各级地方政府之间矿产资源开发利益博弈的内在冲突机理

（1）各级地方政府之间矿产资源开发利益博弈的基本假设。一是假定只存在各级地方政府之间的矿产资源开发博弈，中央与各级地方政府之间没有博弈，中央只为各级地方政府之间的利益博弈营造一个制度环境。二是地方政府行为取决于追求个人理性的地方政府官员行为选择，其行为规律符合公共选择学派的基本结论。三是先分析两个地方政府 A、B 间的博弈，后再扩展到多个。四是各级地方政府之间的矿产资源开发博弈是完全信息静态非合作博弈，且是一次性的，或再扩展到多次。五是地方政府的选择策略（合作，对抗），也即两个地方政府只能选择合作和对抗来展开矿产资源开发博弈。

（2）各级地方政府之间矿产资源开发利益博弈的模型构建。各级地方政府之间的矿产资源开发利益博弈共有四种行动组合，即（对抗，对抗）、（对抗，合作）、（合作，对抗）、（合作，合作）。令 $b > c > a > b/2$。这意味着，合作的收益大于对抗，而单独对抗的收益更高。

表 6 - 13　各级地方政府之间矿产资源开发利益博弈的冲突机理

两个地方政府之间的利益博弈冲突		地方政府 B	
		对抗	合作
地方政府 A	对抗	I (a, a)	II $(b, b/2)$
	合作	III $(b/2, b)$	IV (c, c)

（3）各级地方政府之间矿产资源开发利益博弈的模型静态"囚徒困境"解释。一是若地方政府 A、B 都选择对抗，则双方都只得到 a 单位的收益；二是若地方政府 A 选择对抗，B 选择合作，则地方政府 A 将得到 b

单位的收益，增加（$b-a$）单位的额外收益，而地方政府 B 将得到 $b/2$ 单位的收益，遭受（$a-b/2$）单位的损失；三是若地方政府 A 选择合作，地方政府 B 选择对抗，则地方政府 A 将得到 $b/2$ 单位的收益，遭受（$a-b/2$）单位的损失，地方政府 B 将得到 b 单位的收益，增加（$b-a$）单位的额外收益；四是若地方政府 A、B 都选择合作策略，则双方将各得 c 单位的收益，增加（$c-a$）单位的额外收益，共享地区矿产资源开发合作的成果。

因此，如果地方政府双方选择合作，此时矿产资源开发利益最优，类似于"囚徒困境"模型中的（抵赖，抵赖）。双方选择对抗，此时对于地方政府的个体利益是符合理性的，但整体矿产资源开发利益最差，类似于"囚徒困境"模型的（坦白，坦白）。

（4）各级地方政府之间矿产资源开发利益博弈的模型动态变动趋势。从动态角度来看，各级地方政府之间的矿产资源开发利益博弈均衡具有非稳定的特征和非理性的变动趋势。

一是合作策略的内在不稳定性。对策略Ⅳ而言，意味着若双方均选择合作策略，两地方政府将各得 c 单位的收益，这是中央所期望的选择，此时整体矿产资源开发利益最好。但在一方的矿产资源开发行为策略不变，或缺乏必要的制度保障情况下；另一方有选择对抗的内在利益动因。也就是说，若地方政府 B 选择合作，若地方政府 A 选择对抗，则其将获得 b 个单位的过多的收益；同理，若地方政府 A 选择合作，地方政府 B 也有选择对抗的内在动因。所以，从矿产资源开发利益诉求上来看，任何一个地方政府均有选择对抗的内在利益动因。所以策略Ⅳ具有内在不稳定性。

该策略对矿产资源开发的现实意义在于，中央期望地方政府能展开矿产资源开发合作，但各地方政府都有追求自身矿产资源开发利益最大化的偏好，诸如希望本辖区能占有更大的矿产资源开发利益份额、避免本地矿产企业遇上强劲的外地竞争对手、紧缺的矿产资源能够留在本地被利用、赚钱的"热门"矿产企业在本地设立，更多的矿产资源税收上缴等。在逻辑上，这种冲动和行为选择是符合理性的，因此，各级地方政府之间的矿产资源开发利益合作难以朝着中央的意愿发展。

二是行为选择的投机性和变动性。对策略Ⅱ而言，若地方政府 A 选择对抗，地方政府 B 选择合作，此时，地方政府 A 会得到 b 单位的超额收益，而地方政府 B 的矿产资源开发利益恶化，只得到 b/2 单位收益。此时，也不是纳什均衡，地方政府 B 有改变行为选择的内在动因。同样，对策略Ⅲ而言，也不是纳什均衡，有改变行为选择的内在动因。此类策略对矿产资源开发的现实意义在于，中央三令五申要求各地执行矿产资源开发政策，其中有些地方确实照此执行，但部分地方政府却有令不行，悄悄地搞地方保护主义；在中央缺乏有效的监管和惩罚手段的情况下，这种投机性的行为破坏了合作的均衡，结果另一方也没有动力坚持选择合作的策略，导致各级地方政府之间的矿产资源开发利益博弈状态的易变性趋势。

三是地方政府选择对抗策略的整体非理性。对策略Ⅰ而言，意味着若假定地方政府 A 不改变其策略，则地方政府 B 也没有动力改变其行为选择，因为任何改变只会招致自己的损失。同理，若假定地方政府 B 不改变其策略，则地方政府 A 也没有动力改变自己的策略。所以，策略Ⅰ是一个稳定的纳什均衡策略。此策略对矿产资源开发的现实意义在于，说明了在缺乏有效的矿产资源开发制度设计的前提下，各级地方政府之间的矿产资源开发利益博弈常常陷入对抗的"囚徒困境"，宏观的矿产资源开发利益结果是最劣选择，会导致诸如矿产资源开发利用效率低下、安全生产问题严重、生态环境状况恶化、可持续发展受阻等矿产资源开发利益博弈的失衡。

（5）各级地方政府之间矿产资源开发利益博弈的参与方数目扩展分析。在参与利益博弈的地方政府数目增加条件下，鉴于两个博弈主体可以通过谈判解决信息不对称问题，随着博弈参与方数目的增加，谈判成本会呈几何式增加，串谋（或者合作）难度的进一步加大；另外，参加谈判的地方政府难以遏制"搭便车"行为，未参加谈判的地方政府可以坐享别人的谈判成果。因此，利益博弈参与方数目的扩展会导致多方合作的可能性降低。

（6）各级地方政府之间矿产资源开发利益博弈的参与方动态有限次重复博弈。鉴于有限次博弈条件下的博弈参与方能够预期到对手最终的"理性"投机行为选择，因而，在完全信息的情况下，地方政府的有限次重复博弈不改变矿产资源开发每个阶段的纳什均衡，即（对抗，对抗）。

2. 基于各级地方政府之间无限次重复博弈的矿产资源开发利益冲突的协调机理

（1）无限次重复博弈对各级地方政府之间矿产资源开发利益冲突的协调机理。假定各地方政府都从长远眼光来规划本地区的矿产资源开发战略，此时的博弈就不再是一次博弈或有限次博弈。因而，可以通过调整矿产资源开发利益的时间收益率 δ 的大小，来协调各级地方政府之间的矿产资源开发利益博弈冲突。

对于单个地方政府而言，尽管其最初的最佳选择为"对抗"，获得的矿产资源开发收益为 b；但在有限次的重复博弈中，对手也选择"对抗"时，其最佳选择为"对抗"，获得的矿产资源开发收益为 a。但是，长期而言，经过无限次重复博弈时，单个地方政府的最佳选择为"合作"，获得的矿产资源开发收益为 c。因此，从"囚徒困境"模型中可以看出，当 δ 足够大，经过有限次的重复博弈，总会实现矿产资源开发利益的帕累托均衡。

也即，$b + \delta a + \delta^2 a + \cdots \leqslant c + \delta c + \delta^2 c + \cdots$；从而，$\delta \geqslant (b-c)/(c-a)$

若将 δ 视为 a、b、c 的函数，则关于 δ 的临界值的变动规律，有如下结论：

一是当 $d\delta/da = (b-c)/(c-a) > 0$ 时，意味着对抗的收益越高，要实现矿产资源开发利益的帕累托均衡策略，对地方政府的耐心心理预期系数要求就越高，即各级地方政府之间矿产资源开发越难谋求合作。

二是当 $d\delta/db = (b-a)/(c-a) > 0$ 时，意味着如果单个地方政府采取对抗的收益越大，实现矿产资源开发利益的帕累托均衡策略，也会对地方政府的耐心心理预期系数要求越高，即各级地方政府之间矿产资源开发越难谋求合作。

三是当 $d\delta/dc = -1/(c-a) < 0$ 时，意味着合作的收益越大，要实现矿产资源开发利益的帕累托均衡策略，对地方政府的耐心心理预期系数要求越低，即各级地方政府之间矿产资源开发越容易谋求合作。

四是如果单个地方政府采取对抗与双方采取合作的矿产资源开发收益差距越大，即（$b-c$）越大。或者说，地方政府意识到双方采取合作的收益仍远低于一次违规的收益，则地方政府的耐心心理预期系数就越高。或者说，在有限次的博弈期内，双方违规的冲动就越强。

五是如果地方政府认为现期的矿产资源开发利益对本辖区以后的发展

和政治利益诉求并不重要，这意味着其没有动力做长期的矿产资源开发规划，因为等长期规划发生效益的时候，自己可能不在位了。因而，只会图谋地方官员任职期内的眼前利益，此时 δ 很小，这也意味着只会增强矿产资源开发短期行为思想偏好。所以，提高 δ 值是增加地区矿产资源开发合作的关键因素之一。

（2）基于无限次重复博弈对利益冲突协调机理的各级地方政府之间矿产资源开发利益博弈的管理思路选择。鉴于 δ 是一个贴现系数，其含义是以后的矿产资源开发收益折合成当今行为选择收益的比例，因此，增加 δ 值是增加长期平均收益的关键。也即利用各级地方政府之间利益博弈模型本身的解决办法，通过理性的政府在经过若干次选择不合作的博弈策略后，最终可能会意识到其不合作的严重后果；在经过多次协商、多次"试错"后，采取投机行为的地方政府采取合作策略。从而，各级地方政府之间经过多次重复博弈后可能会回到策略组合（合作，合作）。具体的矿产资源开发管理行为有如下几种选择：

一是建立长期责任追究制，地方官员不管升迁到何位置，以前所做的矿产资源开发重大决策自己都要负责，出现问题，一查到底。

二是保持地方党政领导的相对稳定。克服地方党政一把手变动过快，导致执行长期矿产资源开发政策的耐心心理系数相对较低的问题。

但多次博弈所造成的矿产资源开发利益损失是巨大的，且许多由理性经济人组成的地方政府之间私自组成攻守同盟的可能性也很小，且该策略的有效运作在理论上必须以无限次重复博弈来作为保证，因为只要有一方认识到在最后一次博弈中可能采取投机行为，如果自己不改变策略就会受到对方投机的严厉惩罚；为减少不必要的损失，自己就会选择不合作，于是倒数第二次博弈的策略肯定是（对抗，对抗）的均不合作策略。以此类推，理性的参与者在第一次博弈中就会采取不合作的策略。

3. 基于各级地方政府之间约束性机制的矿产资源开发利益博弈冲突的协调机理

鉴于协议的约束性是合作博弈的关键，因而，如果两个地方政府之间签署一个对双方都有约束力的矿产资源开发协议，那么两地方政府就会实现矿产资源开发利益合作博弈。因此，在各级地方政府之间的矿产资源开发利益博弈中，应提升合作约束规则的有效性，提升合作协议的可信度，通过约束性机制协调各级地方政府之间的矿产资源开发利益博弈冲突。

改变博弈结构所具有的内在奖惩机制。使博弈均衡由（对抗，对抗）策略组合转移到（合作，合作）策略组合，就得改变博弈结构所具有的内在奖惩机制，使地方政府选择不合作的收益下降，使采取合作策略的组合中的个体收益率均高于其他组合策略。具体做法如下：

一是可以对地方政府积极配合中央矿产资源开发政策的行为给予补贴和奖励。

二是对那些选择不合作的地方政府给予最严厉的惩处。中央要发挥其政治权威来控制和约束地方政府的地方保护主义行为，大力查处各种"官商勾结，官矿勾结"的腐败现象，一旦查出就要给予毫不留情的打击。因为尽管地方政府知道自己对其不合作行为是违法的，但出于本地区利益考虑，谁都不愿意失去分享矿产资源开发利益的机会。即使是理性的地方政府，在各种利益的诱惑下，也会使法律制度丧失其应有的约束效力，此时能够对地方产生有效约束力的便是中央（如国家安全生产监督管理部门）的政治威望。

三是改变评价政府政绩优良的指标体系。行为产生于动机，不同的博弈规则框架产生不同的行为。矿产资源开发的政绩考评机制不应单纯看辖区的开发速度和利益所得，还要把生态环保、矿区社会协调发展、安全生产，以及可持续发展等软指标纳入考评体系，依托党中央倡导的科学发展观和正确政绩观来指导地方矿产资源开发。

（三）各级地方政府之间矿产资源开发利益博弈的地方保护机理

1. 各级地方政府之间矿产资源开发的地方保护

矿产资源开发的地方保护主要指各地方政府为了本地的矿产资源开发利益，通过行政管制手段，限制外地矿产品或矿产资源开发所依托要素的本地市场进入，或限制本地矿产资源及其开发要素流向外地的行为。尽管地方保护是地方政府基于自身利益出发所采取的理性的矿产资源开发管理行为，但地方保护严重阻碍矿产资源开发的一体化进程，模糊区域间矿产资源开发利益的合作目标。

下面建立一个完全信息静态博弈模型，分析各级地方政府之间矿产资源开发的地方保护行为博弈。假定有地方政府 A 和地方政府 B，双方的战略空间为地方矿产资源开发市场的保护和开放。令 C_A、C_B 分别表示地方政府 A 与 B 在矿产资源开发利益博弈中的地方保护成本付出；R_A、R_B 分别表示地方政府 A 与地方政府 B 在矿产资源开发利益博弈中的地方保护收益大小。并根据地方政府矿产资源开发利益的差异与经济实力的强弱，将各级地方政府之间的矿产资源开发利益博弈分为两种类型：博弈参与双方的矿产资源开发水平相同、不同时各级地方政府之间的地方保护利益博弈。

2. 矿产资源开发水平相同时各级地方政府之间利益博弈的地方保护机理

由于地方政府 A 与 B 的矿产资源开发水平相当，故矿产资源开发市场的保护成本（包括实施保护的人力、资金、保护可能遭受的风险以及违反中央政策可能承担的责任等）和利益获得相同，即 $C_A = C_B = C$；$R_A = R_B = R_0$。故可以得到利益博弈模型。

表 6 – 14　　　　矿产资源开发水平相同时各级地方政府之间利益
博弈的地方保护收益矩阵

矿产资源开发水平相同		地方政府 B	
		保护	开放
地方政府 A	保护	Ⅰ $(R_0 - C, R_0 - C)$	Ⅱ $[(1+\delta)R_0 - C, (1-\delta)R_0]$
	开放	Ⅲ $[(1-\delta)R_0, (1+\delta)R_0 - C]$	Ⅳ (R_0, R_0)

其中，策略组合 Ⅰ 表示，当地方政府 A 与 B 双方都采取矿产资源开发的地方保护策略时，都只能从本地矿产资源开发市场获利 $R - C$。

策略组合 Ⅱ 和 Ⅲ 表示，当只有一方地方政府采取矿产资源开发保护策略时，采取保护性策略的地方政府可侵占对方 δ 的矿产资源开发市场份额；假定地方保护收益大于成本（即 $\delta R_0 > C$），此时，地方政府 A 与地方政府 B 双方的相应收益分别为：采取地方保护时是 $(1+\delta)R_0 - C$。采取市场开放时是 $(1-\delta)R_0$。

策略组合 Ⅳ 表示，当地方政府 A 与地方政府 B 双方都采取矿产资源开发策略时，收益均为 R_0。

鉴于地方保护的收益大于成本，即由式 $\delta R_0 > C$ 存在，可知：

$R_0 - C > (1-\delta)R_0$ 成立，且 $(1+\delta)R_0 - C > R_0$ 成立。

所以，采取矿产资源开发的地方保护策略是地方政府 A 和地方政府 B 的占优策略，即（保护，保护）是占优策略均衡。

因此有结论：在矿产资源开发利益博弈中，当两个地方政府的矿产资源开发水平相当时，双方都会采取保护本地市场的地方保护策略，开放市场的帕累托效率无法实现，矿产资源开发的地方保护偏好严重。

3. 矿产资源开发水平不相同时各级地方政府之间利益博弈的地方保护机理

假定地方政府 A 的矿产资源开发水平较高，市场运作机制相对完备，矿产资源开发利益更大而地方保护成本更小。因而，可以得到利益博弈模型。

策略组合 I 表示，当双方都采取矿产资源开发的地方保护策略时，地方政府 A 的收益更多，$R_A - C_A > R_B - C_B$。

策略组合 IV 表示，当双方均采取矿产资源开发的市场开放策略时，地方政府 A 可以侵占地方政府 B 的 δ 市场份额，此时，地方政府 A 和 B 的收益分别为 $R_A + \delta R_B$ 和 $(1 - \delta) R_B$。

鉴于矿产资源开发水平的悬殊，地方政府 B 无力侵占对方的市场份额，但假设地方政府 A 和 B 处于利益的理性考虑，均有动力和能力保护本地的矿产资源开发市场。因而，策略组合 II 表示，当地方政府 A 单方面保护其矿产资源开发市场时，地方政府 A、B 的得益分别为 $R_A + \delta R_B - C_A$ 和 $(1 - \delta) R_B$；策略组合 III 表示，当地方政府 B 单方面保护其矿产资源开发市场时，地方政府 A、B 的收益分别为 R_A、$R_B - C_B$。

表6 –15   矿产资源开发水平不同时各级地方政府之间利益
博弈的地方保护收益矩阵

矿产资源开发 水平不相同		地方政府 B	
		保护	开放
地方政府 A	保护	I $(R_A - C_A, \ R_B - C_B)$	II $[R_A + \delta R_B - C_A, \ (1 - \delta) R_B]$
	开放	III $(R_A, \ R_B - C_B)$	IV $[R_A + \delta R_B, \ (1 - \delta) R_B]$

由此可知，鉴于矿产资源开发水平悬殊，地方政府 A 可利用其开发实力侵占博弈对手的矿产资源开发市场份额，获得矿产资源开发利益，即有 $R_A > R_A - C_A$ 成立；$R_A + \delta R_B > R_A + \delta R_B - C_A$ 成立。因而，地方政府 A 更倾向于选择矿产资源开发市场的开放策略。

而地方政府 B，由于采取矿产资源开发市场的开放策略时市场份额被侵占，同时，采取行政手段进行矿产资源开发市场保护的成本较小，即一般有 $\delta R_B > C_B$ 存在，$R_B - C_B > (1 - \delta) R_B$ 成立。因而，地方政府 B 倾向于对矿产资源开发市场采取地方保护策略。

所以，该博弈的纳什均衡为（开放，保护）。因此有结论：在矿产资源开发利益博弈中，具有博弈优势的地方政府偏好矿产资源开发市场的开放策略，处于博弈劣势地位的地方政府偏好矿产资源开发市场的地方保护策略。区域间矿产资源开发水平的不均衡发展决定了地方市场面临被保护、不能统一和谐发展的种种困境。矿产资源开发水平的差异，以及矿产资源开发市场转移份额 δ 和保护成本 C 的大小决定了其市场开放与地方保护等策略的选择。

4. 各级地方政府之间矿产资源开发利益博弈的地方保护规则改变分析

鉴于当矿产资源开发水平一致时，地方政府从自身的矿产资源开发利益函数出发，采取地方保护策略总是最优的，因而矿产资源开发市场趋于分割；同时，当矿产资源开发水平不同时，水平低的一方倾向于采取地方保护策略来维护自身的矿产资源开发利益，且市场转移份额越大，采取地方保护策略的激励越强，因此，不论何种情况，地方保护是各级地方政府之间矿产资源开发利益博弈的必然结果，可以通过博弈规则的改变，矫正各级地方政府之间矿产资源开发利益博弈的地方保护行为选择，从而缓解矿产资源开发中的地方保护行为，促进整体利益最大化和和谐共赢。为简化起见，在此仅分析矿产资源开发水平相同的情形，通过加强上一级政府的矿产资源开发监督管理，更改各级地方政府之间的矿产资源开发利益博弈模型结构，缓解各级地方政府之间的地方保护行为。

假设上一级政府在观察到下级地方政府 A、B 的地方保护行为选择后，对采取地方保护策略的一方实施惩罚，对采取市场开发策略的一方实施奖励，惩罚系数和奖励系数均为 $m(0 < m < 1)$，则有：

表 6 – 16　　　　规则改变后矿产资源开发水平相同时各级地方
政府之间利益博弈的地方保护收益矩阵

各级地方政府之间矿产资源开发水平相同		地方政府 B	
		保护	开放
地方政府 A	保护	Ⅰ$[(1-m)R-C,\ (1-m)R-C]$	Ⅱ$[(1+\delta-m)R-C,\ (1-\delta+m)R]$
	开放	Ⅲ$[(1-\delta+m)R,\ (1+\delta-m)R-C]$	Ⅳ$[(1+m)R,\ (1+m)R]$

若惩罚系数和奖励系数 m 足够大，即 $m > \delta$，则采取矿产资源开发的市场开放策略是地方政府 A、B 的占优策略（开放，开放），是该博弈的占优策略均衡。因此有结论：加强对下级地方政府之间矿产资源开发的监督管理，由上一级政府对下级地方政府矿产资源开发利益博弈中的市场开放行为策略进行奖励，地方保护策略进行惩罚，可以避免各级地方政府之间矿产资源开发利益博弈的地方保护行为，维护矿产资源开发市场的开放统一趋势。

5. 各级地方政府之间矿产资源开发利益博弈的地方保护行为规范

鉴于在各级地方政府之间矿产资源开发利益博弈中，各级地方政府从地区利益最大化和官员自身利益最大化出发，往往倾向于采取地方保护策略，因此，探索促使各级地方政府从矿产资源开发的市场保护转向开放的制度安排意义重大，应从以下几个方面着手构建地方政府的激励约束机制，完善制度安排，使各项制度相互匹配形成合理的制度结构，更好地规范各级地方政府之间矿产资源开发利益博弈的地方保护行为。

（1）完善地区内的矿产资源开发管理权，由管理型政府向服务型政府转变。经过 30 多年的改革开放，矿产资源开发利益的相关市场主体已基本成熟，市场体系也基本确定，此时地方政府应完善地区内的矿产资源开发管理权，即创造一个"小社会，大市场"的矿产资源开发市场环境，划分政府与矿产资源开发市场的边界，市场能处理的事情由市场处理，地方政府由矿产资源开发的管理型向服务型转变。

（2）上移地区间的矿产资源开发管理协调权，并加强上一级政府的监督管理。鉴于上移地区之间的矿产资源开发管理协调权，相当于在各地方政府和上级政府之间建立一个合约，规定地方政府只管地区内部的矿产资源开发事务，地区间的矿产资源开发事项由上级政府管理协调，并对其中的地方保护实施惩罚，对矿产资源开发市场开放实施奖励。

（3）改进地方政府的矿产资源开发绩效评估机制。鉴于相对绩效晋升机制的作用，尽管早期会使地方政府促进地区矿产资源的开发，但在政治竞争"零和博弈"的情况下，各级地方政府之间矿产资源开发市场统一的内在可能性很小，在矿产资源开发利益发展到一定阶段，生态环保、综合利用效率、对矿区和谐发展的贡献等矿产资源开发质量指标的重要性不断提高，而相对绩效晋升机制的评价体系不变，即地方政府的效用函数仍为矿产资源开发的 GDP 贡献反应函数，这种目标与（激励）工具的不一致会导致政府的矿产资源开发职能缺位、错位。因此，应改进对地方政府以矿产资源开发的 GDP 贡献为基础的相对绩效晋升机制，使地方政府矿产资源开发效用函数的多元化，以降低前期相对绩效晋升机制导致的矿产资源开发负面影响。

（四）各级地方政府之间矿产资源开发利益博弈的过度开发机理

1. 基于矿产资源开发过度的各级地方政府之间的利益博弈

（1）矿产资源开发过度。随着分权化的发展，虽然地方政府初期的矿产资源开发政策存在从区域的矿产资源禀赋出发，发挥比较优势，激励相关利益主体进行具有比较优势的矿产资源开发，提高地区经济发展水平的可能；但政企分开的不完善，以及政府基于政绩的矿产资源开发利益诉求，导致地方政府替代企业的要素配置职能，使大量的要素被政府投入到能满足自身效用函数的矿产资源开发领域。而且随着竞争的加剧，对 GDP 持续高增长的追求必然导致地方政府的投资引导更加转向收益高、对区域禀赋现实条件过度依赖和容易利用的矿产资源开发领域，形成矿产资源开发的过度进入和低水平过度利用，提升各级地方政府之间矿产资源开发利益目标优先的一致性和区域产业格局同构性的可能。

（2）基于各级地方政府之间利益博弈的矿产资源过度开发模型构建。鉴于作为矿产资源领域 i 一般具有高利润、现实禀赋条件优势具备、所需技术条件门槛低、可以即时依赖利用等优势，因而常常可以获得高回报；同时，j 为非矿产资源开发领域，或许需要高的技术门槛，或存在人才"瓶颈"，因而存在收益回报的不确定性。假定地方政府 A、B 在矿产资源开发领域 i 和非矿产资源开发领域 j 上具有比较优势，并分别对矿产资源开发领域 i 和其他领域 j 进行投资引导。

鉴于两地方政府 A、B 同时投资于同一个领域，具有比较优势的一方得益总是超过另一方，因而，当双方均投资于 i 领域时，地方政府 A、B 双方得益分别为：（$\alpha_1 R_i$, R_i）；$\alpha_1 > 1$，R_i 为地方政府 A 具有比较优势的高回报领域 i 的收益率。

当同时投资于 j 领域时，两地方政府 A、B 双方得益为：（R_j, $\beta_1 R_j$）；$\beta_1 > 1$；R_j 为地方政府 B 具有比较优势的高回报领域 j 的利润率。

若两地方政府 A、B 分别投资于 j 和 i 领域时，双方获利为（R', $\beta_2 R'$），$\beta_2 > 1$，且存在：$\beta_2 R' > \beta_1 R_j$，即对于地方政府 B 来讲，没有其

他政府进入其具有比较优势的高回报的非矿产资源开发领域 j，其收益更高。

相反，当两地方政府 A、B 分别投资于 i 和 j 领域时，双方获利为 $(\alpha2R''，R'')$，其中，$\alpha2 > 1$，且存在：$\alpha2R'' > \alpha1Ri$，即对于地方政府 A 来讲，没有其他政府进入其具有比较优势的高回报的矿产资源开发领域 i，其收益更高。

因此，各级地方政府 A、B 在矿产资源开发领域 i 和非矿产资源开发领域 j 的投资博弈如表 6 - 17 所示。

表 6 - 17　　　　各级地方政府之间矿产资源开发利益博弈的
过度开发收益矩阵

各级地方政府之间		地方政府 B	
		矿产资源开发领域 i	非矿产资源开发领域 j
地方政府 A	矿产资源开发领域 i	$(\alpha1Ri，Ri)$	$(\alpha2R''，R'')$
	非矿产资源开发领域 j	$(R'，\beta2R')$	$(Rj，\beta1Rj)$

因此，如果矿产资源开发领域 i 与非矿产资源开发领域 j 的收益差异显著，超出该领域的比较优势所带来的回报，即对地方政府 A 来讲，存在 $\alpha1Ri > R'$，$\alpha2R'' > Rj$；对地方政府 B 来讲，存在 $Ri > R''$，地方政府 B 也会选择投资矿产资源开发领域 i，因而，两个各级地方政府之间 A 与 B 的投资竞争领域的纳什均衡就为（矿产资源开发领域 i，矿产资源开发领域 i）。

（3）结论。鉴于矿产资源开发领域的高回报，因而地方政府存在放弃其具有比较优势的领域，偏爱进入矿产资源开发领域的行为偏好，导致矿产资源领域的开发过度倾向。而且，长期而言，当过度进入矿产资源开发领域造成其高回报下降，甚至低于回报的非矿产资源开发领域时，由于存在市场退出障碍和重新进入的成本门槛，过度进入导致的产业结构同构化倾向于被维持和延续下来。

2. 各级地方政府之间利益博弈规则改变后矿产资源开发过度趋势的衰减

（1）各级地方政府之间矿产资源开发利益博弈规则的改变。为了维护矿产资源开发领域可持续性，以及产业体系的完整及合理性，假设中央

（上级）政府会对矿产资源开发领域的高回报抑制，降低该领域的收益水平；对关系经济的长远发展潜力、对发展的整体和谐具有重大影响、具有比较优势的低回报领域进行促进提升，从而通过抑制和促进策略的实施改变不同领域间的收益地位优势，促使在非矿产资源开发领域有比较优势的地方政府投资其优势领域。如通过征税和补贴策略的实施，以改变不同领域间的收益地位优势，从而改变地方政府的行为方式选择，导致矿产资源开发过度趋势的衰减。

（2）各级地方政府之间利益博弈规则改变后矿产资源开发过度趋势的衰减。假设征税可使矿产资源开发领域增加成本 T，补贴使非矿产资源开发领域增加收益 S；令地方政府 A、B 选择进入矿产资源开发领域的概率分别为 p、q，见表 6 - 18。

表 6 - 18 规则改变后各级地方政府之间矿产资源开发利益博弈的收益矩阵

各级地方政府之间		地方政府 B	
		矿产资源开发 i（q）	非矿产资源开发 j（$1-q$）
地方 政府 A	矿产资源开发 i（p）	（$\alpha 1 Ri - T$, $Ri - T$）	（R', $\beta 2 R' - T$）
	非矿产资源开发 j（$1-p$）	（$\alpha 2 R'' - T$, $R'' + S$）	（Rj, $\beta 1 Rj + S$）

地方政府 A 的收益最大化条件：$\pi A = p[q(\alpha 1 Ri - T) + (1 - q)(\alpha 2 R'' - T)] + (1 - p)[qR' + (1 - q)Rj]$

令 $\partial \pi 1 / \partial p = 0$，可得 $q* = (\alpha 2 R'' - Rj - T)/(\alpha 2 R'' - Rj + R' - \alpha 1 Ri)$

地方政府 B 的收益最大化条件：

$\pi B = q[p(Ri - T) + (1 - p)(\beta 2 R' - T)] + (1 - q)[p(R'' + S) + (1 - p)(\beta 1 Rj + S)]$

令，$\partial \pi 1 / \partial q = 0$，可得 $p* = (\beta 1 Rj - \beta 2 R' + T + S)/(Ri - R'' + \beta 1 Rj - \beta 2 R')$

则该博弈的混合策略纳什均衡为：(p^*, q^*)，可知矿产资源过度开发的概率为：$\theta = p^* q^*$。

假设地方政府 A 选择投资矿产资源开发领域 i 与非矿产资源开发领域 j 无所谓，也即投资 i 与 j 领域的收益相等，其临界值为：$\alpha 2 R'' - T = Rj$，也即，$T^* = \alpha 2 R'' - Rj$，则有 $\theta^*(T^*) = 0$，说明通过政府的征税措施，可以保证过度开发率为 0，解决矿产资源开发过度的顽症。

假设税收与补贴同时使用，对地方政府 B 而言，选择投资矿产资源

开发领域 i 与非矿产资源开发领域 j 无所谓，也即投资 i 与 j 领域的收益相等，其临界值满足：$\beta 2R' - T = \beta 1Rj + S$，可得 $T^* + S^* = \beta 2R' - \beta 1Rj$，则有 $\theta^*(T^*, S^*) = 0$，也即两地方政府在中央（上级）政府征税和补贴的措施的导向下，矿产资源开发过度的概率也可为零。

（3）结论。通过中央（上级）政府对博弈规则改变的政策措施，使地方政府矿产资源开发的行为选择发生改变，可以降低过度开发的概率。通过诸如对矿产资源开发领域的高回报征税，对非矿产资源开发领域的低回报和发展的不确定性进行补贴，可避免地方政府过度进入矿产资源开发领域，吸引对具有长期比较优势潜力的领域投资，甚至可使矿产资源的过度开发概率为零，优化区域整体产业结构。因此，中央（上级）政府通过监督管理下级地方政府的矿产资源开发行为选择和对地区间矿产资源开发利益联系的干预，构建有序的各级地方政府之间的矿产资源开发利益博弈关系，可以有效抑制矿产资源开发过度，维护区域矿产资源开发市场的一体化。

所以，要加强对矿产资源开发的规划管理，编制并严格执行矿产资源勘探、开发利用和矿山地质环境保护规划，优化矿业生产力布局规划，依据探明的资源量及开发潜力，科学布局矿业生产力，加强区际矿业开发规划的衔接，防止由于产业链布局和发展不合理所带来的区域封锁、资源浪费、哄抢资源、恶性竞争等现象，防止和杜绝过度开发。

（五）各级地方政府之间矿产资源开发利益博弈困境的摆脱机理

1. 各级地方政府之间矿产资源开发利益博弈的困境

鉴于矿产资源禀赋及其开发的近邻效应，各级地方政府之间的矿产资源开发利益是密切联系的；在地方政府追求自身矿产资源开发利益最大化的背景下，尽管从中央（上级）政府的角度来看，各级地方政府之间的矿产资源开发利益合理分割合作符合国家整体利益，但如果内嵌了地方政府的矿产资源开发利益目标诉求及其博弈，就会出现矿产资源开发利益分割的"囚徒困境"问题。

（1）各级地方政府之间矿产资源开发利益博弈困境的模型构建。由于地方政府的矿产资源开发政策一般具有信息公开性，一些新政策如果有实际效果，很快就会被其他地方政府所效法。因此，可近似假定地方政府彼此间的矿产资源开发政策具有完全信息特征。同时，为分析方便，假定A、B两地方政府具有同质性，并假设其间矿产资源开发利益分割的战略行为选择为两种类型：合作、不合作。这里的"合作"意味着地方政府进行区域间的矿产资源开发利益分割合作与分工，不进行"恶性竞争"。"不合作"意味着地方政府只顾自己的矿产资源开发利益获得，进行矿产资源开发的"恶性竞争"、地方保护主义，导致过度开发等。因此，A、B两地方政府的战略组合如表 6 – 19 所示。其中，$\bar{h}$ 表示地方政府 A、B 都采取矿产资源开发利益分割合作行为时的各自所得；$\underline{h}$ 表示一方地方政府采取不合作的矿产资源开发利益分割行动，另一方地方政府采取合作时的所得；$\bar{b}$ 表示一方地方政府采取矿产资源开发利益分割合作行动，另一方采取不合作时的所得；$\underline{b}$ 表示地方政府 A、B 都采取矿产资源开发利益分割不合作行动时的各自所得。显然存在：$\bar{b} > \bar{h}$。

表 6 – 19　　　　各级地方政府之间矿产资源开发利益博弈的困境

各级地方政府之间的矿产资源开发利益分割		地方政府 B	
		合作与分工	不合作与分工
地方政府 A	合作与分工	$(\bar{h},\ \bar{h})$	$(\underline{h},\ \bar{b})$
	不合作与分工	$(\bar{b},\ \underline{h})$	$(\underline{b},\ \underline{b})$

则，如果条件 $\bar{b} > \bar{h}$、$\underline{b} > \underline{h}$ 同时得到满足，那么各级地方政府之间矿产资源开发利益博弈的均衡状态就是标准的"囚徒困境"博弈，其纳什均衡就是 $(\underline{b},\ \underline{b})$，即地方政府 A、B 都采取矿产资源开发利益分割的不合作行动。

（2）各级地方政府之间矿产资源开发利益博弈的困境。各地方政府在矿产资源开发利益博弈中选择不合作行为更有利，导致困境局面的产生。一是因为如果地方政府 A 的矿产资源开发利益获得好于地方政府 B，不仅意味着其可获得相对更多的财税利益，也意味着上级政府对地方政府 A 的评价会更高；还意味着主政地方政府 A 的矿产资源开发管理官员升迁的概率会更大，因此，地方政府均有强大的激励来实施能够超越竞争对手的矿产资源开发政策。二是鉴于与对方合作虽然也能使自身的矿产资源开发利益或政治绩效得到提高，但同时也提升了对方的，此时，需要权衡矿产资源开发合作策略的采取对双方的综合影响程度；如果对自己更有利，自然存在选择合作的利益偏好；但对方出于同样的考虑，会选择不合作。三是鉴于在矿产资源开发中，实施诸如地方保护主义、基于个体利益的过度开发形成等不合作政策，能够使自己的综合收益超越对手，因而地方政府有实施激励。四是对于各级地方政府之间的矿产资源开发利益分割合作和分工，需要双方同意共同参与才可能实施，而选择不合作则并不需要对方同意，因而不合作的矿产资源开发政策比合作政策更容易实施。

所以，在各级地方政府之间的矿产资源开发利益博弈中，条件 $\bar{b} > \bar{h}$、$\underline{b} > \underline{h}$ 往往能够得到满足，这导致了该条件下各级地方政府之间矿产资源开发利益博弈往往陷入"囚徒困境"，双方都采取不合作行动；并形成地方政府在矿产资源开发中采取地方保护主义、区域分割、过度开发严重的重要原因。

2. 各级地方政府之间矿产资源开发利益博弈困境的摆脱

（1）各级地方政府之间矿产资源开发利益博弈困境的摆脱分析。如果在各级地方政府之间的矿产资源开发利益博弈中加入中央或监督机构作为第三方，希望地方政府之间有合理的矿产资源开发利益分工合作，不希望实施地方保护主义，进行矿产资源开发的过度开发竞争等，可能改变博弈的纳什均衡。假定中央（上级）政府作为各级地方政府之间矿产资源开发利益博弈的调控者和监督者，知道其间博弈存在不合作的整体困境，对其间的不合作行为进行查处和惩罚。假定对各级地方政府之间的矿产资源开发利益分割的不合作行为进行查处的概率是 p，对其不合作行为实施的惩罚是 F，那么 pF 就表示被查处的地方政府预期遭受的惩罚损失。因而，各级地方政府之间矿产资源开发利益博弈的困境存在如表 6 – 20 所示博弈。

表 6 – 20　　各级地方政府之间矿产资源开发利益博弈困境的摆脱

各级地方政府之间的矿产资源开发利益分割		地方政府 B	
		合作与分工	不合作与分工
地方政府 A	合作与分工	$\bar{h}$, $\bar{h}$	$\underline{h}$, $\bar{b} - PF$
	不合作与分工	$\bar{b} - pF$, $\underline{h}$	$\underline{b} - pF$, $\underline{b} - pF$

如果条件 $\underline{h} > \underline{b} - pF$、$\bar{h} > \bar{b} - pF$ 同时满足的话，那么，基于中央（上级）政府做调控者的各级地方政府之间矿产资源开发利益博弈的纳什均衡将是 $(\bar{c}, \bar{c})$，即各地方政府都选择进行合作，不实施矿产资源开发利益地方保护主义，不进行矿产资源开发的无序竞争重复建设等过度开发政

策等。

（2）结论。由条件 $\underline{h} > \underline{b} - pF$、$\bar{h} > \bar{b} - pF$，可知，只要中央（上级）政府查处地方政府不合作行为的概率 p 足够高，并且进行的惩罚 F 足够高，也即 pF 的值足够大，则该条件就能够得到满足。如果中央（上级）政府对各级地方政府之间的无序竞争、过度开发，地方保护听之任之；或者虽进行监管，但不能有效地查处；或不能将对其间不合作行为的惩罚落到实处，那么，地方政府的最优矿产资源开发政策选择就是不进行合作，实施"以邻为壑"的政策，矿产资源开发的地方保护、无序竞争、开发过度等将非常严重。因此，须构建中央（上级）政府和地方政府矿产资源开发行为的约束机制，约束地方政府的矿产资源开发权力空间，促进利益合作。如果在矿产资源开发中发挥其他利益相关者的监督作用，利用其信息优势，提升其话语权，则对各级地方政府之间矿产资源开发利益博弈困境的摆脱，可能会发挥同样的功效。

（六）各级地方政府之间矿产资源开发利益博弈的政策启示

1. 各级地方政府之间矿产资源开发利益博弈的理想前提

首先，各级地方政府之间矿产资源开发利益博弈的理想条件。从前面的分析可以看出，各级地方政府之间的矿产资源开发利益博弈是建立在辖区的最大化利益诉求之上，基于中央与地方分权模式中对一系列有关权力和责任在各级政府间的合理分配为背景条件，由不同层级的各级政府之间围绕矿产资源开发利益的争夺，且政治过程和经济过程总是相结合的。因此，理想的各级地方政府之间矿产资源开发利益博弈所需要的制度安排事实上须具备以下条件：一是应存在一套明确矿产资源开发利益权力范围的政府等级制度。这意味着各级政府在其权力范围内是自主的，这对于保证地方政府的矿产资源开发利益自主是必要的，否则会破坏地方政府矿产资源开发利益博弈诉求的独立性。二是地方政府在其辖区范围内具有主要的矿产资源开发利益相关事务管理权力。这意味着对地方政府矿产资源开发利益的控制权保证，加上地方自主权，可构成各级地方政府之间利益互动博弈的行为选择基础。三是中央具有维护矿产资源开发利益统一分割的权威。这意味着从维护市场型激励机制的角度看，中央既有保障矿产资源开发利益均衡发展的权威，又有保障矿产资源开发所依托要素跨区域自由流通的权力。这种职能不能留给各级政府去做，否则各级地方政府将在其辖区内的矿产资源开发利益分割和创造过程中成为某种事实上的中央，必然会增加利益博弈过程中的耗散损失。四是所有政府都面临着具有硬预算约束特征的行为选择制约。这意味着源自矿产资源开发利益的财税收入在不同层级、类别政府间的公平合理转移可能，也意味着矿产资源开发所依托要素在区域间的自由流转，更意味着矿产资源开发利益相关主体对地方政府行为选择的"用手投票"和"用脚投票"。否则，会加剧矿产资源开发利益博弈的非均衡结局。

其次，各级地方政府之间矿产资源开发利益博弈的理想条件影响目标。依据上述理想条件，各级地方政府之间矿产资源开发利益博弈具有正面的激励效果。一是能够为矿产企业等各相关利益主体的行为选择提供一个善意的环境。比较典型的方式是提供地方公共物品，影响其矿产资源开发成本和竞争力。二是会给地方政府以强大的压力，迫使其提供最理想促进地方矿产资源开发的公共物品，并保护相关利益主体的权利。三是能推动地方政府在许多矿产资源开发过程中共同出现的问题上不断实验和学习，产生模仿效应。

2. 各级地方政府之间矿产资源开发利益博弈机制的本质

由各级地方政府之间矿产资源开发利益博弈分析可发现，规制各级地方政府之间矿产资源开发利益博弈的重要规则有两种：一是正式规则，即由中央（上级）政府及其部门制定的具有一定法律效力的处理政府间关系的原则与方法；二是事实规则，即在现实中通过政府间竞争与合作等利益博弈行为所实际形成的处理政府间关系的套路与策略。前者源于政府间的矿产资源开发管理行政命令关系，而后者源于政府间的矿产资源开发利益诉求关系。因此，各级地方政府之间矿产资源开发利益博弈的机制本质就是利益机制、学习机制、命令机制与协商机制的并存与整合。

首先，各级地方政府之间矿产资源开发利益博弈的核心目标是具有"离散力"特征的利益分割机制。地方政府利益及其所代表的辖区利益的存在都是不争的事实，因此，基于矿产资源开发利益基础的权益均衡、利益平衡等激励机制，以化解基于地方利益"过度离散性"的利益博弈失衡，是各级地方政府之间矿产资源开发利益博弈应解决的核心主题。

其次，各级地方政府之间矿产资源开发利益博弈的本质过程是具有不断累进特征的学习机制。鉴于组织间关系在任一时点上的知识存量，均来自组织在过去学习过程中对新知识的不断积累和对已丧失价值的旧知识的不断摒弃，因此，作为组织的地方政府的矿产资源开发利益关系成长与发展，都存在无法割断与历史内在联系的"学习机制"。同时，鉴于各级地方政府之间矿产资源开发利益博弈关系的均衡实现，恰恰要依托于政府间合作精神与合作机制的渐进性建立，因此，各级地方政府之间矿产资源开发利益博弈中的学习机制，就是政府在新的历史境遇下学习与养成一种合作精神与机制的过程。

再次，各级地方政府之间矿产资源开发利益博弈的基础条件是具有"向心力"的命令机制。鉴于政府组织必须依赖自上而下的权力阶梯与等级命令来推动矿产资源开发活动，因此，"命令与服从"是各级地方政府之间矿产资源开发利益博弈的一个基本结构特点，所以，政府的权威性行政特征决定了各级地方政府之间矿产资源开发利益博弈的基础条件是命令机制。

最后，各级地方政府之间矿产资源开发利益博弈的发展趋势是具有"耦合力"的协商机制。在各级地方政府之间矿产资源开发利益博弈实践中，建立政府间平等对话与谈判的协商机制，既可以纠正"命令机制"僵硬化的弊端，又可以弥补"利益机制"局部化的缺点，从而形成矿产资源开发利益分割中灵活多变的行政契约、行政协议等方式的合作关系，追求政府间信息分享、利益关系交换、利益均衡发展等目的。

3. 各级地方政府之间矿产资源开发利益博弈的政绩考核导向机制

首先，各级地方政府之间矿产资源开发利益博弈的政绩考核导向机制需要完善。地方政府的效用函数不同于中央追求全国矿产资源开发的"一盘棋"、协调发展，并更多地关注本辖区的矿产资源开发利益以彰显"政绩"，导致地方政府必然会更多地关注源于本地区矿产资源开发利益的财税收入，关注自身的政绩，具有参与并直接推动矿产资源开发的强烈冲动，清晰地看到各级地方政府之间矿产资源开发利益博弈的影子。

同时，许多学者已分析过政绩考核的 GDP 指标本身的缺陷[①]，矿产资源开发中的经济利益必须与矿区和谐发展相结合。尽管中央一再向各级地方政府强调要落实"科学的发展观和正确的政绩观"，尽管科学的意识形态具有节约矿产资源开发交易成本的功能，但必须要有相关的、以矿产资源开发绩效为主的政绩考核标准等体制环境和制度安排与之协调和匹配，否则，不可能真正贯彻落实变为各级地方政府自觉的矿产资源开发管理行

---

① 庄国波：《领导干部政绩评价的理论与实践》，中国经济出版社 2007 年版。

动。因而，改革矿产资源开发利益诉求的政绩考核导向制度已刻不容缓。

其次，各级地方政府之间矿产资源开发利益博弈的政绩考核导向机制正在完善。可喜的是，有些地方政府已开始积极探索关于矿产资源开发的政绩考核导向制度改革，并发生着积极变化。如在考虑矿产资源开发对GDP指标贡献的基础上，强化对辖区综合竞争力增强、生态环境保护、矿区生活水平提高、相关利益主体协调发展、政府职能转变等方面的考核，并改变以内部考核、上级对下级考核为主的做法，将考核过程和结果向社会公开。[①] 这对于避免地方政府不计成本和代价的矿产资源开发、浪费资源、破坏环境等行为有很大的促进作用。随着政绩考核标准更加重视民生[②]，对于发挥矿区当地居民和社会组织通过切实感受获得的矿产资源开发评价，更有说服力，对于纠正上级政府作为考核主体导致的上下级政府间的信息不对称，避免地方政府的"上有政策，下有对策"的矿产资源开发机会主义行为，意义重大。

4. 各级地方政府之间矿产资源开发利益博弈的法律约束机制

亚当·斯密的"个人追求自己利益的活动之所以能够增进公共利益"，不仅意味着由正当行为规则构成法治秩序的"无形之手"；也意味着具有内在约束的竞争主体存在，否则，竞争就无益于公共收益。[③] 同样，各级地方政府之间矿产资源开发利益博弈也需具备约束条件，否则博弈秩序就会趋于恶化。不仅需要内在约束，发挥辖区民众的意愿表达和退出机制来控制和约束地方政府的矿产资源开发行为；也需要法律约束，通过全国性的法律规制来阻止地方的保护主义策略，约束各级地方政府之间矿产资源开发利益博弈的失衡。

首先，法律约束机制权威的健全。从某种意义上说，所有政府间矿产资源开发利益博弈的负面效应都需要通过法治加以解决。戴维·奥斯本[④]为解决市场所产生问题的最有效的办法往往是市场的重新规范。因而，政

① 《"淡化"GDP，还考核什么——解读干部考核的"湖州样本"》，人民网，http：//politics. people. com. cn/GB/1025/9703079. html。

② 郎友兴：《中国干部考核制度在变脸》，2008 年 3 月，《人民论坛》，http：//politics. people. com. cn/GB/30178/9577019. html。

③ 《地方竞争的逻辑》，《21 世纪经济报道》2006 年 4 月，http：//finance. sina. com. cn/review/20060413/15392499123. shtml。

④ [美] 戴维·奥斯本与特德·盖布合：《改革政府：企业精神如何改革着公营部门》，周敦仁等译，上海译文出版社 2006 年版。

府间矿产资源开发利益博弈秩序问题的解决必须建立在法治基础之上，将有关反对地方分割和地方保护主义的规定提升到法律高度，提升其权威性。正如冯兴元等的建议①，应通过宪法修正案明确中央的专有立法权，规范反对地方保护主义的现行行政规定，通过设置跨省区的法院来审理跨省区的地方保护主义案例，健全矿产资源开发利益分割的法律约束机制权威。

其次，法律约束机制的公共决策形成健全。鉴于各级地方政府之间矿产资源开发利益博弈的诸多消极行为，如过度开发、地方保护等之所以能存在，还与地方政府的公共决策体制、程序等不健全有着关联，需有法律来规范、约束中国地方政府的矿产资源开发公共决策行为，保障其科学化、民主化，避免"政策近视病"和"长官意志"等弊端。应依法确立矿产资源开发决策权力的合理结构和科学合理的决策程序，以法律的形式规定各种决策主体的矿产资源开发决策权，以法律的形式将各种科学合理的决策程序，如调查程序、方案设计程序、可行性论证程序以及听证程序等固定下来。强化矿产资源开发决策的法律监督机制，必须追究决策失误的法律责任。完善行政责任追究赔偿制度，扩大行政赔偿的范围和提高赔偿额度等。约束地方政府在矿产资源开发利益博弈中的随意决策，减少因决策失误造成矿产资源开发利益损失。

5. 各级地方政府之间矿产资源开发利益博弈的合作信任机制

各级地方政府之间矿产资源开发利益博弈合作的目的在于促进政府间利益的和谐发展，从更深的观念层次看，各级地方政府之间矿产资源开发利益博弈合作必须以信任为基础。互信是政府间长期合作博弈均衡的前提，否则会陷入"囚徒困境"。从价值层面看，互信是政府引领矿产资源开发利益互动的信用建设，实现矿产资源开发公共价值的基础。否则，由于不信任而引发各级地方政府之间矿产资源开发利益博弈的失衡。改革开放以来，源于社会转型所带来的社会整体信用与组织间信任度下降的严峻现实，重提政府间在矿产资源开发中的互信，既是一个难题也是一个具有战略意味的谋略。

首先，各级地方政府之间矿产资源开发利益博弈的合作信任可以避免

---

① 冯兴元主笔：《中国的市场整合与地方政府竞争——地方保护与地方市场分割问题及其对策研究》，天则经济研究所资助课题，2002 年。

行为投机和冲突。政府间的互相熟悉程度会抵消或减弱其在矿产资源开发中的可能投机行为，且过去的合作经验产生相互信任与依赖，可以减少和避免政府间的"小冲突"与"局部冲突"，达到降低政府间矿产资源开发利益"伤害性冲突"的发生，避免走向博弈惨局，实现"双赢"。

其次，各级地方政府之间矿产资源开发利益博弈的合作信任可以成为一种管理机制。根据交易成本理论，当产生了一种"信任者对于被信任者不会利用信任者的弱点来自利的信心"时①，就可以减少政府间在矿产资源开发利益互动中因不确定性和依赖性所可能产生的投机行为。通过将较好的信任关系变成一种协调与管理机制，可以降低政府间矿产资源开发利益博弈的沟通成本。

---

① 刘祖云：《政府间关系：合作博弈与府际治理》，《学海》2007 年第 1 期。

第七章 矿产资源开发中中央与各级地方政府之间博弈的多元均衡

一 基于多层次委托—代理关系的矿产资源开发利益多元化博弈

矿产资源开发中存在多元化多层次的委托—代理关系。通过代表任一环节委托—代理关系的利益博弈模型构建，可以发现，代理人的行为取向决定于委托人的价值目标、矿产资源开发的安全风险环境、代理人的安全风险偏好，以及委托代理利益激励机制的弹性大小。因此，要在保障代理人参与矿产资源开发基本利益的基础上，尽量提升委托代理激励机制的弹性。

（一）矿产资源开发利益相关主体间的委托—代理关系

（1）委托代理理论。委托代理理论是过去 30 多年里契约理论最重要的发展之一[①]，其中心任务是研究在利益相冲突和信息不对称的环境下，委托人如何设计最优契约以激励代理人。其主要观点为：一是随着生产力和规模化大生产的发展，专业化分工进一步细化，权利所有者由于知识、能力和精力的原因不能很好地行使权利；同时专业化分工产生了一大批具有专业知识的代理人，有精力、有能力代理行使好被委托的权利；从而委托—代理关系会形成一种契约，委托人授权代理人为他们的利益从事某些活动，代理人在该活动中得到一定报酬。二是由于委托人与代理人的效用函数不一样，委托人追求自己的财富更大，而代理人追求自己的工资津贴收入、奢侈消费和闲暇时间最大化，必然导致利益冲突。三是在没有有效

[①] 金晶、王颖：《委托代理理论综述》，《中国商界》2008 年第 6 期。

的制度安排下代理人的行为很可能最终损害委托人的利益。这是由于契约双方各自拥有的信息是不对称的，代理人并不总是以委托人的最大利益作为自己行动的最高准则。因此，鉴于委托人不能直接观测到代理人的状态和行动选择，委托代理理论试图设计一种激励合同机制，以诱使代理人理性地（从自身利益出发）选择和采取对委托人最有利的行动。

（2）中国矿产资源开发管理中委托代理关系的表现。虽然在经济发展的不同时期，对矿产资源开发的认识和管理不同，但有一点是不变的：国家对矿产资源管理从来都没有放松过，且在不同时期成立了不同的监管部门，所以，在整个过程中都普遍存在委托—代理关系。

同时，鉴于中国的矿产资源在法理上属全民所有，矿产资源的法律所有权是明确的①，然而，全民共同管理的成本较高，须委托给国家，但国家是个抽象的集合概念，权利无法被具体界定，因而，要切实行使矿产资源所有权，国家必须把所有权委托给中央政府，而中央政府不可能直接控制那么多的矿产资源，所以，又必须由国务院行使国家对矿产资源的所有权，具体委托给中央政府各部门和各级地方政府去管理。各部门和各级地方政府又不能事无巨细地全面控制和管理这些矿产资源，必须通过代理人——矿产资源直接管理职能部门，而它再委托给矿产企业开发，并监管矿产企业的经营管理。这样，矿产资源开发管理中的委托—代理关系便形成了。

具体说来，矿产资源开发管理中的委托—代理有以下几层关系：一是全国人民与全国人民代表大会间的委托—代理关系。作为矿产资源的最终所有者——全国人民，将全民所有的矿产资源委托给代表全体人民利益的全国人民代表大会代理，全民所有变为国家所有。这样，一方面通过法律明确矿产资源产权的法律属性，承认全体人民是唯一而且是最终的所有主体；另一方面作为唯一最终主体的全体人民，由于不可能直接行使所有权，可行的选择是以国家最高权力机构为全民产权的代理人。二是全国人民代表大会与国务院（中央政府）间的委托—代理关系。国家与政府并不是等同的概念。《宪法》规定，国家最高权力机关是全国人民代表大会②，但其无法直接经营和管理矿产资源，需要将其委托给中央政府代

---

① 《中华人民共和国宪法》，中国政府网，http：//www. gov. cn/gongbao/content/2004/content_ 62714. htm。

② 同上。

理。经过这一层次的委托代理，国务院成为中国矿产资源产权的全权代表。三是国务院（中央政府）与各级地方政府之间的委托代理关系。中国矿产资源法规定矿产资源为国家所有，由国务院行使国家对矿产资源的所有权①。同时，依照法律规定也可以由地方人民政府等部门行使有关权力②。这是由矿产资源开发的管理成本和管理范围及地方政府的本质属性和功能所决定的。四是各级地方政府与各级矿产资源直接管理部门之间的委托—代理关系。作为中国矿产资源产权代表的政府无法全面控制和管理这些矿产资源，须交给各级政府的矿产资源直接管理部门，对矿产资源开发进行专门具体的监督和管理。五是各级矿产资源直接管理部门与各类矿产企业之间的委托—代理关系。政府职能部门一般并不直接去开发矿产资源，须寻找矿产企业作为代理人，通过把矿产资源的经营权和所有权委托给企业，对矿产资源进行最终开发经营和管理。六是矿产企业与矿工间的委托代理关系。矿产企业需要依靠矿工作为矿产资源开发利益的价值创造源泉，通过把矿产资源的生产使用权委托给矿工来实现矿产资源的开发。

可见，中国矿产资源的开发管理存在多层次的委托代理关系，需要经过自上而下的多层次委托代理才能实现最终的矿产资源具体开发。因此，为了预防和惩治矿产资源开发代理人的败德行为，矿产资源开发中每一层阶的委托人有必要采取"胡萝卜加大棒"政策：一方面是对其代理人进行激励，力求实现矿产资源开发利益分割的激励相容；另一方面对代理过程实行监督，充分发挥"经理人市场"作用，保障矿产资源开发利益的均衡管理。

（二）矿产资源开发中的多元化多层次委托代理利益关系的基本特征

1. 问题的提出

参与矿产资源开发利益分配活动的行为主体主要有：作为资源所有者并且代表全国人民的中央（国家）及各级地方政府、矿产企业、矿工、矿区（村镇）及其他利益相关者等，从中国矿产资源开发管理的运行机理来看，这实际上是一种委托—代理过程。透视矿产资源开发的过程，一系列问题产生的实质在于管理机制的缺陷而导致的逆向选择和道德风险问

①　中华人民共和国国土资源部：《中华人民共和国矿产资源法》，2004 年 6 月，http：//www. mlr. gov. cn/zwgk/flfg/kczyflfg/200406/t20040625_ 292. htm。

②　法律快车：《物权法解释：第四十五条国有财产范围、国家所有的性质和国家所有权行使》，http：//www. lawtime. cn/info/wuquan/wqflfg/20081123562. html。

题。分析其根源，主要症结在于对矿产资源开发管理者（代理人）的激励与约束机制不健全。具体来看，在矿产资源开发利用管理过程中，一个更接近现实的假定是矿产资源开发利用的代理人从事两项工作，既要努力提高矿产资源开发的收益，又要警惕开发安全风险，保证矿产资源开发的安全性，其努力水平的选择均是一次性的。从委托人的角度来看，两项工作共同为矿产资源开发的高效、安全、可持续服务。

（1）委托代理理论解决道德风险的基本措施是激励机制和监督机制[①]。激励机制是以主动激发代理人矿产资源开发积极性的方式来促使其做出符合委托人利益的行为；而监督机制则是以防御的方式来阻止代理人的消极怠工和机会主义行为。当然，监督机制必须要有惩罚功能，对于代理人消极怠工的各种机会主义行为，一旦发现就应当给予应有的惩罚。并且，在矿产资源开发实践中激励机制与监督机制需要有机地结合起来。所以，本书的工作，是力图给出矿产资源开发中的最佳激励合约，激励代理人在安全风险规避的条件下尽最大努力，最大化矿产资源开发委托人的利益目标实现。

（2）委托—代理关系的基本假设。委托—代理关系具有行为主体效用最大化和信息不对称或信息不完全两个基本假设。一是效用最大化假设是行为主体"理性"的高度抽象化表述。最大化自身效用的动机贯穿决策过程直到实施结果始终，随着外部环境，如信息条件的变动，矿产资源开发行为主体会在约束条件下调整自己的行为，以期决策和结果与初始动机目标的偏差最小。这不仅意味着动机最大化并不能保证其决策和结果的最大化，而且在给定约束下尽可能地满足自己偏好的实现程度，更取决于行为主体间在约束条件下的博弈。二是信息不对称是指利益主体之间都有一些只有自己知道的私人信息。具有理性动机的矿产资源开发行为主体的决策实施过程和结果取决于信息约束。信息约束不仅体现在其本身对理性行为的约束及其程度大小，而且反映了经济制度效率。效率高的制度可以使信息的披露和传播快、透明度高，信息获取的成本低，机会主义出现的概率小，决策和结果与动机的偏差小。

2. 矿产资源开发中多元化多层次的委托—代理关系的进一步描述

由于信息不对称的广泛存在，中央（国家）、各级地方政府、矿产企

---

①　肖红：《激励机制在工程项目监理中的应用》，《四川建材》2007 年第 3 期。

业、矿工、矿区（村镇），以及其他利益相关者等之间的矿产资源开发利益关系运转并不总是有效率的，因而基于激励与约束，需要对这些多元化的利益主体行为特征及其间多层次的委托代理关系进行正确描述。

（1）中央（国家）、各级地方政府、矿产企业、矿工、矿区（村镇），以及其他利益相关者等之间关系的基本描述。一是中央（国家）、各级地方政府、矿产企业、矿工、矿区（村镇），以及其他利益相关者等的"理性经济人"特征。矿产资源开发中，政府的最大化效用目标是实现矿产资源开发的整体最优效益和国民经济长远发展利益。矿产企业等相关利益主体是矿产资源开发利用的参与主体，或作为决策、投资、开发、利益分享和安全风险承担等主体作用中的若干，其最大化效用目标是实现微观经济利益最大化，如企业追求最大利润的获得、矿工期望获得最高工资和福利、矿区（村镇）则要求获得生态环保和经济利益最大化等。因此，矿产企业等相关利益主体矿产资源开发行为的选择来自各自具体行为对边际成本与边际收益的预期。显然政府和矿产企业等相关利益主体在追求各自效用最大化的同时，其间的利益目标存在多元化的差异，这种差异同时也构成了最优激励契约的设计前提。

二是中央（国家）、各级地方政府、矿产企业、矿工、矿区（村镇），以及其他利益相关者等之间的信息非对称描述。在对政府和矿产企业等相关利益主体的矿产资源开发行为进行激励的过程中，信息是不对称的。尤其是在市场经济条件下，地方政府和矿产企业等相关利益主体的矿产资源开发利用自主权大为增加，这些利益主体掌握着自身运行的相关信息，如企业的矿产资源开发能力、企业对政府政策的运用、矿工在矿产资源加工过程中的技能水平和用料、矿区（村镇）对矿产资源开发的生态环保效应真实感受等信息。由于存在信息收集和传递成本，无法准确、全面地获知这些信息，或需要付出很大成本才能获知。因而，地方政府和矿产企业等相关利益主体利用掌握的较多私人信息，会出现机会主义行为偏好，如隐瞒矿产资源开发的真实投入或收益，以获取更多的优惠政策或收益，从而在信息不对称情况下，导致道德风险行为的产生。

（2）中央（国家）、各级地方政府、矿产企业、矿工、矿区（村镇），以及其他利益相关者等各利益主体之间的基本委托—代理关系。通过对各相关利益主体主要作用关系的分析，可知在矿产资源开发中各利益主体间利益关系形式规定的合同依赖性。所以，只要存在信息不对称，就可能存在委托—代理关系。因而，在矿产资源开发的各利益主体之间，如中央与各级地方政府之间、地方政府与矿产企业间、矿产企业与矿工间、矿区（村镇）与矿产企业间等，存在多层次的委托—代理关系。其中，委托方为矿产资源开发项目的主办方、投资者和监督方，如政府、企业或矿区（村镇）。代理方为矿产资源开发项目的执行方，如矿产企业、中介机构等各利益主体；而且在某些情况下二者会出现身份重合现象。在矿产资源开发中，作为代理人的经营或开发利用资质、能力如何，经营者是否努力工作等信息都是作为委托方的矿产资源所有者或管理者无法直接掌握的，因而，矿产资源所有者、投资者、开发利用者、具体生产者和监管者等之间存在严重的信息和安全风险的不对称。

根据信息经济学和博弈论，信息不对称会导致委托人的逆向选择（Adverse Select），代理人的道德风险（Moral Hazard）问题，从而导致矿产资源开发市场缺乏效率。因此，为消除信息不对称所引发的委托代理问题，应在矿产资源开发中，通过设计一系列有效的合同安排，约束矿产资源所有者、投资者、开发利用者、具体生产者、监管者和其他利益相关者的行为，选择资质较优的代理者，进行矿产资源开发的安全风险分担，并制定相应的激励、监督机制约束其欺诈行为，鼓励其努力工作，保证矿产资源开发的高效、安全和可持续发展。

对于矿产资源开发中存在的委托—代理关系，其基本过程可描述成如下动态博弈：矿产资源开发中各个环节的委托人首先选择代理人，并与之签订特许权（Franchising）契约；而后，代理人进行矿产资源开发利用的具体安排，按照协议要求进行矿产资源开发利用，并在有限的时间内经营项目、获得利润。在博弈过程中，矿产资源开发各个环节的委托人与代理人之间的利益联结存在激励、监督与安全风险分担等问题。

（三）矿产资源开发中的委托代理利益博弈模型构建

下面借鉴 Holmstrom 和 Milgrom（1991）提出的多项任务委托代理模型①对上述矿产资源开发中的利益关系分析进一步深化，得出更具普遍性的结论。

---

① Bengt Holmstrom, Paul Milgrom, Multi - task Principal - Agent Analyses: Incentive Contracts, Asset Ownership, and Job Design（http：//personal. lse. ac. uk/zapal/EC501_ 2008_ 2009/Meyer_ background1. pdf）.

1. 基本假设

（1）矿产资源开发任意环节中的委托人是安全风险中性的、代理人是安全风险规避的。

（2）矿产资源开发利益是开发投入数量 z 和代理人的努力程度 a 共同作用产生的。也即，$\pi = kaz + \theta$，且 $\frac{\partial \pi}{\partial a} > 0$，$\frac{\partial \pi}{\partial z} > 0$；矿产资源开发收益 π 是投入数量 z 和代理人的努力程度 a 的函数，其间呈线性关系。令 $a = (a_1, a_2)$，表示代理人的努力向量，代理人所有可选择的行动集合。其中，a_1 表示代理人在提高矿产资源开发收益上的具体努力水平，a_2 表示代理人在警惕矿产资源开发安全风险上的具体努力水平，且 a_i 严格为正 $(a \geqslant 0)$；$z = (z_1, z_2)$，表示矿产资源开发投入数量；$k = (k_1, k_2)$，表示矿产资源开发投入回报系数$(k_i > 0, i = 1, 2)$。

所以，代理人的努力选择决定可观测的信息向量：

$\pi^T = (\pi_1, \pi_2)$，且 $\pi_1 = k_1 a_1 z_1 + \theta_1$，$\pi_2 = k_2 a_2 z_2 + \theta_2$，其中，

π_1、π_2 分别为对应于努力水平 a_1、a_2 的产出函数，具体来说：π_1 表示由于代理人努力进行矿产资源开发而获得的收益，π_2 表示代理人控制矿产资源开发安全风险而获得的收益。

$\theta 1 \sim N(0, \sigma_1^2)$，$\theta 2 \sim N(0, \sigma_2^2)$，即两者服从标准正态分布，并假定 $Cov(\theta_1, \theta_2) = 0$，即两者相互独立。

（3）代理人的收入以投入收益来反映，代理人努力的成本 $C(a)$ 等价于货币成本，是努力程度的增函数，且随努力程度而增加，即 $\frac{\partial C(a)}{\partial a} > 0$，$\frac{\partial^2 C(a)}{\partial a^2} > 0$。

根据委托代理理论，用 $C(a_1, a_2)$ 表示代理人的努力成本，可以等价于货币成本；$R(a_1, a_2)$ 表示委托人的期望收入。假定 $C(a_1, a_2)$ 是严格递增的凸函数，$R(a_1, a_2)$ 是严格递增的凹函数（Holmstrom & Milgrom，1991）[①]。

（4）假设代理人在遵守合同后的收益与努力程度的关系为：$S(\pi) = \alpha + \beta \pi$。即 π 每增加一个单位，代理人获得 β 的额外收益。β 应该位于

---

① Holmstrom, Bengt & Paul Milgrom, "Multi – Task Principal – Agent Analyses: Incentive Contracts, Asset Ownership and Job Design", *Journal of Law, Economics and Organization*, 1991.

（0，1）之间，β 越大意味着代理人的努力程度越大，收益 π 也越大；π 的大小受到外界因素 θ 的干扰，具有不确定性，但与 β 呈正方向变化。鉴于 β 是代理人分享的产出份额，产出 π 每增加一个单位，代理人的报酬增加 β 单位。$\beta = 0$ 意味着代理人不承担任何安全风险，$\beta = 1$ 意味着代理人承担全部安全风险。

2. 模型设定与构建

在不失一般的情况下，同样考虑线性契约函数：

$S(\pi) = \alpha + \beta_1 \pi_1 + \beta_2 \pi_2 = \alpha + \beta^T \pi$，其中，$\beta^T = (\beta_1, \beta_2)$，（上标 T 表示转置）。

同样，假定代理人的效用函数具有不变绝对安全风险规避特征，即 $u = -e^{-\rho w}$，其中 ρ 是绝对安全风险规避度量，w 是实际货币收入。则矿产资源开发投入（代理人）的实际收益为：

$\omega = S(\pi) - C(a_1, a_2) = (\alpha + \beta^T \pi) - C(a_1, a_2)$

因此，代理人的确定性等价收入为：

$$E\omega - \frac{1}{2}\rho(\beta_1^2\sigma_1^2 + \beta_2^2\sigma_2^2) = \alpha + (k_1\beta_1 a_1 z_1 + k_2\beta_2 a_2 z_2) - C(a_1, a_2) - \frac{1}{2}\rho(\beta_1^2\sigma_1^2 + \beta_2^2\sigma_2^2)$$

这里，$\beta_1^2\sigma_1^2 + \beta_2^2\sigma_2^2$ 为收入方差，$\frac{1}{2}\rho(\beta_1^2\sigma_1^2 + \beta_2^2\sigma_2^2)$ 为代理人的代理成本。

同时，委托人的期望利润为：

$R(a_1, a_2) - E\{S(\pi)\} = R(a_1, a_2) - \alpha - (k_1\beta_1 a_1 z_1 + k_2\beta_2 a_2 z_2)$

由于代理人的固定收入部分 α 只影响总收入在委托人与代理人之间的分配，不影响 β^T 和 (a_1, a_2)；给定 β^T 和 (a_1, a_2)，α 由代理人的保留效用 $\bar{\mu}$ 决定。因此，委托人面临的问题是选择 $\beta^T = (\beta_1, \beta_2)$ 解系列最优化问题：

$$\max_{(\beta_1, \beta_2)} R(a_1, a_2) - C(a_1, a_2) - \frac{1}{2}\rho(\beta_1^2\sigma_1^2 + \beta_2^2\sigma_2^2)$$

s. t.

代理人的参与约束（IR）：

$$\alpha + (k_1\beta_1 a_1 z_1 + k_2\beta_2 a_2 z_2) - C(a_1, a_2) - \frac{1}{2}\rho(\beta_1^2\sigma_1^2 + \beta_2^2\sigma_2^2) \geq \bar{\mu};$$

代理人的激励相容约束（IC）：

$(a_1, a_2) \in \mathrm{argmax}(k_1\beta_1 a_1 z_1 + k_2\beta_2 a_2 z_2) - C(a_1, a_2)$；由于 a_i 远大于 0，对该式进行最优化处理，可简化为：

$$\beta_i = \frac{\partial C(a_1, a_2)}{\partial a_i} \frac{1}{k_i z_i};$$

该式隐含地决定了代理人的努力函数：$a_i = a_i\left[(K_i\beta_i Z_i)^T\right]$，$i = 1, 2$。

对式 $\beta_i = \frac{\partial C(a_1, a_2)}{\partial a_i} \frac{1}{k_i z_i}$ 求导可得：

$$\frac{\partial\beta}{\partial a} = \left[\frac{C_{ii}}{k_i z_i}\right] \text{和} \frac{\partial a}{\partial\beta} = \left[\frac{C_{ii}}{k_i z_i}\right]^{-1}$$

这里，$\dfrac{\partial\beta}{\partial a} = \begin{bmatrix} \dfrac{\partial\beta_1}{\partial a_1} \dfrac{\partial\beta_1}{\partial a_2} \\[2mm] \dfrac{\partial\beta_2}{\partial a_1} \dfrac{\partial\beta_2}{\partial a_2} \end{bmatrix}$

$$\left[\frac{C_{ii}}{k_i z_i}\right] X = \begin{bmatrix} \dfrac{C_{11}}{k_1 z_1} \dfrac{C_{12}}{k_1 z_1} \\[2mm] \dfrac{C_{21}}{k_2 z_2} \dfrac{C_{22}}{k_2 z_2} \end{bmatrix}$$

通过求解上述最优化问题，可知委托人的最优契约方案为：

$$\begin{bmatrix} \beta_1^* \\ \beta_2^* \end{bmatrix} = \frac{1}{|X|} \begin{bmatrix} (k_2^2 z_2^2 + \rho C_{22}\sigma_2^2)k_1 z_1 R_1 - R_2\rho C_{21}k_1 z_1\sigma_2^2 \\ (k_1^2 z_1^2 + \rho C_{11}\sigma_1^2)k_2 z_2 R_2 - R_1\rho C_{21}k_2 z_2\sigma_1^2 \end{bmatrix}$$

其中，$|X| = (k_1^2 z_1^2 + \rho C_{11}\sigma_1^2)(k_2^2 z_2^2 + \rho C_{22}\sigma_2^2) - \rho^2 C_{21}^2\sigma_1^2\sigma_2^2$

$$R_1 = \frac{\partial R(a_1, a_2)}{\partial a_1}, R_2 = \frac{\partial R(a_1, a_2)}{\partial a_2};$$

$$C_{11} = \frac{\partial^2 C(a_1, a_2)}{\partial a_1^2}; C_{22} = \frac{\partial^2 C(a_1, a_2)}{\partial a_2^2};$$

$$C_{12} = C_{21} = \frac{\partial^2 C(a_1, a_2)}{\partial a_1 \partial a_2}$$

通过以上分析可知，代理人对矿产资源开发的努力水平供给是受各项工作激励强度系数影响的。

（四）矿产资源开发中的委托代理利益博弈机制分析

假定矿产资源开发的投入收益和安全风险程度可以分为两个组别：收益率和安全风险程度属于"适宜水平"的矿产资源开发处于第一组别；

收益率和安全风险程度属于"相对过高水平"的矿产资源开发处于第二组别。两个组别的具体划分依据为矿产资源开发代理人根据自身意愿而产生的心理阈值。

在第一组别内，矿产资源开发投入收益率和安全风险程度的变化在委托人看来都是代理人合理的开发行为产生的，因此，代理人此时在提高收益和降低安全风险这两项工作中的努力成本是互补的，即 $C_{12} = C_{21} = 0$。

在第二组别内，投入收益率和安全风险程度的过高变动都将引起委托人的心理厌恶或经济惩罚，因此，代理人此时在提高收益和降低安全风险这两项工作中的努力成本是互相替代的，即 $C_{12} = C_{21} > 0$。为了明确起见，可将进一步分析的结论表述为以下结论：

1. 矿产资源开发收益和安全风险互补时的结论

当代理人在提高矿产资源开发收益率和降低安全风险两项工作中的努力成本互补时（$C_{12} = C_{21} = 0$），可以得出以下三个命题：

命题1：委托人的价值目标决定着委托人的行为取向。若委托人致力于提高矿产资源开发收益率，将强化对代理人提高收益率的激励；若委托人致力于降低矿产资源开发安全风险，将强化对代理人降低安全风险的激励。

命题2：矿产资源开发的安全风险环境状况影响着代理人的行为取向。矿产资源开发安全风险变异性的增加所引起的代理人降低安全风险的总产出 π 变异性（σ_{22}）的增大，将弱化对代理人降低安全风险的激励，而代理人提高矿产资源开发投入收益率的激励强度则不受影响。

命题3：代理人的风向偏好程度影响着其行为取向。代理人的绝对安全风险规避度量 ρ 越大，对代理人提高收益率和减低安全风险这两项工作的激励强度都将弱化。

证明：由委托人的最优契约方案式：

$$\begin{bmatrix} \beta_1^* \\ \beta_2^* \end{bmatrix} = \frac{1}{|X|} \begin{bmatrix} (k_2^2 z_2^2 + \rho C_{22} \sigma_2^2) k_1 z_1 R_1 - R_2 \rho C_{21} k_1 z_1 \sigma_2^2 \\ (k_1^2 z_1^2 + \rho C_{11} \sigma_1^2) k_2 z_2 R_2 - R_1 \rho C_{21} k_2 z_2 \sigma_1^2 \end{bmatrix}$$

可知：当 $C_{12} = C_{21} = 0$ 时，

$$\beta_1^* = \frac{k_1 z_1 R_1}{k_1^2 z_1^2 + \rho C_{11} \sigma_1^2}, \quad \beta_2^* = \frac{k_2 z_2 R_2}{k_2^2 z_2^2 + \rho C_{22} \sigma_2^2}$$

由此可得，$R_1 = \dfrac{\beta_1^* (k_1^2 z_1^2 + \rho C_{11} \sigma_1^2)}{k_1 z_1}$，$R_2 = \dfrac{\beta_2^* (k_2^2 z_2^2 + \rho C_{22} \sigma_2^2)}{k_2 z_2}$

又因为：

$$\frac{\partial \beta_1^*}{\partial \sigma_1^2} = -\frac{k_1 z_1 R_1 \rho C_{11}}{(k_1^2 z_1^2 + \rho C_{11} \sigma_1^2)^2} < 0$$

$$\frac{\partial \beta_2^*}{\partial \sigma_2^2} = -\frac{k_2 z_2 R_2 \rho C_{22}}{(k_2^2 z_2^2 + \rho C_{22} \sigma_2^2)^2} < 0$$

$$\frac{\partial \beta_1^*}{\partial \sigma_2^2} = 0$$

$$\frac{\partial \beta_1^*}{\partial \rho} = -R_1 \frac{k_1 z_1 C_{11} \sigma_1^2}{(k_1^2 z_1^2 + \rho C_{11} \sigma_1^2)^2} < 0$$

$$\frac{\partial \beta_2^*}{\partial \rho} = -R_2 \frac{k_2 z_2 C_{22} \sigma_2^2}{(k_2^2 z_2^2 + \rho C_{22} \sigma_2^2)^2} < 0$$

因此，β_1^*、β_2^* 都是 σ_1^2，σ_2^2，ρ 的递减函数。由此可证上述命题。

2. 矿产资源开发收益和安全风险互替时的结论

矿产资源开发收益和安全风险互替时，代理人的风向偏好程度同样影响着其行为取向：当代理人在提高矿产资源开发投入收益率和降低安全风险两项工作中的努力成本互相替代时（$C_{12} = C_{21} > 0$），那么随着代理人降低安全风险的相对价值上升，将弱化对代理人提高收益率的激励，而强化对代理人降低安全风险的激励。

证明：由于 $C(a_1, a_2)$ 是严格递增的凸函数，且提高收益率和降低安全风险两项工作的努力成本可以互相替代，所以有：

$$|X| = (k_1^2 z_1^2 + \rho C_{11} \sigma_1^2)(k_2^2 z_2^2 + \rho C_{22} \sigma_2^2) - \rho^2 C_{21}^2 \sigma_1^2 \sigma_2^2 > 0$$

由委托人的最优契约方案式：

$$\begin{bmatrix} \beta_1^* \\ \beta_2^* \end{bmatrix} = \frac{1}{|X|} \begin{bmatrix} (k_2^2 z_2^2 + \rho C_{22} \sigma_2^2) & k_1 z_1 R_1 - R_2 \rho C_{21} k_1 z_1 \sigma_2^2 \\ (k_1^2 z_1^2 + \rho C_{11} \sigma_1^2) & k_2 z_2 R_2 - R_1 \rho C_{21} k_2 z_2 \sigma_1^2 \end{bmatrix}, \quad 可知：$$

$$\frac{\partial \beta_1^*}{\partial R_2} = -\frac{\rho C_{21} k_1 z_1 \sigma_2^2}{|X|} < 0, \quad \frac{\partial \beta_2^*}{\partial R_2} = \frac{(k_1^2 z_1^2 + \rho C_{11} \sigma_1^2) k_2 z_2}{|X|}$$

由于代理人降低安全风险的相对价值上升，将使降低安全风险的总产出 π_2 上升，从而使 R_2 上升。因此，在这种情况下，对代理人提高收益率的激励将弱化，而对代理人降低安全风险的激励将得到强化。上述命题得到论证。

3. 矿产资源开发收益和安全风险的弹性激励机制"更优"结论

委托代理利益激励机制的弹性水平影响着代理人的行为取向。在非对称信息下，由于矿产资源开发投入收益的实现与安全风险程度的控制密切相关，因此，无论代理人在提高矿产资源开发投入收益率和降低安全风险两项工作中的努力成本是相互独立还是相互替代的，激励收益合同都将严格更优于固定收益合同。

证明：在代理人从事提高矿产资源开发收益率和降低开发安全风险两项工作的条件下，委托人在矿产资源开发利益关系合同的设计上有三个基本思路：一是非曲支付严格的固定收益（$\beta_1 = \beta_2 = 0$）；二是针对提高收益率和降低安全风险的其中一项工作支付固定收益（也即 β_1，β_2 不同时为 0）；三是支付严格的激励报酬（β_1，$\beta_2 > 0$）。本书假定代理人为了获得固定收益，必须完成基本的工作量。

（1）支付严格的固定收益时的激励机制效应。当 $\beta_1 = \beta_2 = 0$ 时，无论努力成本是相互独立的还是相互替代的，代理人在完成基本工作量之后，都不愿意付出额外的努力水平，委托人因而仅能获得与基本工作量相对应的投入收益。令，

$C_1(a_1, a_2)$ 为代理人的努力水平，$R_1(a_1, a_2)$ 为委托人的期望收入，因此委托人与代理人总的确定性等价为：$R_1(a_1, a_2) - C_1(a_1, a_2)$。

此时，在委托人与代理人的博弈过程中，委托人将不能获得最大化的支付，代理人也不会有太大的积极性保证矿产资源开发的高效、安全和可持续开发。

（2）对开发收益和安全风险中的一项支付固定收益时的激励机制效应。与投入收益率相比，矿产资源开发安全风险因受到地质条件等不确定性因素的影响而相对较难观测，故假设：$\beta_1 > 0$，$\beta_2 = 0$。由于矿产资源开发投入收益的实现与安全风险的控制密切相关，所以代理人仍会选择在降低安全风险上付出一定的努力。但当 $\beta_1 > \beta_2 = 0$ 时，若努力成本是相互替代的，由于代理人在提高收益率和降低安全风险两项工作上努力的边际收益明显不相等，结果将使代理人更加关注矿产资源开发投入收益率，而在很大程度上忽视矿产资源开发安全风险，从而使矿产资源开发的安全性降低。即使努力成本是相互独立的，代理人也不愿意在降低安全风险上付出额外的努力。

此时，委托人与代理人总的确定性等价收入达不到最高水平，其值为：$R_2(a_1, a_2) - C_2(a_1, a_2) - \frac{1}{2}\rho\beta_1^2\sigma_1^2$。因此，对于委托人与代理人来

说，$\beta_1 > \beta_2 = 0$ 不是最优契约。

（3）对开发收益和安全风险两项工作目标支付严格的激励报酬时的激励机制效应。当 β_1，$\beta_2 > 0$ 时，由于矿产资源开发投入收益的实现与安全风险程度的控制密切相关，结果将使代理人在提高收益率和降低安全风险两项工作中最优地分配总努力，以期实现矿产资源开发收益的最大化，从而使委托与代理双方总的确定性等价最大化，即：

$$R \times (a_1, a_2) - C \times (a_1, a_2) - \frac{1}{2}\rho(\beta_1^2\sigma_1^2 + \beta_2^2\sigma_2^2)$$

$$> R_2(a_1, a_2) - C_2(a_1, a_2) - \frac{1}{2}\rho\beta_1^2\sigma_1^2$$

$$> R_1(a_1, a_2) - C_1(a_1, a_2)$$

以上命题由此得证。

（五）基于多元化多层次委托代理利益博弈关系的矿产资源开发政策取向

通过上述分析，可以得出以下政策推论：

1. 矿产资源开发的基本收益需要得到保障是基础

通过分析可发现：当矿产资源开发的投入收益和安全风险达到一定程度时，代理人将更倾向于适当降低投入的安全风险，以保障矿产资源开发的安全性。因此，首先应该保证参与矿产资源开发代理人的基本收益，只有在此基础上，才可以考虑代理人安全生产风险的降低问题。

2. 矿产资源开发激励机制作用的发挥必须以其高弹性为基础

通过分析可发现：当代理人存在安全风险规避偏好时，激励收益合同都将严格优于固定收益合同；部分剩余索取权的获得将使其努力水平达到最优化。因此，收益分成制是解决矿产资源开发利用管理的委托代理问题，实现委托人与代理人最优目标的最有效的制度安排。因此，要尽量提升矿产资源开发利益激励机制的弹性，机制的弹性越高，该机制对代理人的激励作用越大，行为纠偏能力越强。具体结论如下：

（1）矿产资源开发收益管理采取委托代理的模型进行，其目的是为了实现矿产资源开发最大限度的高效、安全和可持续发展。

（2）矿产资源开发具有的安全生产、生态环保等外部效应的特殊性质决定了代理人必须是安全风险规避者，为此，委托代理模型的安全风险规避合同设计必须保证代理人不会产生道德风险的风险偏好，起码降低道德风险行为水平。

（3）在充分信息情况下，若 $\beta = 0$，委托人只根据代理人努力程度支付给代理人一笔固定的奖金，额外收益的不确定性完全由委托人来承担，安全风险规避型的代理人不能获得额外收益。而在非对称信息下，委托人为了激励代理人努力保证矿产资源开发的高效、安全和可持续性，必须让代理人的奖金与额外收益挂钩，正是由于代理人的奖金与额外收益挂钩，才使代理人愿意为获得额外收益付出努力；又因为额外收益与矿产资源开发利用的投入量有正相关关系，因此，矿产资源开发在保证安全性的前提下最大限度地利用将显得格外重要，因而利益激励机制必须具有相当的弹性。

（4）在代理人是安全风险规避的前提下，如何激励代理人努力进行高效可持续开发，以最大限度地使资源高效、安全和可持续开发是委托代理模型的核心。在信息不对称情况下，委托人为了提高代理人的努力水平，将给予代理人以变动额外收益分配率，以利益激励机制的弹性为基础，使代理人的额外收益与矿产资源开发的额外收益挂钩，形成委托—代理模型的一般均衡。

（5）为了满足矿产资源开发高效、安全和可持续利用目标的实现，委托—代理模型的设定必须建立与完善激励收益合同制度。因为无论代理人在提高矿产资源开发收益和降低安全风险两项工作中的努力成本是相互独立还是相互替代的，激励收益合同都将严格优于固定收益合同。

二　中央对各级地方政府之间矿产资源开发利益博弈局势的改变机理及政策取向

中央与各级地方政府之间的矿产资源开发利益关系主要在于地方政府可通过与中央的博弈来提升自身利益，二者之间存在利益共荣与分歧。当各级地方政府之间没有串谋背景时，中央与多元各级地方政府之间的博弈主要表现在中央与单个各级地方政府之间；在各级地方政府之间存在串谋时，需中央鉴别其合谋的效应。各级地方政府之间博弈的基本态势在于不合作，中央作为博弈第三方的介入可改变其间的博弈态势。因此，应将中央权威同地方积极性相结合，通过绩效评价体系、多种对话协调机制，促进中央与各级地方政府之间的利益和谐。

（一）中央与各级地方政府之间利益博弈的基本态势

1. 各级地方政府之间不存在串谋背景下中央与各级地方政府之间的利益博弈

当各级地方政府之间没有串谋背景时，博弈主要是中央与地方间的博弈，地方政府的行为主要受中央约束。

（1）当中央选择监督时，各级地方政府之间的利益博弈均衡。其中，2、3、4、5分别表示在不同情况下地方政府的矿产资源开发收益；t——中央向地方征收的税率；B——遵守中央矿产资源开发规定的地方政府奖励因子，与地方的矿产资源开发收益挂钩；f——违反中央矿产资源开发规定的地方处罚因子，与地方的矿产资源开发收益挂钩。

表 7 -1   当中央选择监督时各级地方政府之间的利益博弈

中央选择监督时各级地方政府之间的利益博弈		地方政府乙	
		合作	不合作
地方政府甲	合作	$4(1-t)$, $4(1-t)$	$2(1-t)+B$, $5(1-t)-f$
	不合作	$5(1-t)-f$, $2(1-t)+B$	$3(1-t)-f$, $3(1-t)-f$

要想保证中央的监督政策有效：不能亏待合作的地方政府，也不能纵容违规的地方政府。所以，对地方政府的利益最大化行为矫正而言，至少满足地方政府合作的收益大于不合作的收益：即对地方政府甲（乙）而言，$2(1-t)+B>4(1-t)>5(1-t)-f$。

此时，$B>2(1-t)$，$f>(1-t)$，此时两地方政府甲或乙都会选择合作策略。

在矿产资源开发中，奖赏和处罚不仅包括有形的经济奖励，也可以反映在地方官员的升迁效应上，对官员的晋升也会产生超过有形价值的无形价值。因此，可以将 B、f 看作是对地方政府官员变动的影响效应。

所以，当中央选择监督时，各级地方政府之间的利益博弈均衡存在合作的可能性。

（2）当中央选择不监督时，各级地方政府之间的利益博弈均衡。此时地方政府的行为没有中央约束。很明显，此时两地方政府都会选择（不合作，不合作）。两地方政府行为具有一致性。

表 7 - 2 当中央选择不监督时各级地方政府之间的利益博弈

表 7 - 2   当中央选择不监督时各级地方政府之间的利益博弈

当中央选择不监督时各级地方政府之间的利益博弈		地方政府乙	
		合作	不合作
地方政府甲	合作	$2(1-t)$, $2(1-t)$	$2(1-t)$, $3(1-t)$
	不合作	$3(1-t)$, $2(1-t)$	$3(1-t)$, $3(1-t)$

（3）在各级地方政府之间不存在串谋的背景下，中央与多各级地方政府之间利益博弈的综合。综合在各级地方政府之间不存在串谋的背景下，各级地方政府之间的利益博弈情形，可以将中央与两各级地方政府之间的三方博弈简化。

表 7 - 3   在各级地方政府之间不存在串谋背景下中央与
两各级地方政府之间的利益博弈

在各级地方政府之间不存在串谋背景下中央与两各级地方政府之间的利益博弈		中央	
		监督	不监督
两地方政府	遵守	$4(1-t)$, $4t-C$	$4(1-t)$, $4t$
	不遵守	$6(1-t)-2f$, $6t-C+2f$	$6(1-t)$, $6t$

表明如果各级地方政府之间不存在串谋背景下，这是一个混合博弈，要达到均衡是以中央付出一定概率的监督为代价的。

2. 各级地方政府之间存在串谋背景下中央与各级地方政府之间的利益博弈

在各级地方政府之间存在串谋的背景下，如果各级地方政府之间签订合作协议，并请中央确认，那么此协议就具备了一定的约束力，此时三方博弈均衡就有向（中央不监督、两地方政府遵守）的均衡点移动的可能性。如果两地方政府签订合作协议，并私下确认，那么此协议具备的约束力，将导致三方博弈均衡向（中央监督、两地方政府不遵守）的均衡点移动的可能性。如果考虑到两各级地方政府之间的契约成本和契约效应，如果契约订立后的社会总收益大于订立契约前的全社会受益，中央会积极推动地方政府之间签订一些具有约束力的合作协议。此时，中央通过调整策略，变被动监督为接受申诉，降低中央的监督成本。

（二）中央对各级地方政府之间矿产资源开发利益博弈局势的改变

1. 各级地方政府之间利益博弈的基本态势

（1）假设。在各级地方政府之间的矿产资源开发利益博弈中，假设 A、B 两地方政府的行为选择策略为：合作、不合作，这里的"合作"可以理解为地方政府进行矿产资源开发导致生态环保等外部效应问题，需要区域间的合作与分工、不进行"恶性开发竞争"、需要协作执行中央的可持续开发政策等。"不合作"可以理解为地方政府只顾自己政绩的提高，进行矿产资源开发"恶性竞争"，实施矿产资源开发的地方保护主义等。

（2）模型构建分析。令 $\bar{h}$ 表示地方政府 A、B 都采取合作行动时的利益所得；h 表示任一地方政府采取合作行动，另一地方政府采取不合作行动时，采取合作行动的地方政府利益所得；$\bar{b}$ 表示任一地方政府采取不合作行动，另一地方政府采取合作行动时，采取不合作行动的地方政府利益所得；b 表示地方政府 A、B 都采取不合作行动时，地方政府 A、B 各自的利益所得。

表 7 − 4　　　　各级地方政府之间的矿产资源开发利益博弈矩阵

各级地方政府之间的矿产资源开发利益博弈矩阵		地方政府 B	
		合作	不合作
地方政府 A	合作	$(\bar{h},\ \bar{h})$	$(h,\ \bar{b})$
	不合作	$(\bar{b},\ h)$	$(b,\ b)$

如果条件 $\bar{b} > \bar{h}$、$b > h$ 同时得到满足，那么，各级地方政府之间的矿产资源开发利益博弈就是标准的"囚徒困境"博弈，其纳什均衡就是 $(b,\ b)$，即地方政府 A、B 都采取不合作行动。

（3）模型的不合作均衡结果与现实的融合。鉴于地方政府 A 的政绩如果好于地方政府 B，上级政府对地方政府 A 的评价就会高于地方政府 B；此时，如果考虑政治晋升的因素，主政地方政府 A 的官员的升迁指数就会大于主政地方政府 B 的官员。因此，地方政府有强大的激励来实施能够超越竞争对手的政策。采取与对方合作的策略，即使能够提高自身的政绩，如果同时也提升了对方政绩，此时，就需要考虑这种合作对双方晋升指数的提升程度，如果对自己更有利，自然会选择合作，但对方居于同样的考虑，就会选择不合作。同时，选择不合作则并不需要对方同意。因此，不合作策略比合作策略更容易实施。所以，在地方政府官员的晋升博弈中，$\bar{b} > \bar{h}$、$b > h$ 往往能够得到满足，这导致了在该条件下各级地方政府之间的矿产资源开发利益博弈往往落入"囚徒困境"，双方都采取不合作行动。

但从中央的角度看，中央的目标函数是自身的矿产资源开发利益最大化，如果各级地方政府之间进行分工合作，不进行地方保护主义就符合中央的偏好和政策取向，所以，中央可以充当各级地方政府之间矿产资源开发利益博弈的调控者。

2. 中央作为博弈第三方的介入对各级地方政府之间利益博弈态势的改变

如果在各级地方政府之间的矿产资源开发利益博弈中加入中央作为第三方，博弈的纳什均衡就可能发生改变。假定中央希望各级地方政府之间有分工合作，不希望无序竞争、地方保护主义等。即使中央知道内嵌在地方政府矿产资源开发中的政治晋升博弈，使地方政府有激励进行不合作行为，但中央充当各级地方政府之间矿产资源开发利益博弈的调控者，将会针对各级地方政府之间的不合作行为进行查处和惩罚。

假定中央对各级地方政府之间的不合作行为进行查处的概率是 p，对地方政府的不合作行为实施的惩罚是 f，那么，pf 就表示应该被查处的地方政府预期遭受的惩罚。

表 7-5　　　　在中央作为博弈第三方条件下各级地方
政府之间的矿产资源开发利益博弈

在中央作为博弈第三方条件下各级地方政府之间的矿产资源开发利益博弈		地方政府 B	
		合作	不合作
地方政府 A	合作	$(\bar{h},\ \bar{h})$	$(h,\ \bar{b} - pf)$
	不合作	$(\bar{b} - pf,\ h)$	$(b - pf,\ b - pf)$

如果条件 $\bar{h} > \bar{b} - pf$、$h > b - pf$ 同时满足，那么，在中央作为博弈调控者第三方条件下，各级地方政府之间的矿产资源开发利益博弈的纳什均衡将是 $(\bar{h},\ \bar{h})$，即地方政府都选择合作，不实施地方保护主义等策略。这一点正是中央政府所希望的。

从 $\bar{h} > \bar{b} - pf$ 和 $h > b - pf$ 两个条件可以看出：只要中央政府查处各级地方政府之间不合作行为的概率足够高，并且进行的惩罚足够大，也即 pf 的值足够大，那么以上两个条件就能够得到满足。如果中央政府放弃作为各级地方政府之间矿产资源开发利益博弈的调控者，对各级地方政府之间的不合作行为听之任之，或者虽然进行监管，但不能有效地查处，也不能将对各级地方政府之间的不合作行为的惩罚落到实处。

（三）结论及政策取向

促进各级地方政府之间的矿产资源开发合作是在现行体制下实现和谐开发的理性选择。必须发挥中央的权威，引导各级地方政府之间建立合作机制并确保该机制的有效运转；必须要建构起良好的制度环境，合理的组织安排和完善的各级地方政府之间的合作规则。

1. 将树立中央权威同发挥地方积极性相结合

鉴于中国各地区矿产资源开发的情况千差万别，中央政策不可能兼顾所有地方的具体情况，贯彻落实中央精神不可能千篇一律、整齐划一，因此，要坚持把发挥地方积极性同维护中央权威结合起来、把局部利益同全局利益统一起来，统筹处理好执行中央的矿产资源开发政策同各个地方政府因地制宜地开展工作的关系，在充分发挥地方积极性的同时维护好中央权威，在维护和发展好矿产资源开发全局利益的前提下实现和发展好局部利益。要提高各级领导班子和领导干部执行中央决策能力；提高各级领导班子和领导干部创造性工作能力；深刻认识和把握执行中央决策能力和创造性工作能力对立统一的辩证关系，在二者的有机结合中全面提高执政能力和执政水平。通过健全对中央重大决策执行情况定期检查和专项督察制度、纪律保障机制，从法制层面提高执行中央决策、维护中央权威的外在约束，同时体现出对地方积极性、局部利益的保护和尊重，在确保中央政令畅通的前提下充分激发各级地方政府矿产资源开发的创造活力，在发挥各级领导班子和领导干部积极性、主动性、创造性中维护中央政策的集中统一。

2. 建立完善地方政府矿产资源开发绩效评价体系

政府绩效考评体系是衡量政府行为的标尺和指南，通过其正确的方向引导，规范官员的行为取向和行为模式，从而达到协调和改善政府间利益关系的目的。各级地方政府构建科学的矿产资源开发绩效评价体系不仅要有数量、速度方面的指标，更要关注质量指标、社会效益指标和生态环境指标，要注重提升地方矿产资源开发的高效、安全和可持续发展能力和开放合作能力。

矿产资源开发绩效考核运行机制，要改变过去单一的、从上至下的评价局面，要通过政绩考核主体多元化，完善基层代表和群众、媒体以及社会中介机构特别的社会评价渠道，建立体制内部与体制外部相结合、领导评价与群众评价相结合的多元化评价体系。针对矿产资源开发的不同发展时期，以及地区的不同特点和开发要求，赋予不同的内容和指标权重，突出不同的重点指标分别进行考核，并在保持相对稳定的前提下，适时适度做出相应调整，提高考核的灵活性和针对性。

3. 尽快构建矿产资源开发中各级地方政府之间的多种对话协调机制

由于在各级地方政府之间的矿产资源开发合作过程中，需要协调解决的问题还很多，不仅在矿产资源开发的具体规划制定过程中需要协商，更重要的是在规划执行过程中，同样也需要建立相应的利益协调机制。因而，构建矿产资源开发中的政府间横向协调机制和常规的对话机制就显得尤为重要。同时，通过设置专题性或综合性的矿产资源开发问题合作论坛，就共同关注的重点问题和领域相互对话、互通信息，提高矿产资源开发协调的力度和规划的执行度。

第八章 矿产资源开发中中央与各级地方政府之间博弈均衡的策略取向

一 理顺监督体制，加强国家监管，发挥中央的权威

（一）加强中央矿产资源开发权威的必要性

市场经济需要政府干预，需要宏观调控，这是中外理论界的共识，也是世界主要国家政府奉行的基本方略。在中国矿产资源开发体制、机制有待进一步完善，深层次的结构性矛盾有待进一步化解的情况下，矿产资源开发利益均衡需要中央的宏观调控。

1. 矿产资源开发利益多元化格局的形成需要中央加强调控权威

改革开放后，中央与各级地方政府之间财权事权的划分，决定了地方政府有独立于中央的利益诉求，形成了矿产资源开发利益主体的多元化。中央、地方政府、矿产企业、矿工和矿区等利益主体之间存在利益博弈。而且，独立于政府利益又与政府有各种复杂关系的利益集团开始形成，并与矿产资源开发中的各利益相关主体进行博弈。因此，要平衡各方利益诉求，实现矿产资源开发利益总体最大化，必须强化中央调控的权威，进行平衡。

2. 矿产资源开发的现实国情需要加强中央的权威

（1）与矿产资源开发相关的法规体系不完善与地区间发展不平衡是中国的现实国情。与市场经济发展、矿产资源开发相适应的法规体系建设相对滞后，其完善可能还需相当长的时间。同时，中国地域广阔，矿产资源禀赋的地域性分布不均衡，人口众多，区域间经济与社会发展差别巨

大，决定了建立有效的矿产资源开发宏观调控机制，强化中央调控权威，是未来相当长一段时间内的必然选择。

（2）地方保护主义的存在。基于地方政府执法者与矿产企业的"理性"行为选择，会出现相互串通的利益共同体，共同不执行或假执行上级部门的政策，严重削弱中央政策措施的强制性约束力。在政府官员监督体系还不完善的情况下，部分负有矿产资源开发监管责任的官员易成为被监管者的"俘虏"，甚至在发生矿难后还存在"合作"串谋、隐瞒矿难伤亡状况的利益偏好。因此，加强国家监察，发挥中央权威，坚决打击和根除地方保护主义，根治"官矿勾结"的腐败行为，就成为必然选择。

（3）合成谬误的存在。随着地方分权和分税制的推行，各地方政府出于自身各种利益考虑的行为选择偏好会直接影响到地方财政收入和本地区的GDP，其矿产资源开发监管责任人很容易出现懈怠情绪；每个地区都怕自己行动而别的地区不行动而让别人得到好处，当很多地区都做如此盘算时，合成谬误就发生了，个体理性叠加在一起就成了集体、社会的非理性。

（4）利益共同体的存在。有些矿产企业法人代表不仅在政府部门任职，头上还有很多光环，手眼通天，根本不把所在矿区的地方利益相关主体的诉求放在眼里，强势利益阶层之间很容易形成利益同盟，矿产资源开发利益的均衡发展很难主动达成一个具有约束力的协议。在某些人眼里除了中央和省市，其他政府部门根本不足以惧怕。因此，要让县乡一级政府去制止矿产企业的非法行为偏好很难达到预期的效果。所以，必须树立国家监察部门的权威性，增强行政执法意识，以法律为准绳，依法行政。

总之，要注意发挥中央的权威，从严执法，保证政策的有效性和持续性。通过经济和法制建设来加强中央的调控能力及对地方政府的约束，形成畅通统一的矿产资源开发调控体系，使中央的宏观调控与地方政府的目标和利益选择达成共识。在矿产资源开发政策执行中，实现令行禁止，遏制"诸侯势力"的扩张，减少矿产资源开发政策执行机构、政策对象（目标群体）与决策机构间的对抗。

（二）提升中央矿产资源开发政策的认同

任何矿产资源开发政策的制定和执行，都必然是对某些群体的利益抑制或利益满足，需要协调政策获益者、被抑制者和被损害者间的利益关系，达到矿产资源开发利益均衡发展。其中，必须具备的基本前提条件在于，中央的矿产资源开发政策制定公平、合理、可行，且得到政策相关群体的普遍认同，形成中央权威。

1. 关注中央矿产资源开发政策制定中的若干原则

一是应善于从政策取向上找准最大多数矿产资源开发利益相关者的共同利益与不同阶层具体利益的结合点，使各类利益相关主体能够公正合理地分享矿产资源开发成果；同时，尽量平等地分配矿产资源开发所形成的利益负担。二是任何一项矿产资源开发政策都应明晰所涉及的各方利益主体的损益。在偏向于受惠群体的同时，政策也应体现对利益受损者的补偿。三是任何一项矿产资源开发政策都应将政策执行者的意见纳入政策制定阶段，化解政策制定者与执行者之间对政策关注重点的认识分歧，减少执行偏差。四是协调眼前利益和长远利益的关系，不能以牺牲矿产资源、破坏生态平衡、污染生态环境等去换取一时的矿产资源开发收益，以子孙后代的切身利益换取暂时的地方经济发展。五是在任何情况下，矿产资源开发政策的决策都必须而且只能以维护公共利益为目标、以促进矿产资源开发利益均衡发展为导向。

2. 强化中央矿产资源开发政策的规范化

规范化是实现矿产资源开发政策制定科学性与文本可操作性的基本保证。按照组织体制决策模式的观点，矿产资源开发政策的内容决定于组织的稳定行为模式特征。由于政策的合法性是由政府的立法部门赋予的，所以，矿产资源开发政策的制定必须符合法律规章和制度程序。只有通过政策制定的制度程序规范化，才能使矿产资源开发政策在严密的制度安排下得以产生，从而避免盲目性和随意性。

3. 提高中央矿产资源开发政策制定者的决策素质与能力

决策者水平是关系矿产资源开发政策成败的重要因素，提高决策者水平意味着既要尊重科学的政策制定程序，具备运用科学方法和技术进行决策的心胸，也要积极创新，历练更加开放的思维结构，掌握更为渊博的知识，形成对矿产资源开发政策的分析与判断能力等。需要从思想道德、知识水平、工作作风等方面全方位提升。

4. 重视矿产资源开发政策系统的开放性

矿产资源开发政策作为一种公共物品，是由公共选择所决定的，是集体选择的结果，是为了实现矿产资源开发要素的帕累托最优配置。然而，现实中的矿产资源开发决策很难体现基于利益均衡发展的公共利益最优化，因为政府是人格化的组织，决策者是倾向于追求个人利益最大化的"经济人"。因此，必须具有开放性的胸怀，自觉限制政策制定者的特权，建立约束和监督机制，保证矿产资源开发政策系统的开放性，广开信息来源，及时广泛收集各方面的意见和要求，预测矿产资源开发中可能遭遇的各种问题。

5. 塑造矿产资源开发政策制定过程中的参与型政治文化，提供良好的参与氛围

不同的政治文化决定了政策制定中的参与心理与参与行为。参与型的政治文化能够为矿产资源开发政策制定提供良好的参与氛围。有助于利益相关主体参与意识的培养，推进民主意识的觉醒，客观上促进多样化、多层次的公众利益表达渠道建立。防止强势利益集团对矿产资源开发利益公共部分的侵蚀；有利于政府树立服务意识，培养公共行政意识，减少矿产资源开发政策的异化行为。

6. 加强矿产资源开发政策研究机构建设，逐步完善决策体制

矿产资源开发政策的形成需要精干和权威的决策中枢、灵敏和完善的信息反馈系统、掌握和运用现代科学理论方法的参谋咨询系统组成的科学决策体制。应保证智囊团的独立地位，大力发展非官方性的政策研究组织，引导民间包括社会、矿产企业、个人、高校等创办各类研究会、研究中心、咨询中心等，通过制度许可、政策补贴、购买研究成果等方式予以发展鼓励，促成矿产资源开发政策的多样性。

（三）完善矿产资源开发的中央立法

1. 注重借助立法手段约束矿产资源开发中的非法行为选择

（1）加强与完善矿产资源开发建设和生产利用等方面的法律法规。一切不符合法律相关规定的行为均属非法开采。完善《矿产资源法》、《安全生产法》等法律，使矿产资源开发的管理者、生产的组织者等利益相关主体必须提高法制意识，依法生产。

（2）完善刑法中对非法采矿罪判定的相关法律条文。对违反矿产资源法的规定，未取得采矿许可证擅自采矿的、擅自进入国家规划矿区、对国民经济具有重要价值的矿区和他人矿区范围采矿的，擅自开采国家规定实行保护性开采的特定矿种、经责令停止开采后拒不停止开采、造成矿产资源破坏的，要坚决入刑。

2. 完善矿产资源开发生态环境外部性的制度安排

矿产资源开发具有典型的环境外部性，利益相关主体在生产、生活中考虑环境成本时常常仅考虑对自身的成本，而没有考虑其对他主体造成的负面影响，会造成"公共地悲剧"。必须采取相应措施，健全制度安排，降低或消除外部性的负面影响。

（1）打破条块分割，加强统一管理。多级政府设置的矿产资源开发区域划分是为了管理的需要，但各地方政府在考虑矿产资源开发成本、生态环境保护时，会从自身的角度出发进行决策，导致仅从小范围考虑其自身局部利益，而放弃影响大区域的最优化决策。因此，需要中央从整体利益出发，打破条块分割。通过适当改革，完善对环境管理部门适当的垂直领导，将其业绩考核、收入划拨、激励制度集中于大区域政府，或由上级环境管理机构领导，避免为了小区域集团的矿产资源开发利益而牺牲大区域利益。

（2）矿产资源开发生态资源环境的产权需要加以界定。中国各区域的矿产资源开发生态环境虽属国有，由国务院行使所有权、控制权，并分解到各级地方政府，但很难做到有效管理、监督。法律虽然规定了矿区居民拥有美好环境的权利，但单个居民与有组织的矿产企业、政府进行生态环境抗衡的力量是极其微弱的，居民的生态环境保护成本昂贵，难以通过法律等渠道维护自身利益；并且由于环境产权不明晰，法律保护资源环境的意识严重缺乏，造成矿产资源开发环境的恶化，因此，可考虑对生态环境的产权进行界定。鉴于产权包括所有权、控制权、转让权和收益权等层面，尽管生态环境的所有权难以分配给单个利益主体，但其控制权、转让权、收益权可以下放，并对相应的具体权力加以界定，会促使矿产资源开发利益相关主体提高生态环境保护的积极性，加强矿区居民、社会保护矿产资源开发环境的意识和权力，减缓或防止外部性及"公共地悲剧"的发生，加强可持续开发的实施。

（四）完善矿产资源开发的财税体制引领

矿产资源开发存在巨大的利益空间，须格外注意利益的合理分配问题。作为利益主体的中央利用对矿产资源所有权的控制来保证国家资源安全和要素合理配置，并获取经济利益，而地方政府利用矿产资源开发促进本地区的经济发展及财政收入。因此，作为矿产资源的所有者，国家应加强与完善矿产资源开发财税体制的利益引领，引领和形成各方利益主体在矿产资源开发中的合作共生共赢利益分配共享模式。

1. 逐步完善各级政府间合理稳定的矿产资源开发财权和事权划分制度

（1）合理划分中央与地方间的矿产资源开发财权与事权。进一步明晰中央与地方财权和事权的划分，做到矿产资源开发的财权与事权对等。鉴于地方政府常面临民生压力大、财政支持刚性增长的约束，无论从解决民生、发展社会事业的角度，还是从提高公务员队伍收入的角度，地方政府都有促进矿产资源开发的内在压力与外生需求。因此，在保护地方政府积极性的同时，要适当抑制地方因过度利益冲动而与中央的博弈。通过立法方式合理界定中央与地方政府在矿产资源开发中的财权事权关系，保持两级政府间矿产资源开发利益关系的相对稳定。

（2）合理划分各级政府间的矿产资源开发权益。对矿产资源开发财权的划分，要充分考虑各税种的特性，各种矿产资源开发收入来源的特性，在各级政府间科学、合理、稳定的划分。对矿产资源开发中的生态环境、可持续发展以及保障供给的战略安全等问题，具有全国性公共物品的特征，中央要肩负起更多的责任，扭转"事权下移"的趋势。从长远发展看，有必要考虑给予地方政府相应的矿产资源开发税收选择权，甚至一定条件下的设税权，因地制宜地促进矿产资源开发。同时也需要构建赋予矿区居民表达自己利益的机制，以促进利益的均衡发展。

（3）在中央与地方矿产资源开发事权明确划分的基础上，依托分税制的推行和完善，合理确定二者间的相应财政支出范围。分税制是中央与地方最主要的利益分配制度，对双方都具有强制约束力。但分税制具有在财权和事权的划分上，地方政府的财权范围相对较小；在税种划分上，税种的立法权、解释权、税目税率的调整权集中于中央；"一对一谈判"的运转特点；以及中央易充当让利者角色等缺陷。因此，要根据中央与各级地方政府之间的矿产资源开发事权划分，按照责、权、利对等的原则调整矿产资源开发管理的地方政府支出范围，依托分税制度的完善，促进中央与地方矿产资源开发利益的均衡发展。

2. 逐步完善规范、高效、公平的政府间矿产资源开发转移支付制度

矿产资源开发利益的政府间转移支付本质上是矿产资源开发利益的再分配。要有一套科学、透明、严密和相对稳定的矿产资源开发转移支付制度，真正兼顾上下级政府间和同级政府间的矿产资源开发利益平衡，使各

级各类政府围绕转移支付的博弈在公平、规范的游戏规则下进行。

（1）明确各级政府的矿产资源开发职能和财政支出责任。明确省以下各级地方政府之间的矿产资源开发管理职能的侧重点，并以法律形式加以规范。省级政府侧重于本行政区域内的矿产资源开发政策制定、行业管理及监督权，管理全省和省域间的矿产资源开发协调事务；市、县级政府侧重于中央与地方矿产资源开发政策的执行和规划实施等，负责与辖区矿产资源开发最直接的公共事务。遵循兼顾效率与公平、正效益成本补偿、矿区居民利益等原则，明确划分政府间矿产资源开发的财政支出责任，在纵向上形成划分科学、责权匹配与集散适度的配置格局，根据各方矿产资源开发受益程度和基层财政承受能力，确定合理的分担比例。

（2）合理划分各级政府间矿产资源开发的财政收入范围。从有利于地方政府职能转变和区域经济发展的角度，将宏观调节作用强的矿产资源开发税种作为共享收入；从有利于矿产资源开发利益协调发展、整体功能发挥出发，将规模小、税源分散、便于地方征管的税种作为地方收入。避免基层政府陷入国家矿产资源开发调控与发展地方经济的两难境地，维持基层矿产资源开发管理的正常运转和应得利益，遵守国家政策约束，避免牺牲环境等短期行为。

（3）建立科学合理的矿产资源开发转移支付制度。根据矿产资源禀赋的地域性不均特征，建立科学、合理、稳定的矿产资源开发利益转移支付制度，为扭转省以下纵向财力差距扩大的趋势贡献力量，形成各级地方政府矿产资源开发利益的自我积累机制。加大矿产资源开发利益转移支付的规模和力度，增强矿产资源开发利益转移支付测算和分配的科学性、整体性和综合性，并将转移支付范围相对集中到矿区生态环境保护、义务教育、社会保障、扶贫救灾、公共交通等主要项目上，实现地区间矿产资源开发财力配置的相对均衡。

3. 促进矿产资源开发税收改革的进一步深化

（1）总结矿产资源开发利益分割的改革经验，化解不利与不足。1993 年制定的资源税暂行条例，按照"从量定额"的计征办法，没能考虑产品价格和矿产企业收益增长的影响，特别是在石油天然气等价格已较大幅度提升的情况下，资源税中的价格因素比重过低，既不利于税收调节生产、促进矿产资源合理开发利用，也不利于充分发挥税收合理组织财政收入的功能。为此，经国务院批准，自 2010 年 6 月 1 日起在新疆进行原油天然气资源税改革试点后，2010 年 12 月 1 日起，又在其他西部省（区）将原油天然气资源税改为"从价定率"计征。要总结矿产资源开发利益分割改革的经验，全面推进资源税改革，增加地方财政收入，增强地方保障和改善民生及治理环境等方面的经济实力；促进油气资源类矿产企业努力挖掘内部潜力，降低生产经营成本，约束矿产企业承担相应的生态恢复和环境补偿成本，促进节能减排，促进节约开采利用、保护环境，实现矿产资源开发可持续。

（2）加强矿产资源开发税收的薄弱环节。焦煤是生产焦炭的原料，是稀缺性矿产资源，其价格和利润率远高于其他矿产资源开发。稀土是重要的战略性资源，其开发存在方式粗放、过量开采、生态环境破坏和浪费严重等问题，严重影响了中国稀土资源战略安全和稀土产业的持续健康发展。应进一步理顺焦煤和稀土等资源产品的价税关系，提高其税额标准，更好地发挥税收调节功能，促进他们的合理开发利用，保护生态环境，遏制过度开采和浪费，促进可持续开发和保护。

（五）完善矿产资源开发的绩效考核制度

鉴于现行的矿产资源开发绩效考核更多是基于上级等的主观评价，考核过程的封闭性使矿产资源开发的其他相关利益主体往往被边缘化，明显助长了地方政府在矿产资源开发利益博弈中的机会主义行为倾向和动机，对矿产资源开发利益和产值规模增加过分偏爱；对地方政府在矿产资源开发管理权力行使和职责履行中的违规行为缺乏有力的约束机制，需要改革完善。

1. 构建完善矿产资源开发绩效考核评价新模式

以促进科学发展为基准，完善矿产资源开发绩效考核评价新模式，强调各类各级利益相关主体的满意度。鉴于矿产资源开发绩效考核的核心任务是把好考核关、选准用好干部，促进矿产资源开发利益的均衡和可持续发展。鉴于一些地方领导对发展的理解出现偏差，过分关注矿产资源开发利益，片面追求源于矿产资源开发的 GDP 增长份额，一定程度上出现了重经济、轻矿区社会、轻生态环境、轻生产安全的矿产资源开发利益发展不均衡现象。归根结底，是政绩观出了问题。要按照中央《关于建立促进科学发展的党政领导班子和领导干部考核评价机制的意见》，以及与此相配套的中央组织部制定的《地方党政领导班子和领导干部综合考核评价办法（试行)》、《党政工作部门领导班子和领导干部综合考核评价办法

（试行）》、《党政领导班子和领导干部年度考核办法（试行）》等，完善考核评价体系，通过民主推荐、民主测评、民意调查、个别谈话、实绩分析、综合评价等考核方式，创新民意调查和实绩分析环节，增加考核的科学性、准确性，通过激励、约束作用的明显和充分发挥，科学考核、科学用人，把各级领导干部的矿产资源开发管理思想和行动引导到科学发展上来，促进矿产资源开发利益均衡发展。

2. 强调矿产资源开发绩效考评机制的科学化取向

在矿产资源开发绩效考核已有内容的基础上，要通过既注重开发速度，又注重开发方式、开发质量的考核；既注重开发的经济利益，又注重矿区社会协调发展、生态环保可持续、安全生产有保障，以及自然和谐发展的考核，特别是履行维护矿产资源开发环境稳定第一责任、保障和改善民生的实际成效考核，彻底改变"唯 GDP 论英雄"的不科学的政绩评价方式，在矿产资源开发中落实中央强调的科学发展观。要充分重视矿产资源开发的差异性，绩效考核内容应充分体现不同区域、不同层次、不同类型的特点，把结果性指标与过程性情况结合起来，以符合矿产资源禀赋的地域性特征。要充分体现考核内容的激励性和约束性，突出矿产资源开发中的节能减排、生态环境保护、安全生产、矿区稳定、矿工等弱势群体满意度等约束性指标的考核，强化对矿产资源开发行为违反科学发展的刚性约束。进一步增强矿产资源开发绩效考核方式的完整性和系统性，坚持以平时考核、年度考核为基础，以换届（任期）考察、任职考察为重点，合理安排，统筹兼顾，相互补充，相互印证。

3. 加重矿产资源开发绩效考评的群众满意分量

近年来，部分官员在推动矿产资源开发中暴露出一些比较突出的问题，如矿产资源开发狂热，依托"滑向底端竞争"的资源开发项目大招商、好大喜功的资源开发政绩工程偏好、严重忽视生态环境、变相无视矿工等弱势群体的利益诉求、矿产企业的利益高于一切，侵犯矿区合法权益、人为"矿难"现象时有发生等。究其原因，是因为部分官员在矿产资源开发决策施政时，缺乏群众监督，最能切身体会到矿产资源开发影响、最具备信息优势、最需要利益倾斜的相关行为主体、阶层和群体，往往没有发言权。要创新对地方政府管理矿产资源开发的考核评价方式，突出考核民主、重视民意、扩大民生，强化党内外干部群众的参与和监督，把矿产资源开发中的民生改善、矿区社会和谐发展等矿产资源开发利益相关主体中最直接的感受成效直接纳入民意调查，深入了解领导干部公认度，加大群众满意度在矿产资源开发考核评价中的分量，落实矿产资源开发利益相关主体对政策执行的知情权、参与权、选择权和监督权，"倒逼"矿产资源开发利益的均衡发展。

4. 强化矿产资源开发绩效考核结果的激励约束运用

长期以来，矿产资源开发绩效考核存在流于形式、考核结果与干部使用脱节的现象，特别是存在干部轮流坐庄，不称职的干部难以通过考核评价机制界定出来，考核结果难以作为干部奖惩和升降的依据，制约考核激励作用的发挥。应充分运用矿产资源开发绩效考核成果的激励约束运用。着力在矿产资源开发中形成注重品行、崇尚实干、重视基层、鼓励创新、群众公认的正确用人导向；通过将考核成果作为评定等次的重要内容，实行"评先"一票否决制，使责任制考核与干部使用有机结合；把考核成果作为业绩评定、选拔任用、奖励惩处的重要依据；对群众意见较大、不胜任现职岗位的，要及时进行组织调整；对因失职造成严重后果的，要依法依纪处理。

二 完善地方政府职能，约束政府对矿产资源开发利益的调控行为

（一）完善地方政府矿产资源开发职能的目标取向

中国的改革开放以及全球化和地方化，使地方政府被推向矿产资源开发的前台，地方之间的竞争加剧和升级，使矿产资源开发的决定性要素愈益通过"用脚投票"的方式检验地方政府的服务质量，也使地方政府的矿产资源开发利益结构日益复杂，需要调整地方政府的矿产资源开发利益目标导向和可持续发展战略管理能力，促进矿产资源开发利益的均衡发展。

1. 明确定位地方政府的矿产资源开发管理职能

（1）担负地方矿产资源开发的调控职能。作为中央管理地方矿产资源开发的代理机构，地方政府担负着所在地矿产资源开发的调控职能，具体体现在：一是承接上级政府的矿产资源开发调控任务。包括保证上级调控目标的实现，制定相应的地方政策，协调上级政策与地方政策的协调贯

彻落实。二是引导地方矿产资源开发的健康运行。包括研究和制定地方战略，编制和实施有关规划，合理调控开发速度，调整和优化结构。三是调节矿产资源开发的利益分配，维护利益均衡发展和社会公平。

（2）提供地区矿产资源开发利益发展所需的制度基础。矿产资源开发利益分割中存在多重角色冲突与利益矛盾，地方政府承载着协调平衡的制度基础。一是建立矿产资源开发要素市场体系的培育、规则完善和开发秩序维护。通过制定地区性法规与政策等手段，营造规范、竞争、有序的矿产资源开发市场条件。二是培育地区矿产资源开发的多种利益主体，为利益主体与中介组织的发展提供良好的政策支持。通过理顺政府与矿产企业、政府与矿工、政府与矿区等互动关系，形成矿产资源开发利益各相关主体间的适当分工、密切合作的伙伴关系，实现矿产资源开发责任承担和利益共享。

（3）提供所在地区矿产资源开发所需的公共产品与服务。由于矿产资源开发所必需的基础设施等地方公共产品具有投资周期长、回收慢、社会效益大于经济效益，且在利用上具有非竞争性等特点，必须由地方政府来供给。同时，在信息不对称的情况下，与中央相比，地方政府更接近信息源，相互竞争的地方政府能更好地提供地方矿产资源开发所需的公共产品。

（4）加强地方矿产资源开发生态环境的保护和建设。矿产资源开发易导致外部自然条件恶劣、生态环境脆弱，植被减少与严重水土流失等生态环境的外部性，要求地方政府应搞好生态环境的保护和建设，须牢固树立生态环保和可持续发展的观念，做好矿产资源开发统筹规划，通过解决好机制创新和后续产业发展问题，切实加强本地区的生态资源保护。

（5）建立国外、省外和域外投资准入机制，给各类矿产企业平等的地位和宽松的发展环境。地方政府必须推行行政管理制度改革，规范行政审批制度，建立国外、省外和域外投资准入机制，通过规范或准入规则，完善各类矿产企业所有制的资本准入大门，形成本地矿产资源合理开发和综合利用的开放式运行新模式。

（6）分清政府与市场的边界，消除地方政府过分干预矿产资源开发的影子。地方政府必须建立科学的发展观和政绩观，管理区域矿产资源开发应以经济手段为主，行政干预为辅。和中央统一认识，减少不必要的行政干预，消除地方政府主导矿产资源开发要素配置的影子，还市场经济本色；同时，规范税收减免，提高协调能力，支持和推动矿产资源开发利益内在机制的生成与发育。

2. 完善设定地方政府矿产资源开发利益发展的治理目标

地方矿产资源开发利益治理的重要目标取向在于塑造对相关利益主体负责、履行矿产资源开发公共责任的地方政府治理体系。

（1）利益相关主体与矿区公民社会的发展。作为地方治理能够存在和发展的基础，以及地方治理实践成效的外在标志，利益相关主体与矿区公民社会发展的成熟度是制约矿产资源开发利益失衡的重要原因，易导致弱势矿产资源开发利益相关主体的行为诉求被忽视。

（2）利益相关主体治理参与机制的创新推进。矿产资源开发利益相关主体参与地方治理实践，是追求矿产资源开发利益均衡、实现和谐共赢目标和检验地方治理水平的重要标志。通过矿产资源开发利益相关主体的公共参与对政治系统的代表性和回应能力的提高，增进与政府间的互相了解和信任，消除疏离感，可促进政府制定和执行矿产资源开发政策的合法化，发展矿区居民、矿工等行为个体的思想感情与行动力量，引导和促进矿产资源开发利益均衡发展。

（3）地方政府管理矿产资源开发的能力、方式和效率的提升。地方政府管理矿产资源开发的责任性主要体现是回应性和有效性。前者意味着地方政府对矿产资源开发利益相关主体多样化需求的及时反应与满足能力，对矿产资源开发重大突发事件的预测、预警、防范、处置和修复能力；后者意味着地方政府的矿产资源开发管理效率，包括管理机构合理设置，管理程序科学，管理活动灵活以及最大限度地降低管理成本等。

3. 规范地方政府的矿产资源开发利益行为

促进地区矿产资源的可持续开发利用，保障国家经济发展的矿产资源供给是地方和中央的共同利益目标，但由于理性行为特征，使地方政府在地质找矿、矿业权市场建设、矿产资源开发利用等方面都存在绕不开的利益问题，且地方政府会根据自身利益需要与中央政策展开博弈，国家的矿产资源开发管理政策到地方会遇到各级地方政府的"偏好"调整，因此，须规范地方政府的矿产资源开发利益行为。

（1）地方利益在矿产资源开发中的表现特点。一是分割权力。地方政府面对矿产资源开发中的探矿权、采矿权带来的丰厚收益，会通过种种方式控制矿权，使其收益留在地方；越是基层政府这种想法越强烈，特别是在以矿业为其主导产业的地方。一些地方政府甚至乡镇设置了矿产资源开发管理委员会或管理领导小组等非正式管理机构，对辖区内矿产资源的勘探、采掘进行管理，有关探矿、采矿的年检等事务都要先经过这些委员会或领导小组的批准。这种对矿产资源开发权力的实际控制，使得几乎每级地方政府都会抱怨下级政府分割权力。

二是设置土政策，利益短期化。由于矿产资源开发分级管理的限制，省以下地方政府可对探矿权的申请、年审、勘查作业设置土政策，如向矿产企业收取安全、投资、生态环境等保证金，大大增加了探矿权的获得成本；同时，这些保证金并没有相应的专门账户管理，常常作为地方政府的收入而挪作他用，到时会以投资不到位、环境恢复不彻底而不归还。有的地方政府可对原"招拍挂"取得的探矿权以年审不合格为由，不再延续，无偿或低价收回，即使原权利人不交回，相关的工作也无法进行下去；被收回的探矿权不久后可被二次"招拍挂"，再次获得出让金。

三是地方保护。一些地方政府实行"肥水不流外人田"的策略，帮助地方所属矿产企业垄断辖区内的矿产资源开发；有的地方政府成立自己的矿业基金，辖区的矿产资源开发全部由自己的基金来做，政府行为企业化。

（2）地方利益对矿产资源开发的影响。一是矿产资源开发利益非均衡发展。鉴于各级政府组织要完成本辖区内的经济社会管理任务，履行其管理职能，需要有充足的财政收入作为支撑，并由 GDP 来评价政治绩效和实现个体利益，使地方政府竭尽所能地追求能提高矿产资源开发对 GDP 贡献度的方法，一些矿产企业也在影响政府的行为选择。因此，矿产资源开发常常伴随着政府行为企业化、利益短期化，使矿产资源开发权力的市场化配置建设受到重大影响，不利于矿产资源的合理开发利用，导致矿产资源的重大浪费、环境的不断恶化和安全事故的接连发生。

二是地方利益在某些矿产资源开发管理机制不完善的矛盾中被放大。现行的矿产资源开发权力运作管理中，矿产资源开发的登记与管理相脱节，在加强对矿产资源开发集中管理的同时，又加大了地方政府和中央之间的宏观调控矛盾。矿产资源开发登记主要在省部两级，意味着矿产资源开发的财产管理权主要在省部两级，但矿产资源开发的日常监管、探查和开采过程事务协调等实际在地市、县的行政辖区内。使省部级管理的矿产资源开发权力市场化配置在地市、县受阻，基层地方政府可通过自己的土政策以及地方保护，阻碍矿产资源开发权利的市场化运作，扰乱矿产资源开发的市场秩序，使审批登记的矿产资源开发权力不能实际行使。

三是从 1994 开始的分税制改革，本身存在的不完善会加重基层地方政府控制矿产资源开发权力的利益驱动。尽管分税制初步理顺了中央与地方之间（主要是中央与省级之间）的财力分配关系，而省以下财权与事权的划分出现了相背离的局面。省以下政府层层向上集中资金，基本事权却有所下移，特别是县、乡两级政府，在很大程度上加剧了基层政府财政困难。尽管在现行分税制财政体制下，除海洋石油资源税外，其余所有资源税收入均归地方政府所有，但在分税制下，央企、地方企业税利上缴的区别，使地方政府"理性"地偏好地方矿产企业，制定土政策促进矿产资源开发的地方保护。

四是现行的 GDP 政绩评价指标体制助长地方矿产资源开发利益的膨胀。因为充分开发矿产资源是实现财富增长的有效途径之一，而在当年国民收入增长的政绩中，不但没有扣除自然资源的成本投入，反而将这种成本作为一种收入，是不需要成本投入的净收入，只会助长地方多开发多收益。

（3）规范地方矿产资源开发利益的原则。中国现行的《矿产资源法》第三条明确规定"矿产资源属于国家所有"，"地表或者地下的矿产资源的国家所有权，不因其所依附的土地所有权或者使用权的不同而改变"。《宪法》也明确规定矿产资源属于国家所有。同时，对矿产资源开发的收益分割，包括国家投资形成的矿业权出让价款、矿产资源补偿费、资源税等，都向地方财政倾斜点。如 1994 年税制改革时，考虑到中国的矿产资源大多分布在欠发达地区，把资源税划为地方税种。因此，矿产资源开发利益向地方倾斜，在补偿生产区利益后，要使全体公民利益均沾，公平分配是普遍比较接受的观点。所以，原则一要求，既然矿产资源属于可耗竭的财富，只有把矿产资源开发收益归为因耗竭而承受社会经济负担的那级政府才是公平的；原则二要求，只有当提供基础设施和为生态环境损失方面承担开采代价的那些利益主体获得矿产资源开发利益补偿时，公平才能体现出来，即矿产资源的收益要与其成本补偿相适应。所以，地方政府在获得矿产资源开发利益的同时，要承担相应的生态环境补偿成本管理。如果仅仅是增加了地方政府的收益分配，而没有承担相应的责任，就会使地方全面快速、不计后果地开发利用矿产资源，获得财富，取得政绩。

（4）规范地方矿产资源开发利益的行为取向。一是明确地方收益和地方应承担相应的补偿成本，应成为规范地方矿产资源开发利益的法律基础。应当承认地方利益的合法性、合理性，应制定地方矿产资源开发利用规划，完善矿产资源管理体制；建立有效的地方利益表达机制，肯定地方政府在矿产资源开发利用中的作用。以法律手段来界定地方权力的范围及其运行模式，以保障地方利益的合法性、正当性，使地方政府的矿产资源开发责任与权利相适应，明确矿产资源开发利用的问责制度。

二是利益共享是规范地方矿产资源开发利益的重要途径。要在规范地方矿产资源开发利益方面进行有益的探索，包括在整合地方矿产企业时，协调税收的分配，构建矿产资源开发利益共享和惠民利民长效机制；农村集体经济组织，可将矿产资源开发项目区内的集体土地使用权、林木等作价入股，参与矿产资源开发利益分配；基层政府得利益分成原则上应将不低于50%的收益用于改善矿区的生产生活条件和解决其长远生计；矿产企业要优先安排符合条件的当地劳动力就业；矿产资源开发利益转化可实行"飞地经济"模式，即非本地的矿产企业上缴的增值税、所得税部分，矿产资源输出地可参与分享。

三是通过规划调整共同利益，强化战略目标管理，是规范地方矿产资源开发利益的重要手段。促进地方矿产资源的可持续开发利用，保障国家经济发展的矿产资源供给是地方和中央共同的利益。须先通过规划协调，达成一致的战略管理目标。把规划作为优化矿产资源开发管理的重要手段，使其体系不断深入系统化，调整基层地方利益。应根据国家和省的发展政策、地方经济社会发展规划以及市场供需状况，按照矿产资源开发规划及专项规划，既给予地方政府相应的决策权，又有利于省政府的宏观控制。

四是限定地方矿产资源开发收益的使用范围，是规范地方利益的重要内容。尽管在逐步明确地方政府矿产资源开发收益的分配比例，但对所获得的收益使用基本没有范围限定，也缺少相应的财政监管，特别是近年来收取的矿业权出让金的使用。在美国，《1920年矿产租赁法令》规定了红利、年地租和权利金的使用范围：10%交联邦财政用于各项开支；52.5%作为复垦基金；37.5%的联邦财政部分配给所有的州、郡政府，明确作为公路建设、维修和支持公立学校教育的费用①。

4. 完善中央与各级地方政府之间矿产资源开发的区域管理模式

中央具有宏观调控权，在对区域矿产资源开发行使调控与管理过程中，与地方政府应明确界定管辖权限，在各自的领域和范围内发挥作用。一般而言，对于一些跨省的、需要全国作出统一规定的矿产资源开发事务，由中央负责解决；而对于省内及以下的一些事务则由地方各级政府根据中央的有关矿产资源开发政策创造性地加以解决。为此，须将矿产资源开发调控系统的诸多环节加以调整或改造，使地方政府矿产资源开发管理必须具有信息搜集、整理、加工系统，成为矿产资源开发战略和中长期计划的制定和实施系统。同时，在中央的统一领导下，以充分发挥地方政府的积极性，合理确定中央与各级地方政府之间的矿产资源开发职能分工为原则，可将地方政府矿产资源开发管理体制的主要内容界定为：一是根据国家的矿产资源开发战略目标，确定地方的阶段目标，编制中长期规划，落实阶段性预定目标。二是贯彻执行中央政策，落实中央对地方矿产资源开发的调节措施。有针对性地运用经济杠杆、法律手段和辅之必要的行政措施，使本地矿产资源开发良性循环发展，避免大起大落。三是建立矿产资源开发的监测、预警、反馈信息系统。掌握运行、跟踪监测，提前预测，及时提出矿产资源开发管理措施。四是在区域矿产资源开发中，对出现的一些带根本性、地区性的问题，加强协调。

（二）强化矿产资源开发政策执行主体层面的行为约束

矿产资源开发政策执行中，不同层级政府之间的利益矛盾冲突无疑是客观存在的。要整合府际利益关系，承认博弈局中人之间的利益差别，强化矿产资源开发政策执行主体层面的行为约束，寻找利益均衡点，使之成为促进矿产资源开发利益最大化的内在驱动，形成利益共同发展的局面。

1. 完善地方政府执行中央矿产资源开发政策的制度框架

地方政府执行中央矿产资源开发政策，既应体现全局利益的统一性，又兼顾局部利益的灵活性。不允许存在损害国家矿产资源开发整体利益的地方利益，但整体利益也应适当照顾地方利益；只有地方政府行为规范、中央的决策合理，才可能使双方的利益目标趋于一致，最终形成整体利益

---

① 王峰：《浅析矿业开发中的地方利益规范》，2009 年 6 月，国土资源网，http：//www. clr. cn/front/read/read. asp？ID = 160128。

与地方利益的"双赢"。地方政府执行中央的矿产资源开发政策,应当坚持有利于矿产资源开发利益均衡发展的方向,加强中央的宏观调控能力,并根据矿产资源开发利益的战略需要、政治发展要求准确把握向地方分权、放权的"度",逐渐实现中央与地方在权力设置上的"集分平衡",达到矿产资源开发利益的共赢。

(1) 按照利益共赢原则确定中央和地方间的矿产资源开发权利义务关系制度框架。鉴于中央常常要与众多的地方政府通过谈判来确定矿产资源开发的权利义务关系,存在着高额谈判成本的可能。而且中央与地方的谈判具有示范效应,一旦在与某个地方政府的谈判中承诺了更多要价,则其他地方必然会跟随效仿。因此,中央和地方间的矿产资源开发权利义务划分须受制于基于利益共赢的制度框架约束,若没有具有稳定性的制度框架为依靠,双边谈判将造成地方政策的不稳定性,可能发生中央政策权力的收回,或地方政府不遗余力地使用对自身有利的政策措施,酿成恶果。

(2) 依托市场行为取向科学划分和确定地方与中央间的矿产资源开发事权关系制度框架。根据中央与地方政府在矿产资源开发管理中的地位和作用,科学划分二者间的矿产资源开发事权,从法律上规定二者的矿产资源开发管理范围和相应权力。凡关系国家整体矿产资源开发利益、全局利益的事务,如矿产出口和国际开发合作、生态环保、区域利益转移平衡等,应由中央处理。凡关系地方局部利益和地方自主性、地方自主发展的矿产资源开发事务归地方处理。逐步建立起既能发挥中央调控又能增强地方活力的事权关系体系。鉴于合理的制度安排有助于降低系统内的交易成本,《宪法》和《地方各级代表大会和地方各级人民政府组织法》等为地方与中央间权限划分提供了法律基础和依据,应明确中央与各级地方政府之间在矿产资源开发中的行政主体地位及权利义务关系,将界定合理的利益关系纳入制度框架中,避免变动的随意性和人治色彩,减少地方政府在执行中央矿产资源开发政策过程中讨价还价的成本,使制度真正成为政策领域内博弈的游戏规则。

2. 明确地方政府执行中央矿产资源开发政策的行为选择空间

在矿产资源开发政策执行过程中,应严格区分地方保护主义与合理的地方利益保护之间的界限,使属于地方的正当权力和利益能够及时归位。

(1) 充分利用地方政府在矿产资源开发调控方面比中央具备的更有利条件。地方政府不仅熟悉本区域的矿产资源开发情况,有助于宏观调控的有效性；还可以充分发挥区域矿产资源开发优势，保持本区域的灵活性和多样性。因此，在强调中央对全国矿产资源开发宏观调控时，有必要赋予地方政府相应的区域调控权，使地方政府控成为介于中央调控与以经济杠杆为手段的间接调控之间的中间环节，成为矿产资源开发的建设者和维护者。

（2）充分利用地方政府在矿产资源开发政策方面的信息优势。在中央做出重大矿产资源开发战略决策或出台重要政策法案时，应主动征求地方政府的意见和建议，集思广益，强化与地方政府之间的信息沟通，以出台更符合地方矿产资源开发实际的决策。地方政府也应积极主动参与研讨，代表地方利益对中央决策施加影响，尽可能争取地方政府对中央矿产资源开发政策的共识。

（3）充分利用地方政府建立矿产资源开发利益补偿和平衡机制。一般而言，只有符合"帕累托"原则的矿产资源开发政策方案才是最优选择，即利益调整应使得一些利益主体的境况变好，同时又不会使其他境况变坏。然而，实际政策执行过程中的这种情况常常几乎是不可能实现的，因为矿产资源开发政策执行必然改变旧的利益分配格局，在矿产资源开发利益总量一定的条件下，一部分利益的增加可能要以另一部分的利益损失为代价。因此，为了减少政策执行阻力，必须建立相应的利益补偿和平衡机制，依靠地方政府对矿产资源开发利益倾斜政策的推行，惠及利益受损。按照均等化的方向实行转移支付，平衡利益关系。

3. 有效控制地方政府部门的矿产资源开发利益

（1）明确利益分配权力。财产权包括所有权、占有权、使用权和处置权，与此相类似，矿产资源开发权力也可进一步划分为所有权、使用权和管理权。其中，所有权归国家，因为它是国家凭借授权参与矿产资源开发利益分配且受法律保护的保障，使用权和管理权应归政府各部门，以履行政府的矿产资源开发职能。因为国家不可能直接行使其所有权，只能委托地方政府代理，形成一种委托—代理关系。所以，只有明确矿产资源开发权力分配，才能从根本上优化矿产资源开发利益"谁收取，谁所有，谁享用"的状况。

（2）依托制度完善，缩小甚至取消政府部门的矿产资源开发利益空间。不少地方政府推行阳光财政，取消政府部门的资金账户，对约束政府部门的矿产资源开发利益空间收到了良好效果。对于由部门利益驱动而导致的政府部门不廉洁、执行矿产资源开发政策低效等问题，应切实加强人大、政协、新闻媒体以及纪检监察部门的合力监督。

（3）通过严格执法，加大对执法不力的惩罚力度。应加大对政府执法人员关于矿产资源开发政策执法不力的惩罚力度，确保政府监督部门执法严肃性，在短期内可使执法人员认真执法，使矿产企业遵纪守法，选择合法经营；在长期内能形成行为惯性，抑制非法开采行为的发生。

4. 准确把握各级地方政府之间矿产资源开发利益整合的基本原则

（1）公平竞争原则。创造平等竞争的矿产资源开发环境，使地方政府在统一的市场规则中处于公平竞争的地位。中央对待各个地方政府应一视同仁，公正相待，绝不能只顾锦上添花，而忘记雪中送炭。

（2）利益共享原则。市场经济是利益主导的经济，参与矿产资源开发的行为主体都有利益选择与利益预期，离开了利益目标，矿产资源开发中的利益合作无从谈起。从利益合作共享的角度看，主动寻求矿产资源开发合作是一种理性选择，因为区域合作极易获得利益共享、信息共享的好处，有利于调动各合作者的积极性，发挥不同地区在矿产资源开发中的比较优势，互利互惠。

（3）共同发展原则。尽管矿产资源禀赋的地域不平衡是客观存在，应尽可能在依托矿产资源开发实现发达地区发展的同时，推动欠发达地区的发展。地方政府所在的各个区域都是国家整体的一部分，都在整个国家的矿产资源开发中具有特定作用。地方政府不应在获得自身的矿产资源开发利益同时，损害其他地方的利益或国家利益，而应在相互尊重、相互平等、因地制宜、自主创新的基础上，实现矿产资源开发利益共赢。

（三）强化矿产资源开发政策执行主体人格化层面的行为约束

矿产资源开发政策执行主体利用所掌握的政策执行权力来调节各种利益关系，从一定意义上看，是矿产资源开发政策执行行政人的一种选择行为，包括人格化的行政人个人利益和公共利益。矿产资源开发政策执行者因其所处的地位和掌握的权力而对授权的上级和社会承担职责和义务，是内在的主观行政伦理责任与外在的客观制度性责任的统一。公共领域和私人领域的差异性及行政人对公共权力的执掌度，决定了矿产资源开发政策执行行政人不应当仅满足于遵纪守法，而必须有更高的道德自律追求。矿产资源开发政策执行行政人的确具有个人利益，自我价值的实现不应以个人利益实现的程度为标志，而应以政策的执行完美为前提，这种价值目标的根本性转移是基于"责、权、利"统一为基础的行政伦理，强化矿产资源开发政策执行主体人格化层面的行为约束，把占有的追求转化为奉献的追求。

1. 加强矿产资源开发政策执行行政人的行政伦理制度建设

（1）应在明晰行政人兼具"经济人"和"公共人"二重属性的基础上，加强矿产资源开发的行政伦理制度建设。应将行政制度、体制本身的道德导向问题放到更为突出的位置，通过制度建设加强行政伦理对矿产资源开发行政权力的约束。依据宪法、法律、行政法规、地方性法规、政府规章以及其他规范性文件，约束矿产资源开发政策执行人的权力行为；同时，用法律规范的形式将行政责任和行政伦理固定下来，以法规的强制力来保证基本道德规范的实践。

（2）努力提高矿产资源开发政策执行行政人的道德能力。表现为道德判断力和道德意志力的获得、延续及提高等的道德能力，主要依靠对职业道德要求发自内心的体验和认识以形成高尚的道德品质来维系。行政人的道德品质在矿产资源开发政策权力的行使过程中主要体现为强烈的利益分割的正义感和责任感等，要通过加强行政伦理培训使行政人形成适当的伦理价值，诱导更强烈的对矿产资源开发公共利益负责的精神；提升行政人自身的道德自律，维护社会公正，化解矿产资源开发政策执行过程中行政人的权力滥用，保障政策执行有效。

2. 加强矿产资源开发政策执行人的行政行为考核与评估

矿产资源开发政策执行行政人的行为考核与评估，作为一种监督、控制和制裁行为，要求行政人必须按照各自的责任和要求去从事相应的行政活动，承担相应的义务。凡是未能完成所承担的任务或犯有违法失职行为的，都应承受相应的责难、处罚或制裁。这是矿产资源开发政策执行责任的本质要求。

（1）必须制定科学、有效、详细的执行行为考核标准。鉴于行政人往往会为自身利益的最大化而忽视全局利益，使矿产资源开发政策执行行为呈现出异化特征，因此，考核标准的科学性直接影响矿产资源开发政策的成效。具体化、数量化的考核标准，会使考核注重实绩；由考核专家和考核对象共同参与的考核指标会增加考核的针对性和可操作性。要进一步建立健全岗位责任制，构建矿产资源开发政策执行考核标准的直接依据；增强考核内容和岗位职责的一致性；将德、能、勤、绩、廉方面的考核细化为许多小的可量化的指标，增强考核的可操作性。

（2）加强对行政人平时的考核力度，体现平时考核的价值。在矿产资源开发政策执行行政人的行为考核中，应加大平时考核分值和权重，将平时考核与执行目标相结合。将平时考核结果体现在奖优罚劣上，树立权威性；提升考核结果的价值，增加考核制度的生命力，落实考核管理的根本。

3. 建立完善矿产资源开发政策执行人监督制度

从矿产资源开发实践看，对矿产资源开发政策执行行政人的监督主要包括：大众传媒和公共舆论监督；依赖于组织最高层的意志、权威和价值取向等对行政人的监督；国家权力机关对行政官员的监督。可通过与执法执纪部门联系、责任审计、聘任监督员、设立监督举报电话等方式，强化对矿产资源开发政策执行行政人个体行为的监督，以便更迅速准确地了解行政人执行矿产资源开发政策的现实情况。

（四）强化矿产资源开发政策执行过程中的公共利益维护

在矿产资源开发政策执行中，政府的作用是双重的，既可能增进矿产资源开发的公共福利，也可能侵蚀损害公共利益，这就是诺思所言的"政府悖论"。政府要真正成为矿产资源开发公共利益的代表，必须有一定的实现条件和保障机制。

1. 明确矿产资源开发政策的公共利益边界

明确公共利益边界是约束矿产资源开发政策执行过程中政府利益扩张的首要保障。作为矿产资源开发政策公权力的主要行使者，政府行为与公共利益有着最为密切的联系，也最容易对公共利益造成实质性的危害和侵犯。必须对矿产资源开发政策的公共利益严格界定。由于矿产资源开发中的公共利益关系着其中多元相关行为主体社会生活的诸多方面，各种法律、法规对此皆有涉及，为解决矿产资源开发公共利益法律界定的混乱与无序，必须由立法机关对公共利益做出统一、权威的立法解释，以提供明确的法律指引和预期。应明确矿产资源开发公共利益的内涵；尽可能较为全面地列举出属于公共利益范畴的矿产资源开发事项；设立兜底性条款，明确无法列举或难以列举的其他应属于公共利益范畴的事项；设立排除条款及限制性条款，明确排除不属于公共利益范围的事项。更加重视矿产资源开发利益相关主体的评议和公开讨论，通过不同意见的表达和交流过程，实现对矿产资源开发公共利益的价值分享和传递。

2. 防止矿产资源开发政策执行中的公共利益泛化

矿产资源开发政策执行中的公共利益泛化意味着各种地方利益、部门利益、商业利益、私人利益等都相关主体的利益诉求，以公共利益为幌子，把矿产资源开发利益都扯上公共的标签，以公共利益大旗为其行为选择鸣锣开道，仿佛矿产资源开发公共利益成了政府政策行为选择的包罗万象的大口袋，范围被无限扩张。导致本来用于维护矿产资源开发公共利益的法律，被损害公共利益的行为钻了空子；本来应该代表和守护公共利益的政府，却事与愿违地损害了公共利益；本来应该分享公共利益的利益相关主体，却被"公共利益"伤害了自己的利益。因此，应依托法律政策文本的详细界定，严格把握矿产资源开发中的公共利益含义和行为界限。

3. 积极促进矿产资源开发政策执行中的公共利益与私人利益关系和谐

矿产资源开发政策执行过程中的公共利益和个人利益有时相互一致，有时相互冲突。在完善的市场机制下，个人利益的追求往往符合公共利益，在追求个人利益最大化的同时，促进了矿产资源开发公共利益的最大化；在一定条件下，公共利益与私人利益还可以相互转化。但是，公共利益与私人利益之间难免会发生冲突。因此，一是应明确矿产资源开发的公共利益具有核心地位，在矿产资源开发政策执行活动中充当着向导作用。二是在追求公共利益的同时，矿产资源开发政策执行活动应体现出对私人利益的关怀。如果窒息了矿产资源开发利益的私人生长空间，公共利益会失去存在的基础，公共利益不能脱离私人利益而存在。三是在矿产资源开发中应促进具有社会分享性的公共利益和私人独享性的个人利益二者之间的整合与和谐。通过利用中国宪法、刑法、民法、民事诉讼法、行政诉讼法等重要法律中关于"公共利益"的原则性规定，建立和完善矿产资源开发的公益诉讼制度，使公共利益的保护落到实处。总之，矿产资源开发政策执行须以公共利益为其逻辑起点和根本目标，以致力于维护和增进公共利益作为政府活动的最高行为准则。以矿产资源开发政策是否指向公共利益的实现，以及实现能力和程度，是判断和评价政府政策执行正当及有效性的基本标准。

（五）强化矿产资源开发政策执行过程中的传播层面约束功能

作为一种公共权力，矿产资源开发政策执行权力必须服从、服务于利益相关主体和公共利益。但在缺乏有效制约和监督机制的情况下，矿产资源开发政策执行往往背离其利益目标，阻碍政策目标的实现。为使矿产资源开发政策执行过程更加透明和公正，有必要主动公开与政策相关的信息，保障公众知晓政策；应接受来自方方面面的舆论监督，以使执行行为得到及时调整和修正。

1. 强化矿产资源开发政策执行过程中的信息公开

矿产资源开发政策执行信息覆盖矿产资源开发过程的各个方面，在不同程度上影响着相关利益主体的行为选择，影响着开发效率和利益分割。鉴于政府与矿产资源开发利益相关主体在信息公开问题上的兴趣并非总是趋于一致。事实上，政策信息公开意味着某些权利的实现，也意味着政府的相应义务。基于政治风险的回避、经济利益的"寻租"、信任危机的消解等原因，矿产资源开发政策执行主体往往具有强烈的信息保守倾向，但为恢复政府的责任心和对政府的信任，采取某些信息公开措施是必要的。

（1）矿产资源开发政策信息公开应与利益相关主体的知情权实现相对应。知情权意味着对政府的重要事务以及社会上当前发生的与普通公民权利和利益密切相关的重大事件，有及时、准确了解的权利。矿产资源开发知情权的内容不仅局限于知道和了解矿产资源开发的法律、法规，还应包括政府掌握的一切关系到相关利益主体的权利和利益的信息。因此，有必要在矿产资源开发中对知情权予以明确确认，使其真正成为矿产资源开发利益相关主体的一项基本权利。

（2）矿产资源开发政策信息公开的原则应当是"以公开为原则，不公开为例外"。"例外"意味着豁免公开的信息，包括公开后可能会危害国家矿产资源开发安全，涉及商业秘密的信息等。除此之外，政府的重大矿产资源开发决策、政府行政审批的开发项目、重大突发事件的处理情况等信息都必须公开。

（3）扩大矿产资源开发政策信息公开的范围。政府在做出影响矿产资源开发公共利益的决策时所依据的政策、法规、内部文件和事实依据等均应及时公开。适时推行矿产资源开发领域的财政预算公开。突破目前以政府主动为主的信息公开方式，探索根据利益相关主体的申请公开信息的方法和制度。强调公开信息的最大限度，还要遵循适当原则，平衡信息公开与隐私保护、商业秘密保护和国家安全之间的关系。

（4）拓展矿产资源开发政策信息公开的渠道，充分实现政府信息公开的效能。矿产资源开发政策信息的传统公开方式有政府公报、红头文件、党报、党刊、电视台、电台、墙报、专栏、布告、标语等；还可以通过设立固定的信息公开厅、公开栏、电子屏幕、电子触摸屏、信息公开服务热线等多种形式。要推进政府网站建设，对公开的矿产资源开发政策信息的检索、查询、分类、浏览等不得故意设置阅读访问障碍，鼓励公开性评价，以保证政府网站公布信息的准确、全面、及时、有用。始终把便利作为选择政府信息公开方式的首要条件。

（5）必须打破时空界限和行政机关层级与部门之间的界限，提高矿产资源开发政策信息公开的内外沟通效率，及时传达施政的意图、方针、程序。设立权威性的机构统一协调信息公开。政府各部门须根据自身的职能和服务特点，整合矿产资源开发公共信息资源库。保证提供信息的财政投入。依法规范政策信息公开，实现矿产资源开发政策信息公开法制化。

2. 强化矿产资源开发政策执行过程中的舆论监督

矿产资源开发政策执行过程中的舆论监督意味着借助大众传媒形成舆论力量，对执行权力运行的偏差行为进行披露、建议乃至批评，以影响矿产资源开发政策的执行效果。

（1）营造良好的舆论监督环境。矿产资源开发管理行政机关及其行政人员，尤其是领导干部，应以宽容的态度对待舆论的多样化，真诚欢迎和接受舆论监督，为舆论监督开"绿灯"，鼓励和支持大众传媒大胆开展舆论监督。同时，加强与传媒沟通，及时通报矿产资源开发现况，帮助媒体把握正确的舆论导向，减少负面效应，扩大正面影响。传媒应主动向矿产资源开发利益相关主体和其他公众提供必要的条件，行使政策执行的监督权利。

（2）拓展舆论监督的形式。应减少不必要的环节，及时疏浚沟通管道，保障矿产资源开发利益诉求的有效表达。尽可能兼顾不同利益主体的需求，照顾弱势群体的利益诉求和意愿，确保其声音得到有效传达。

（3）健全舆论监督的保护机制和查处机制。正确运用有关法规，及时排除舆论监督对矿产资源开发的各种干扰。对压制舆论监督报道的行为应及时予以查处。对舆论监督所反映的矿产资源开发问题，应及时组织力量查处，或督促有关部门限期解决。

三　创新矿产资源开发管理体制

利益分配综合制衡是对矿产资源开发利益分割进行调整，消除利益主体间的摩擦和冲突，使其均衡发展，形成利益的和谐统一。应通过构建完整的利益协调机制体系，使矿产资源开发面临不和谐因素时，自发地发现影响和谐的因素，并发挥调节、矫治作用，有效整合矿产资源开发的各种力量，平衡利益结构，使矿产资源开发运行在良性状态。具体需要建立健全合理的利益引导约束机制、畅通的利益表达机制、均衡的利益分配机制、系统的利益矛盾防控机制和完善的监督和惩处机制，并且促进这些机制之间相互联系、相互补充，共同实现制度的利益整合和平衡功能。

（一）建立健全合理的矿产资源开发利益引导约束机制

利益主体彼此之间在利益价值观和利益行为等方面的差异和冲突，是矿产资源开发利益矛盾生成的重要原因，是利益关系失衡、不和谐的实质，因此，需要从道德和法律内外两方面入手引导和约束，规范利益主体行为。

1. 道德的引导和约束

随着矿产资源开发利益相关主体的个体意识觉醒，引发了利益观念和利益行为的多元化，但如果利益观念的多元蜕变成杂多和混乱，那么矿产资源开发会处于无序状态，必须使利益主体在逐利的过程中遵守基本的社会价值和行为规范，重视道德引导和约束在矿产资源开发中的地位和作用。

（1）尽快构建符合社会主义市场经济要求、切合矿产资源开发利益均衡发展的道德观念。既要反映国家、社会的合理需要，又要反映矿产资源开发利益相关主体生存和发展的合理需要；既要强调奉献精神，也要满足矿产资源开发利益主体合理的利益追求。

（2）要改变过去那种忽视矿产资源开发主体和群体利益，一味追求"圣人道德"的道德教育。要从社会基本道德出发，承认矿产资源开发利益主体的合理合法利益，重视具体利益，将其落到实处；使利益主体在矿产资源开发中去体会和认识个体利益与集体利益、局部利益与整体利益、当前利益与长远利益，自觉调整自己在矿产资源开发中的行为。

（3）要形成道德激励和惩罚相结合的机制。让矿产资源开发利益主体看到遵守道德的价值和意义，以及违背社会道德所受到的制度和良心惩罚，引导和鼓励利益主体形成正确的利益观念和利益行为。通过发挥群众和舆论对违背矿产资源开发道德规范行为的声讨约束，形成道德压力。

（4）要使道德要求和规范具体化和制度化。明确矿产资源开发道德规范的具体化要求，把具有伦理性的风俗习惯通过法律、政策和规章等形式反映，将道德规范予以制度化，保证其作用发挥的有效性。

（5）要加强党政干部的道德教育，规范其矿产资源开发利益观念和行为。鉴于党政干部是矿产资源开发的管理者和政策的执行者，与权力中心接近，容易通过权力来获取自身的私利，其遵守道德的行为具有外溢效应。因此，要教树立人民公仆的观念，懂得手中权力的赋予源泉，绝不允许以权谋私，绝不允许形成既得利益集团。

2. 法律的引导与约束

法律制度对矿产资源开发利益关系的调整是通过行为的规范和约束来实现的。通过法律手段有效地惩罚不遵守法律的行为；对利益行为明确的预期和导向；对相对合理的利益格局、利益行为规范的肯定，能够得到各利益主体的承认，提供普遍的矿产资源开发法律秩序。

（1）要对利益主体的权利和义务做出明确具体的规定。设定矿产资源开发权利，规范利益主体的利益范围和大小，界定义务和利益行为选择空间；禁止随心所欲地追求自己的利益，必须考虑其他利益主体的利益，鼓励与其他利益主体自主地协调共赢。

（2）要保护利益主体合法的利益和权利。用法律对矿产资源开发的公共权力进行有效约束，防止对其他合法利益和权利进行侵犯。

（3）要为利益主体行使其合法利益和权利构造良好的外部环境。通过规范矿产资源开发市场的交易行为秩序，坚决打击和惩处不合理、不合法的逐利行为，使不当的利益行为选择付出必要的成本，对矿产资源开发利益均衡形成示范作用。

（4）要完善合法利益的救济途径，保证违法利益能够受到抑制和追究。强化对利益主体的法律约束，以合法的手段和方式获取利益，防止以不正当的手段甚至非法手段获取利益，减少矿产资源开发利益矛盾和冲突。

（二）建立健全矿产资源开发利益畅通表达机制

利益表达指在多元化的利益主体间通过一定的途径和方式向政府和社会表述利益诉求。随着矿产资源开发利益结构的重大变化，必须充分听取不同利益主体和群体的声音。

1. 矿产资源开发利益冲突背后是利益表达机制的缺失

（1）利益表达机制的缺失。在矿产资源开发中，通过压制和牺牲弱势群体的利益表达来实现短期内的矿产资源开发和价值创造，维护矿区社会稳定，不仅无助于矿产资源开发的可持续和谐发展，反而起到了维护既有利益格局的作用，甚至对矿产资源开发利益的公正造成严重损害。大量的研究表明，在诸多矿产资源开发利益矛盾冲突事件背后，是利益表达机制的缺失。一是利益表达渠道不畅。在各种利益表达中，强势群体的利益表达具有决定性意义，其利益诉求进入矿产资源开发决策中心有很多条件限制，在客观上影响了其他利益表达渠道功能的发挥。二是利益表达的非均衡性。强势群体能够利用现有的各种合法及非法的途径进行利益表达，而弱势群体利益表达的能力低下，且在表达效果上，不同群体之间出现巨大分化。若不从根本上解决利益失衡与社会公正的利益顺畅表达机制问题，一味以稳定为名压制合法的利益表达，则只会积聚矿产资源开发利益矛盾，扩大冲突，使矿区社会更不稳定。因此，建立健全畅通的矿产资源开发利益表达机制势在必行。

（2）通常而言，畅通的利益表达机制一般具有政治、经济和社会三方面的功能。其政治功能在增强矿产资源开发政策的合法性上具有显著作用，强化对政策管理的认可性，促进矿产资源开发的稳定性和利益民主化发展；其经济功能在弥补矿产资源开发市场失灵过程中具有显著作用，可在一定程度上抵消市场机制中的信息不完全、信息不均等现象，促进矿产资源开发利益相关主体建立长期和制度化的信息交流平台，减少机会主义倾向，形成良好的交易秩序；其社会功能在于增进矿产资源开发各利益主体间的融合及信任，激发积极性，为矿产资源开发提供动力。而这三方面功能的相互协调，可以制衡矿产资源开发利益失调和冲突，为矿产资源开发利益均衡发展、和谐秩序的构建形成合力。

2. 完善国家政治制度层面上的矿产资源开发利益表达机制

国家政治制度层面的利益表达是实现宪法规定的公民参政、议政、言论自由等民主权利的制度化渠道，是矿产资源开发利益相关主体利益表达实现的最有保障的途径。

（1）坚持和完善党代表最广大矿产资源开发相关主体根本利益的体制机制。建立和完善党内民主制度，反映和整合矿产资源开发民意。完善党的监督机制。构建矿区基层党建工作的新格局。切实加强党员队伍建设，塑造清廉的执政党形象。

（2）健全和完善人民代表大会制度的矿产资源开发利益表达功能。要加大对人民代表制度及其功能的宣传和解释。增强矿产资源开发利益代表比例的合理性。通过矿区选举的完善，促进代表的素质和矿产资源开发公共责任意识的提高，实现代表功能的发挥。

（3）健全和完善政治协商制度的矿产资源开发利益表达功能。明确职能定义，提升"参政议政"的地位。加快建议案、建议工作的制度建设，促成政治协商制度的整体创新。通过发挥政协组织广泛联系的优势，使矿产资源开发利益不同程度地得到表达和实现，以有效协调和平衡矿产资源开发的多元利益要求。

3. 完善矿区基层民主政治层面的利益表达机制

矿区基层与矿产资源开发其他利益主体联系最广泛、接触最紧密，容易发现和聚集利益主体的利益诉求；基层利益表达机制不仅是对国家政治层面利益表达机制的体现和补充，而且是国家政治层面的利益表达机制具体得以实施、落实的保障，因此，要建立健全矿区基层民主政治的利益表达机制来实现和国家层面的对接。

（1）完善矿区自治提供的制度化利益表达平台。随着全能型政府逐渐退出，将承担社会职能的矿区居委会和村委会自治的法律地位得到明确和制度保障。要通过民主选举、民主决策、民主管理和民主监督等利益表达的方式，形成有效的监督制度；通过民意测评制和各种形式的讨论会等一些积极有效的利益表达方式，形成矿产资源开发利益均衡的共识，制定出符合多数居民和村民的公共政策和公共服务，并对少数受损利益进行相应补偿。要正确处理、逐步理顺自治权力和行政权力二者的关系，实现由传统的领导与被领导、命令与服从的关系到指导与协助关系的转变。要强调基层政府应把原本属于居委会和村委会的管理权归还，以保证其有足够的能力，最大限度地实现自治，维护好居民和村民的利益。

（2）完善矿产企业职工代表大会提供的制度化利益表达平台。职工代表大会制度是矿产企业职工进行利益表达和维护制度。鉴于职工代表大会具有广泛的群众基础，其利益表达和维护功能的有效发挥，将成为矿产资源开发利益矛盾和冲突中一种有效的利益表达方式，有利于和谐秩序的构建，因此，要加强工会的利益表达和维护功能。转变政府和矿产企业的观念，改变对工会是其附属组织或工具的看法，正视工会表达和维护职工利益的地位和功能。要探索工会资金来源的制度化解决渠道，在法律上明确规定让工会在资金来源上脱离对政府、矿产企业的主观性依赖，真正成为职工的利益表达和维护者。要进一步明确规定工会的领导人由职工民主选举产生，形成主动表达和维护职工利益的内在动力。要加强工会自身的建设，提高工会在集体协商中的能力与合法表达和维护职工利益的能力。

4. 创新制度化的矿产资源开发利益表达机制

国家的矿产资源开发权力在民主政治下是有边界的，只能在公共领域和当利益主体求助并得到一致同意时才能介入调解。随着矿产资源开发利益的分化，已有制度框架内的利益表达难以应付越来越复杂多样的矿产资源开发利益矛盾和冲突，因此，需创新制度化的利益表达机制，以满足矿产资源开发利益主体的各种利益表达需要。

（1）创新信访制度的矿产资源开发利益表达机制。信访制度是一项具有中国特色的、党和政府联系群众，群众反映和表达利益的制度安排。鉴于信访制度在矿产资源开发中存在着有些部门和领导惧怕信访、集体上访和越级上访等，通常具有制造轰动效应的"非常态"倾向，以及压制上访的事件时有发生等，因此，必须创新信访制度的矿产资源开发利益表达机制。完善信访的相关事项和程序的公开和公示制度；完善领导信访接待日制度和通过下访与信访人面谈沟通制度；完善信访信息系统，方便信访人在当地通过网络提出信访和查询信访事项办理情况的制度；完善开放性地解决信访纠纷的社会化工作机制；继续发挥信访的利益表达和反馈民意的功能，通过信访立法，提高信访制度的法律地位，坚决反对打击报复，有效促成信访作用的发挥。

（2）创新听证制度的矿产资源开发利益表达机制。作为听取各界特别是利益相关者意见的方式，听证会是听取意见的会议，主要以多方参与、利益表达和利益冲突协调为价值取向。作为矿产资源开发相关主体利益表达的渠道，以及利益博弈的制度化平台，听证可权衡矿产资源开发利益不同主体的需求，引起政府和社会各界对弱势群体的关注，使政府决策能反映其利益和要求。要使其功能得到很好的发挥，必须遵循民主性、公开性、公正性、科学性和规范性等原则。将听证制度的程序、范围和内容、讨论方式、代表比例及产生方式等进行制度规范，以引导矿产资源开发利益相关主体更好地利用听证制度表达利益。在听证代表的产生方式上进一步规范，在利益相关性、表达能力和素质、产生比例等标准上合理化。实现听证的公开性，提高听证会的质量。在听证会上深入论证，充分暴露矿产资源开发利益的矛盾和冲突点，使利害关系人的意见得到充分表达。

（3）创新大众媒体的矿产资源开发利益表达机制。大众媒体包括传统的广播、电视、书籍、报刊等和新兴的网络，通过客观的报道，反映不同矿产资源开发利益主体的实际状况和对政府、社会的态度，传递出各自的利益和要求；而这些反映与反馈的信息正是政府制定和修改矿产资源开发决策以适应环境和民意的必要条件。应鼓励和引导大众媒体对矿产资源开发弱势利益群体的关注，主动为其提供利益表达的机会。创新节目内容，使其更贴近生活，加强大众媒体与弱势矿产资源开发利益群体的互动，创造发表意见的平台。

5. 完善矿产资源开发利益表达机制的外部环境

制度化的矿产资源开发利益表达渠道并不等于利益表达就能很好地实现，还需要良好的外部环境保证其畅通。

（1）改变政府对矿产资源开发利益表达的态度。如果政府对利益表达不重视，政府的矿产资源开发政策是很难体现相关主体的利益要求。政府要正视和尊重行为主体的利益表达，认识到利益表达不是由意识形态而是由利益矛盾和冲突引发的，是矿产资源开发中的正常现象，应该适应并主动回应；并追究政府不尊重利益表达的行政责任和法律责任。

（2）提升利益主体行使公民权利的意识和能力。通过开展基层民主等各种途径，提高矿产资源开发利益主体参与政治的意识和能力。

（3）规范利益主体的利益表达秩序。为使利益表达在政治系统的容纳范围之内，能有效地实现矿产资源开发利益，并不对政治体系产生冲击，须培育矿产资源开发利益表达团体，将分散的个体利益要求聚集起来形成理性的利益表达。须通过法律的形式保障矿产资源开发利益相关主体的政治权利，并对利益表达的内容、方式和程序作出明确规定，用法律的形式固定下来，以实现利益表达的规范化、制度化、有序化，使矿产资源开发利益均衡能更好地实现。

（三）建立健全矿产资源开发利益均衡分配机制

鉴于市场、政府和社会分别在矿产资源开发利益的三次分配中发挥着主体作用。市场机制遵循效率原则，使拥有知识、资本、能力和创新精神的矿产资源开发利益主体在市场激励下获得更多的矿产资源开发利益；政府在对矿产资源开发利益的第二次分配中，遵循公平原则，通过制定各种政策，建立系统的分配、保障和补偿机制，使矿产资源开发利益主体的基本需要得到满足；社会在对矿产资源开发利益的第三次分配中，遵循道德向善的原则，通过慈善事业、邻里互助等，使矿产资源开发利益趋向均衡。因此，在矿产资源开发利益的分配过程中，对市场机制的初次作用，政府要发挥提供合理的竞争环境、稳定规范的市场秩序等职能；对政府自身的再分配，要坚持公正原则，适当倾向于矿工、矿区等弱势利益群体，保证公共服务和公共产品能够共享；在社会自觉进行的第三次分配时，政府要提供各种优惠政策和必要设施。使三个层次的分配机制实现，自身缺陷最小化、功能作用最大化，三者相互补充、有机统一，建立健全均衡的矿产资源开发利益分配机制，实现利益共享均衡。

1. 建立健全政府在矿产资源开发利益初次分配均衡机制中的责任

鉴于市场机制起着基础性作用，能很好地调动矿产资源开发利益相关主体的积极性，但易导致各行为主体都以利益最大化为导向，出现分配差距；不能保证起点公平，存在垄断等。因此，政府需要弥补和纠正市场机制的缺陷。

（1）确保市场竞争中获取矿产资源开发利益的分配起点公平。市场经济只要求竞争过程中规则的平等而不需要起点的公平，但矿产资源开发利益主体的收入分配出现日益不平等和差距悬殊的现象，是由起点、过程和结果的不公平导致的，需要政府在起点上为矿产资源开发弱势群体提供各种扶助，尽量确保大多数都在同一起跑线上。要规范矿产资源开发行政权力的运行，明确界定行政权力和市场的界限。加快推进垄断性的国有矿产企业改革，建立现代企业制度，实现政资分开、政企分开，落实国有矿产企业"经济人"与"政治人"双重身份的分离。要取消城乡隔离的户籍制度，给予矿工自由流动迁徙的权利，剥离与户籍制度挂钩的福利，用身份证制度取代户籍，消除其对矿产资源开发利益公平分配的阻碍作用。改革劳动用工制度，建立规范的劳动力市场，消除城乡间的就业歧视，废除一切歧视的就业政策，克服因就业限制而产生矿产资源开发利益分配差别。

（2）加强对市场竞争过程中矿工等弱势群体获取矿产资源开发权益分配的保护。对矿产资源开发利益的弱势群体提供长期的技能培训，切实提高弱势群体的技能，为其提供就业机会，尽量避免因个体禀赋差异而造成的收入分配差距过分悬殊。制定各种最低的劳动报酬标准，鼓励社会中介组织和新闻媒体对矿产企业进行监督。

（3）依法规范市场竞争中的矿产资源开发利益分配行为。市场经济需要平等和公开的交换，需要政府发挥调节、监管职能，防止和打击矿产资源开发领域内的违法犯罪行为，用法律和规则去规范、约束矿产资源开发利益分配行为。要保护合法的利益分配所得，鼓励和允许一部分人和一些地区凭借优越的矿产资源禀赋、高效利用先富起来。要加强矿产资源开发市场的监管，规范和处置不合理、不合法的利益分配行为。

2. 建立健全政府在矿产资源开发利益再分配均衡机制中的责任

矿产资源开发利益均衡的最终目标是和谐共赢，须加强政府再分配的能力，通过税收、财政的转移支付和社会保障来实现矿产资源开发利益均衡。

（1）充分发挥税收调节分配差距的功能。适当提高所得税征收起点，将税收主要指向高收入的矿产资源开发利益主体。建立以所得税、遗产税等为核心的多税种调节体系。通过减税和免税，帮助落后地区和贫困阶层的矿产资源开发利益主体脱贫致富；尽早开征遗产税、赠与税和社会保障税。完善税收征管制度。强化纳税意识，建立和推行收入申报制度，增强矿产资源开发收益透明化，依法严厉打击偷税漏税的行为，要加大逃税的各种成本和风险。

（2）调整财政支出比例，加强财政转移支付。加大对中西部等具有矿产资源开发禀赋优势的地区财政支持力度。增加向矿产资源开发弱势群体的财政转移支付。

（3）建立和完善全方位的社会保障体系。有针对性地进行社会保障制度的设计，使其分别满足和符合与矿产资源开发相关的矿区农民、矿工等的需求特征，完善社会保障模式和社会保障管理。

3. 建立健全政府在矿产资源开发利益第三次分配均衡机制中的责任

第三次分配是由处于社会中的组织、群体和个人来进行的，基于对基层的熟悉，能最大限度地满足矿产资源开发利益主体的真实紧迫需要，通过必要的补充实现利益分配的均衡。主要形式有慈善公益事业、社区互助、邻里互助等形式。为使其作用能更有效的发挥，政府必须承担相应的责任。

（1）要充分发挥慈善公益事业的第三次分配功能。作为建立在社会捐献基础上的民营社会性救助行为，矿产资源开发中的慈善公益事业资金来源于：各类矿产企业的捐献、政府公共财政投入、个人捐助等。政府要在慈善公益事业的功能发挥中承担相应责任，确定其发挥分配功能的合理空间，保持其相对独立性，对其引导和支持，加强监管，对其不良行为进行惩罚。

（2）大力提倡各种社会互助。作为矿产资源开发利益主体对周围需要的自发相互帮助，社会互助是建立在良好道德基础上的。政府可通过组织授权，发挥其紧密联系基层的优势，在其能力范围内履行政府不能顺利完成的职能。需政府提倡帮助困难群体，引导正确的舆论导向、倡导互帮互助的社会氛围，逐渐接近矿产资源开发利益公平。

（四）建立健全矿产资源开发利益矛盾防控机制

应把矿产资源开发利益矛盾的预防、处理和善后过程制度化、程序化，尽可能把矛盾控制在萌芽时期，处理在矛盾的初步阶段，形成完备的善后程序等。

1. 建立健全矿产资源开发利益矛盾预警机制

周全、成功的预警是建立在大量的数据、信息和资料的基础上的，必须及时、全面、准确地收集各种可能导致矿产资源开发利益矛盾爆发的信息。

（1）建立健全矿产资源开发利益矛盾信息收集机制。建立完善矿产资源开发的社情民意制度。发挥大众传媒表达意愿、交流信息，执行监督的功能。以法规的形式明确规定社情民意反映制度在矿产资源开发决策中的重要作用。改革和完善反映矿产资源开发社情民意的服务网络平台。建立纵横交错的网络化的信息收集、传递机制和统一的信息汇总中心；改革现有信息报告制度，推进信息报告的垂直单向负责制，畅通政府内部信息渠道；减少信息传递和报告层级。

（2）建立健全矿产资源开发利益矛盾信息的分析预测机制。通过决策机构和咨询机构的分离，突出咨询机构的相对独立性和自主性。对涉及矿产资源开发利益主体切身利益的热点问题要进行深层次、综合性和超前性分析，分轻重缓急，以最快的速度掌握矛盾问题的焦点。要形成一套分析和预测矿产资源开发利益矛盾萌芽、发展和爆发的指标体系，根据收集到的信息，及时衡量预防和处理。

（3）及时形成应对方案。应对方案应该具有灵活性和多元性，及时处理矿产资源开发利益矛盾，促进均衡发展。

2. 建立健全矿产资源开发利益矛盾疏导机制

疏导机制意味着当矿产资源开发利益矛盾加剧会引起冲突事件时，对矛盾各方的情绪和行为进行疏通和引导，实现一定程度上的共识，从而降低矛盾程度的一套制度和方法。

（1）完善矿产资源开发利益矛盾心理疏导机制。重视矿产资源开发利益矛盾各方的心理疏导，及时消除对立情绪和冲突行为，把利益矛盾控制在萌芽状态。加强党的政策导向、社会舆论导向和社会模范人物的行为导向，避免矿产资源开发利益发展的心理的失衡。加强精神文明建设，提倡矿产资源开发利益公德，营造和谐的心理氛围。构建心理支持系统，及时疏导可能出现的各种矿产资源开发利益矛盾心理危机，特别是主动对弱势群体提供心理支持。

（2）完善矿产资源开发利益矛盾宣泄机制。及时消除和排解矿产资源开发利益矛盾冲突方的不满和敌对情绪。完善政府与矿产资源开发利益相关主体的对话机制，定期接待来访、对话和下访的制度。完善民主评议干部制度，通过评价，反映意见，发泄情绪，增强理解，达到缓解矿产资源开发利益矛盾的作用。强化大众媒体的报道，适当减轻矿产资源开发利益矛盾和冲突情绪。完善各种矿产资源开发利益信息的报告和反馈机制，使不满和愤怒有释放机会，不能一味地以"稳定压倒一切"来拒绝矿产资源开发利益主体实现自己的正当权利。

（3）完善矿产资源开发利益矛盾的自我调节机制。自我调节意味着由社会自身力量来调节与缓和矿产资源开发利益矛盾的自我改善机制。建立健全矿区基层议事制度。通过对一些重大矿产资源开发利益问题集体讨论，民主决策，充分保证矿产资源开发利益主体直接行使民主权利，增加化解矛盾的直接渠道。发挥矿工民主管理制度和劳动关系协调机制的作用。在矿产企业中建立健全职工代表大会、平等协商签订集体合同、民主评议干部等制度，畅通对话机制，将矿工与管理者可能产生的不满通过工会来进行集体表达，避免少数矿工的极端和非法行为。发挥各级人民调解作用，依据国家法律、法规、政策和社会公德，用说服教育、规劝疏导的方法，促使矿产资源开发利益纠纷各方互谅互让、平等协商，自愿达成协议。要利用知名人士、民间权威者的权威性和易沟通性等优势，调节缓和矿产资源开发利益矛盾。

3. 建立健全矿产资源开发利益矛盾应急处理机制

矛盾处理机制意味着在矿产资源开发利益矛盾无法得到协调而呈现日趋激烈的情况下，使其保持在政府能够控制的范围内的一套制度和方法。

（1）根据信息收集做好矿产资源开发利益矛盾发生前的防范工作。防范重点是矿区基层，要做到防范关口的前移和防范时间的延伸，特别是在重大矿产资源开发活动的敏感期，加强重大矛盾纠纷的排查，努力将矛盾和纠纷控制在可协商解决的范围内。

（2）确定矿产资源开发利益矛盾的级别，及时选择合适的应急方案。根据各种信息和咨询系统提供的各种参考意见和预警应急方案，认真全面地认识矿产资源开发利益矛盾，确定其性质，找出冲突焦点，确定事件级别，选择相应的应急方案。

（3）启动应急快速处理机制。在常态管理方式的基础上针对矿产资源开发利益矛盾的特点，采取应急快速处理的组织体系和制度安排。要有组织体制保证，形成统一的指挥调度中心，按照"谁主管，谁负责、谁管辖，谁处理"的原则，层层落实责任，明确第一责任。要有充分的信息保证。要建立矛盾发生前的预警信息，事件处理过程中的信息报告和反馈网络，矛盾发生后的观察和预防机制，以及相应人财物的保证。

（五）完善矿产资源开发政策执行的监督和惩处机制

在矿产资源开发政策执行中，政策执行涉及复杂的利益关系，监督机构的逐利行为导致监督缺位；而惩处机制的缺陷使其发挥不了应有的震慑力，政策执行受到阻碍，要完善政策执行中的监督和惩处机制。

1. 建立必要的监督制约机制

（1）政务公开。矿产资源开发政策的执行活动在一定范围内公布于众，使各种政策执行活动广泛地置于关注和监督之下，为政策执行过程中的矿产资源开发公共权力接受监督提供前提条件。

（2）监督机构独立。要从制度上确保监督机构的相对独立地位，真正获得超然独立的地位，增强矿产资源开发监督的权威性，彻底摆脱同级党政机关及其领导人的干扰。

（3）完善社会监督。完善各种社会团体和媒体，以及各种群众自组织以及公民的监督，监控权力在矿产资源开发政策执行过程中的充分运用和行为规范化，从法制上为监督主体排除干扰，为有效实施对矿产资源开发政策执行活动创造有利条件。

2. 加重惩处力度

（1）加重政府官员惩处力度。矿产资源开发政策执行过程中存在的失常利益和执行人员对失常利益的追求，大力度的惩处措施起着重要的震慑作用。政府官员最恐惧的莫过于失去名誉和地位，丧失个人的既得利益，失去人身自由，因此，建立严密完善的反腐惩处机制，应有效利用这三方面的得失效应，形成使矿产资源开发政策执行者不敢腐败的心理约束，达到遏制腐败的目的。

（2）加重矿产企业惩处力度。矿产企业老板最在乎的是既得利润和继续获取这种利润的权利。要严格规定对生态环保和事故死伤人员的高额赔偿，在一定程度上刺激矿产企业重视生态环境和改善安全生产设施。加重刑事责任的追究，罚没并重。

参考文献

［1］［德］恩格斯：《家庭、私有制和国家的起源》，中共中央编译局译，人民出版社 2003 年版。

［2］［德］柯武刚、史漫飞：《制度经济学：社会秩序与公共政策》，韩朝华译，商务印书馆 2004 年版。

［3］［德］马克思、恩格斯：《马克思恩格斯全集》，中共中央编译局译，人民出版社 1956 年版。

［4］［德］马克思、恩格斯、［苏］列宁、斯大林：《马克思恩格斯全集》，中共中央编译局，人民出版社 2008 年版。

［5］［德］韦伯：《韦伯作品集Ⅲ：支配社会学》，康乐、简惠美译，广西师范大学出版社 2004 年版。

［6］［俄］普列汉诺夫：《普列汉诺夫哲学著作选集》（第 1 集），曹葆华译，生活·读书·新知三联书店 1974 年版。

［7］［法］古斯汀·古诺：《财富理论数学原理的研究》，陈尚霖译，商务印书馆 1994 年版。

［8］［法］霍尔巴赫：《自然的体系》，管士滨译，商务印书馆 1964 年版。

［9］［法］卢梭：《社会契约论》，施新州编译，北京出版社 2007 年版。

［10］［法］让·卡泽纳弗：《社会学十大概念》，杨捷译，上海人民出版社 2003 年版。

［11］［加拿大］布莱恩·R. 柴芬斯：《公司法：理论、结构和运作》，林华伟、魏曼译，法律出版社 2001 年版。

［12］［美］阿瑟·奥肯：《平等与效率》，王奔洲译，华夏出版社 1999 年版。

［13］［美］安东尼·唐斯：《官僚制内幕》，郭小聪等译，中国人民大学出版社 2006 年版。

［14］［美］奥尔森：《集体行动的逻辑》，陈郁等译，上海人民出版社

1995 年版。

[15] ［美］奥尔森：《集体行动的逻辑》，陈郁等译，上海人民出版社
1995 年版。

[16] ［美］奥尔森：《权力与繁荣》，苏长和译，上海人民出版社 2005
年版。

[17] ［美］奥斯特：《现代竞争分析》，张志奇等译，中国人民大学出版
社 2004 年版。

[18] ［美］巴纳德：《组织与管理》，曾琳、赵菁译，中国人民大学出版
社 2009 年版。

[19] ［美］波特：《竞争优势》，陈小悦译，华夏出版社 2005 年版。

[20] ［美］布坎南、马斯格雷夫：《公共财政与公共选择两种截然不同的
国家观》，类承曜译，中国财经出版社 2001 年版。

[21] ［美］布坎南、托里森：《公共选择理论》，陈斌译，商务印书馆
1972 年版。

[22] ［美］戴维·H. 罗森布鲁姆：《公共行政学：管理、政治和法律的
途径》，张成福等译，中国人民大学出版社 2002 年版。

[23] ［美］道格拉斯·C. 诺思：《经济史中的结构与变迁》，陈郁等译，
上海三联书店 1991 年版。

[24] ［美］道格拉斯·诺思：《经济史上的结构与变迁》，陈郁等译，上
海三联书店 1991 年版。

[25] ［美］法兰克·K. 索能伯格：《凭良心管理——如何通过正直诚实、
信任和全力以赴的精神来改造公司的运作》，游自珍、郑启鸣译，
中国经济出版社 1997 年版。

[26] ［美］冯·诺伊曼、摩根斯顿：《博弈论与经济行为》，王文玉等
译，三联书店 2004 年版。

[27] ［美］弗朗西斯·福山：《信任——社会美德与创造经济繁荣》，彭
志华译，海南出版社 2001 年版。

[28] ［美］格兰诺维特：《经济行动与社会结构：嵌入性问题》，程飞
译，社会科学文献出版社 2007 年版。

[29] ［美］加布里埃尔·亚伯拉罕·阿尔蒙德、西德尼·维伯：《公民文
化：五个国家的政治态度和民主制》，徐湘林译，华夏出版社 1989
年版。

［30］〔美〕科恩：《论民主》，聂崇信等译，商务印书馆 2004 年版。

［31］〔美〕科斯、阿尔钦、诺思著：《财产权利与制度变迁》，刘守英译，上海人民出版社 2004 年版。

［32］〔美〕克莱德·F. 施耐德：《1935—1936 年的乡村和城镇政府》，载韦海鸣《区域政府间合作的理论基础分析》，《学术论坛》2009 年第 4 期。

［33］〔美〕肯尼斯·W. 克拉克森、罗杰·勒鲁瓦·米勒：《产业组织：理论、证据和公共政策》，杨龙、罗靖译，上海三联出版社 1989 年版。

［34］〔美〕罗尔斯著：《正义论》，何怀宏等译，中国社会科学出版社 2009 年版。

［35］〔美〕罗斯科·庞德：《通过法律的社会控制/法律任务》，沈宗灵等译，北京商务印书馆 1984 年版。

［36］〔美〕曼昆著：《经济学原理》（上册），梁小民等译，生活·读书·新知三联书店 2001 年版。

［37］〔美〕曼瑟尔·奥尔森：《集体行动的逻辑》，陈郁、郭宇峰、李崇新译，上海人民出版社 1995 年版。

［38］〔美〕诺思、托马斯：《西方世界的兴起》，厉以平等译，华夏出版社 1999 年版。

［39］〔美〕帕森斯：《社会行动的结构》，张明德、夏翼南、彭刚译，译林出版社 2003 年版。

［40］〔美〕托马斯·C. 谢林：《微观动机与宏观行为》，谢静译，中国人民大学出版社 2005 年版。

［41］〔美〕希金斯：《全美最新工商管理权威教材译丛——财务管理分析》，沈艺峰等译，北京大学出版社 2009 年版。

［42］〔美〕詹姆士·布坎南：《寻求租金和寻求利润》，《经济社会体制比较》1988 年第 6 期。

［43］〔美〕詹姆斯·安德森：《公共决策》，唐亮译，华夏出版社 1990 年版。

［44］〔美〕詹姆斯·布坎南：《自由、市场和国家》，吴良健等译，经济学院出版社 1988 年版。

［45］〔英〕安东尼·吉登斯：《社会的构成》，李猛、李康译，生活·读

书·新知三联书店 1984 年版。

[46] ［英］柏克:《法国革命论》,何兆武等译,商务印书馆 1998 年版。

[47] ［英］边沁:《道德与立法原理导论》,时殷弘译,商务印书馆 2000 年版。

[48] ［英］多纳德·海等:《产业经济学与组织》(上下册),经济科学出版社 2001 年版。

[49] ［英］哈耶克:《法律、立法与自由》,邓正来等译,中国大百科全书出版社 2000 年版。

[50] ［英］哈耶克:《通往奴役之路》,王明毅等译,中国社会科学出版社 1998 年版。

[51] ［英］哈耶克:《自由秩序原理》(上下册),邓正来译,生活·读书·新知三联书店 1997 年版。

[52] ［英］霍布斯:《经典通读第二辑:利维坦》,吴克峰编译,北京出版社 2008 年版。

[53] ［英］肯·宾默尔:《博弈论与社会契约(第 1 卷)·公平博弈》,王小卫等译,上海财经大学出版社 2003 年版。

[54] ［英］威廉·韦德:《行政法》,徐炳等译,中国大百科全书出版社 1997 年版。

[55] ［英］亚当·斯密:《国富论》(上下册),郭大力、王亚南译,上海三联书店 2009 年版。

[56] ［英］亚当·斯密:《国民财富的性质和原因的研究》,郭大力、王亚南译,商务印书馆 2008 年版。

[57] 《党报谈山西煤炭重组 煤老板"合法"利益获保护》,2009 年 11 月,http://www.dahe.cn/xwzx/gn/t20091115_1692919.htm。

[58] 《邓小平文选》,人民出版社 1994 年版。

[59] 《地方竞争的逻辑》,《21 世纪经济报道》2006 年 9 日,http://finance.sina.com.cn/review/20060413/15392499123.shtml)。

[60] 《国家的基本制度(下)我国是单一制的社会主义国家》,学习公社,http://app2.learning.sohu.com/education/html/article-9346.html。

[61] 《马克思恩格斯全集》(第 1 卷),人民出版社 1995 年版。

[62] 《全国矿产资源规划(2008—2015 年)》,2009 年 11 月,中国网

（china. com. cn），http：// www. china. com. cn/policy/txt/2009 – 01/ 07/content_ 17069166. htm。

［63］《全国矿产资源规划（2008—2015 年）》，信息来源，http：//www. mlr. gov. cn/xwdt/zytz /200901/t20090107_ 113776. htm。

［64］《宪法学视野中的中央与地方关系　浅论中国国家结构形式制度的 缺失与修缮》，2009 年 6 月，中国人民法制网，http：//www. fz – china. com. cn/News Detail – 26326. html。

［65］《演化博弈理论》，智库百科，http：//wiki. mbalib. com/wiki/% E6% BC%94% E5% 8C%96% E5%8D%9A% E5% BC%88% E7%90%86% E8% AE% BA。

［66］《政府公信力浅说》，2007 年 9 月，信用中国，http：//www. ccn86. com/news/ comment/20070910/24546. shtm。

［67］《政府信用危机表现特征及政府失信危害》，2009 年 9 月，新浪网博 客，http：//blog. sina. com. cn/s/blog_ 5ff9f0320100fhv4. html。

［68］ 《中国的矿产资源政策》，人民网，http：//www. people. com. cn/ GB/ shizheng/ 1026 /2261013. html。

［69］《中国矿产资源综合利用现状、问题与对策研究》，中华商务网，http：// www. chinaccm. com/H8/ H814/H81401/news/20070315/110513. asp.

［70］《中华人民共和国地方各级人大和地方人民政府组织法》，百度文 库，http：//wenku. baidu. com/view/ a20025136edb6f1aff001f36. ht-ml。

［71］《中华人民共和国宪法》（全文），2004 年 3 月，新华网，http：//news. xinhuanet. com/ newscenter/ 2004 –03/15/content_ 1367387. htm。

［72］《中华人民共和国宪法》（全文），人民网，http：//www. people. com. cn/GB/ shehui/1060/ 2391834. html。

［73］艾尔曼：《中华帝国后期的科举制度》，《厦门大学学报》（哲学社 会科学版）2005 年第 11 期。

［74］安康、刘祖云：《政治领域的道德风险辨析——"委托代理理论" 的视角》，《中共南京市委党校南京市行政学院学报》2006 年第 6 期。

［75］白牡丹、田旭峰、颉茂华：《鄂尔多斯市矿产资源开发补偿现状及 完善建议》，《北方经济》2009 年第 17 期。

[76] 白重恩、杜颖娟、陶志刚、仝月婷：《地方保护主义及产业地区集中度的决定因素和变动趋势》，《经济研究》2004 年第 4 期。

[77] 白重恩、刘俏、陆洲、宋敏、张俊喜：《中国上市公司治理的实证研究》，《经济研究》2005 年第 2 期。

[78] 北京中立诚会计师事务所：《财政不能承受之重——对分税制改革实践的思考》，《中国财经报》2003 年 8 月，http：//www. cnlyjd. com/tax/shuizhigaige/ 200411/ 14169. html。

[79] 薄贵利：《中央与地方关系研究》，吉林大学出版社 1991 年版。

[80] 曹红钢：《政府行为目标与体制转型》，社会科学文献出版社 2007 年版。

[81] 曹建海：《关于"过度竞争"的经济学含义》，《首都经济贸易大学学报》1999 年第 12 期。

[82] 曹荣湘：《蒂布特模型》，社会科学文献出版社 2004 年版。

[83] 陈刚、李树、余劲松：《援助之手还是攫取之手？——关于中国式分权的一个假说及其验证》，《南方经济》2009 年第 7 期。

[84] 陈江：《成都告别最后的煤矿》，《南方都市报》2009 年 12 月，http：// nf. nfdaily. cn/ nfdsb/content/ 2009 – 12/21/content_ 7344838. htm。

[85] 陈金美：《整体主义探析》，《光明日报》1998 年第 9 期。

[86] 陈锦昌：《试论遏制地方政府的非经济手段扩张》，《湖北经济学院学报》2006 年第 2 期。

[87] 陈敬德：《乡村地区公共服务供给方式与机制研究》，《东南学术》2008 年第 1 期。

[88] 陈林、曹树刚：《矿产资源综合开发利用评价的博弈及最优化分析》，《矿业快报》2005 年第 11 期。

[89] 陈庆云、曾军荣：《论公共管理中的政府利益》，《中国行政管理》2005 年第 8 期。

[90] 陈瑞莲、张紧跟：《试论区域经济发展中政府间关系的协调》，《中国行政管理》2002 年第 12 期。

[91] 陈瑞莲、张紧跟：《试论我国区域行政研究》，《广州大学学报》（社会科学版）2002 年第 4 期。

[92] 陈潭：《集体行动的困境：理论阐释与实证分析》，《中国软科学》2003 年第 9 期。

［93］ 陈天祥：《论政府在制度变迁中的作用》，《中国行政管理》2001 年第 10 期。

［94］ 陈天祥：《论中国制度变迁的方式》，《中山大学学报》（社会科学版）2001 年第 3 期。

［95］ 陈文华、石绍斌：《论经济转型中的宪法体制》，《求实》2006 年第 10 期。

［96］ 陈新民：《德国公法学基础理论》，山东人民出版社 2001 年版。

［97］ 陈振明：《公共政策分析》，中国人民大学出版社 2002 年版。

［98］ 成金华：《矿产资源规划的理论与方法》，中国环境科学出版社 2002 年版。

［99］ 程晓农：《转型中的中国经济体制》，《战略与管理》2000 年第 6 期。

［100］ 崔裕蒙：《论人民群众的政治利益》，《理论前沿》2004 年第 10 期。

［101］ 崔卓兰：《论确立行政法中公民与政府的平等关系》，《中国法学》1995 年版。

［102］ 单继林：《田山岗：矿业混乱无序根源在于政企不分》，《中国经济时报》2003 年 4 月，http：//www. wtolaw. gov. cn/display/displayInfo. asp？IID = 200304010841459296。

［103］ 单伟：《美国学界对中国政治精英的研究》，《经济发展论坛工作论文》，FED Working Papers Series，No. FC20080152（http：//www. fed. org. cn/pub/workingpaper/ 2008114141848441195. pdf）。

［104］ 邓聿文：《下一步的关键在继续解放民权》，《同舟共进》2009 年第 12 期。

［105］ 丁万鱼：《我国铜业公司开采国内外铜资源的博弈分析》，《求实》2005 年第 1 期。

［106］ 董江涛：《转变政府职能：以公共利益最大化为目标》，《长白学刊》2008 年第 2 期。

［107］ 董幼鸿等编著：《地方公共管理：理论与实践》，上海人民出版社 2008 年版。

［108］ 范利祥：《中央税收调控从严　地方土地财政面临两难》，《21 世纪经济报道》2007 年 1 月，http：// www. qhdfgj. gov. cn/hyxw/

hyzh/2007 - 1 - 23/71234155925. html。

[109] 方辉振:《政府角色及职能定位的理论基础》,《中共南京市委党校南京市行政学院学报》2003 年第 5 期。

[110] 方晓畅:《产业集群升级理论研究》,《金融经济》2008 年第 4 期。

[111] 方忠、张华荣:《三层互动:中央政府与地方政府的正和博弈》,《成都行政学院学报》2005 年第 2 期。

[112] 封慧敏:《地方政府间跨地区公共物品供给的路径选择》,《甘肃行政学院》2008 年第 3 期。

[113] 冯飞:《我国矿产资源利用存在的突出问题》,《瞭望新闻周刊》2006 年第 7 期。

[114] 冯培忠、曲选辉、吴小飞:《关于我国矿产资源利用现状及未来发展的战略思考》,《中国矿业》2004 年第 6 期。

[115] 冯文全、李勇:《"思想自由,兼容并包"与构建和谐社会》,《怀化学院学报》1998 年第 8 期。

[116] 冯兴元:《论辖区政府间的制度竞争》,《国家行政学院学报》2001 年第 6 期。

[117] 冯兴元主笔:《中国的市场整合与地方政府竞争——地方保护与地方市场分割问题及其对策研究》,天则经济研究所资助课题,2002 年。

[118] 傅小随:《地区发展竞争背景下的地方行政管理体制改革》,《管理世界》2003 年第 2 期。

[119] 傅勇:《"国六条"应首先调控地方政府》,《中国经营报》2006 年5 月,http://villamsg. focus. cn/news/2006 - 05 - 29/209350. html。

[120] 概念知识元库:《用手投票》,http://define. cnki. net/WebForms/Web Default. aspx。

[121] 干飞:《矿产资源补偿费征管监督博弈——完全信息混合战略 Nash 均衡》,《中国矿业》2002 年第 4 期。

[122] 干飞、贾文龙:《我国矿产资源有偿使用制度演化的博弈分析》,《国土资源科技管理》2007 年第 6 期。

[123] 高全喜主编:《经济增长与合法性的"政绩困局"(4)》,人民日报出版社2009 年版。

[124] 高山行、江旭:《专利竞赛理论中的 ε——先占权模型评述》,《管理工程学报》2003 年第 3 期。

[125] 高政利、李亚伯、欧阳文和:《公共选择视角:论组织制度的宽放效应》,《兰州商学院学报》2006 年第 1 期。

[126] 耿书文、刘胜富、任天贵、柏元夫:《矿产资源补偿费征管的博弈分析及对策建议》,《煤炭学报》2002 年第 1 期。

[127] 龚冰琳、徐立新、陈光炎:《中国的地方保护主义:直接的微观证据》,《经济学报》2005 年第 2 期。

[128] 龚怡祖:《人是价值的存在及其教育学意蕴辨疑》,《南京农业大学学报》(社会科学版)2001 年第 4 期。

[129] 顾惠祥:《控制税收征管成本的探讨》,《税务研究》1999 年第 6 期。

[130] 关晓丽:《国外中央与地方财政关系的支配性力量及启示》,《社会科学战线》2008 年第 1 期。

[131] 郭邦军:《论博弈论在经济管理中的战略意义》,《社会科学战线杂志》2008 年第 11 期。

[132] 郭进平、张惠丽、卢才武、李江武:《有关矿产资源问题的博弈分析》,《金属矿山》2005 年第 2 期。

[133] 郭松民:《"血汗工厂"现象应当休矣!》,《中国改革报》2003 年第 12 期。

[134] 郭玮:《政府间财权及收入划分的基本理论研究》,《经济师》2009 年第 1 期。

[135] 国务院新闻办公室:《中国矿产资源政策白皮书》,新华网,2003 年 12 月。

[136] [英] 哈耶克:《经济、科学与政治——哈耶克思想精粹》,江苏人民出版社 2000 年版。

[137] 韩海青、苏迅:《建立完善土地和矿产资源节约集约利用新机制》,《中国国土资源经济》2008 年第 3 期。

[138] 何兵:《法院中央化是地方民主化的制度前提》,《南方都市报评论周刊》2008 年 9 月,http://www.chinae lections.org/ News Info.asp? NewsID = 134114。

[139] 何增科:《试析我国现行权力监督存在的问题及原因》,《学习与探

索》2008 年第 7 期。

[140] 何忠洲、唐建光:《"垂直管理"风起央地博弈:权力边界尚待清晰》,2006 年 11 月,中国新闻周刊,http://review.jcrb.com/zyw-files/ca 598648.htm。

[141] 贺军:《我国行政权力扩张和泛法化的制度原因探析》,《湖南科技学院学报》2005 年第 6 期。

[142] 贺雪峰:《经济分化与社会分层》,《三农中国》,http://www.snzg.net/article/show.php? itemid -462/page -1.html。

[143] 胡红安、李海霞:《西部资源开发与生态环境保护的博弈分析——以 S 县煤矿资源开发为例》,《陕西科技大学学报》2008 年第 1 期。

[144] 胡乐明:《公共物品与政府的作用》,《财经研究》2001 年第 8 期。

[145] 胡仁霞:《中俄市场化程度的比较分析》,《东北亚论坛》2005 年第 1 期。

[146] 胡淑女、余浩、戴燕:《基于创新促进的产业集群内竞合研究》,《北方经济》2006 年第 11 期。

[147] 胡税根:《论新时期我国政府规制的改革》,《政治学研究》2001 年第 12 期。

[148] 胡希宁、贾小立:《博弈论的理论精华及其现实意义》,《中共中央党校学报》2002 年第 2 期。

[149] 黄强、郑力:《后全能时代中央与地方政府的博弈及思考》,《唯实》2006 年第 1 期。

[150] 黄少安:《从"竞争"的经济学转向"合作"的经济学——对"经济学革命"的回顾和"合作经济学"的构想》,《经济研究》2000 年第 5 期。

[151] 黄少安:《中国经济体制改革的核心是产权制度改革》,《中国经济问题》2004 年第 1 期。

[152] 黄新华:《诺思的国家理论述评》,《理论学刊》2001 年第 2 期。

[153] 金晶、王颖:《委托代理理论综述》,《中国商界》2008 年第 6 期。

[154] 金太军:《从行政区行政到区域公共管理——政府治理形态嬗变的博弈分析》,《中国社会科学》2007 年第 6 期。

[155] 金太军、赵军锋:《政治资源配置与和谐社会构建——和谐社会的

政治社会学分析》，《理论探讨》2008 年第 3 期。

[156] 靳景玉、刘朝明：《基于协同理论的城市联盟动力机制》，《系统工程》2012 年第 154 期。

[157] 景跃军：《中国矿产资源与经济可持续发展研究》，《人口学刊》2002 年第 5 期。

[158] 瞿燕丽：《对我国资源税费制度的基本分析和探讨》，2009 年 3 月，甘肃国土资源网，http：//www. gsdlr. gov. cn/content1. aspx？id =1715。

[159] 康晓光、韩恒：《分类控制：当前中国大陆国家与社会关系研究》，《开放时代》2008 年第 2 期。

[160] 孔东菊、戚枝淬：《职工参与公司治理及其对关联交易的制约》，《经济研究导刊》2009 年第 6 期。

[161] 孔善广：《地方政府真的是扰乱经济秩序的坏孩子吗？》，《光明观察》2006 年 9 月，http：//guancha. gmw. cn/show. aspx？id =572。

[162] 矿业可持续发展：《美国煤炭工业发展变化趋势》，http：//www. cbcsd. org. cn/ projects/kw/3343. shtml。

[163] 蓝宇蕴：《都市里的村庄：一个"新村社共同体"的实地研究》，生活·读书·新知三联书店 2005 年版。

[164] 郎友兴：《中国干部考核制度在变脸》，《人民论坛》2008 年 3 月，人民网，http：// politics. people. com. cn/GB/30178/9577019. html。

[165] 李发戈：《宪政背景下政治国家与公民社会的关系》，《中共成都市委党校学报》2008 年第 2 期。

[166] 李凡：《关于中国选举制度的改革》，上海交通大学出版社 2005 年版。

[167] 李景鹏：《中国社会利益结构变迁的特点》，《北京行政学院学报》2006 年第 1 期。

[168] 李军杰、钟君：《中国地方政府经济行为分析——基于公共选择视角》，《中国工业经济》2004 年第 4 期。

[169] 李强：《改革开放 30 年来中国社会分层结构的变迁》，《北京社会科学》2008 年第 10 期。

[170] 李善同、侯永志、刘云中、陈波：《中国国内地方保护问题的调查与分析》，《经济研究》2004 年第 11 期。

[171] 李胜：《两型社会环境治理的政策设计——基于参与人联盟与对抗

的博弈分析》，《财经理论与实践》2009 年第 9 期。

[172] 李世英：《市场进入壁垒问题研究综述》，《开发研究》2005 年第
4 期。

[173] 李文俊：《全国煤矿安全生产状况分析及发展对策》，《中国煤炭》
2001 年第 6 期，2004 年 5 月，发布江西煤矿安全监察局网站，ht-
tp：//www. jxmkaqjc. gov. cn/2004 - 8/2004830155540. htm。

[174] 李晓培：《关于库恩"不可通约性"观点的思考》，《职业圈》
2007 年第 22 期。

[175] 李秀江：《地方人大何时走出监督困局》，《民主与法制时报》2009
年 11 月，http：// www. mzyfz. com/news/times/v/20091118/104727.
shtml。

[176] 李尧远、任宗哲：《我国区域经济发展中地方政府合作困难的原因
与措施探析》，《西北大学学报》（哲学社会科学版）2009 年第
5 期。

[177] 李郁芳：《体制转轨时期的政府微观规制行为》，经济科学出版社
2003 年版。

[178] 李芝兰：《跨越零和：思考当代中国的中央地方关系》，《华中师范
大学学报》（人文社会科学版）2004 年第 6 期。

[179] 林尚立：《国内政府间关系》，浙江人民出版社 1998 年版。

[180] 刘大志、蔡玉胜：《地方政府竞争行为与资本形成机制分析》，《学
术研究》2005 年第 3 期。

[181] 刘飞：《资源税：宜中央地方共享而非地方独享》，《中国经济导报》
2010 年 12 月，http：// www. ceh. com. cn /ceh/cjxx/2010/12/4/72226.
shtml。

[182] 刘海波：《我国中央与地方关系探析》，《甘肃行政学院学报》2008
年第 2 期。

[183] 刘健雄：《财政分权、政府竞争与政府治理》，人民出版社 2009
年版。

[184] 刘雪莲：《论全球性问题治理中西方发达国家的责任》，《政治学研
究》2008 年第 1 期。

[185] 刘亚平：《退出选择视角中的地方政府间竞争：两个基本维度》，
《江海学刊》2006 年第 1 期。

[186] 刘晔、漆亮亮：《当前我国地方政府间税收竞争探讨》，《税务研究》2007 年第 264 期。

[187] 刘卓珺：《中国式财政分权与经济社会的非均衡发展》，《中央财经大学学报》2010 年 1 月，http：//www. crifs. org. cn/0416show. asp？art_ id =3834。

[188] 刘祖云：《政府间关系：合作博弈与府际治理》，《学海》2007 年第 1 期。

[189] 龙太江：《政治妥协与西方政治发展》，《广州大学学报》（社会科学版）2007 年第 3 期。

[190] 马骏、侯一麟：《中国省级预算中的非正式制度：一个交易费用理论框架》，《经济研究》2004 年第 10 期。

[191] 马晓河：《渐进式改革 30 年：经验与未来》，《中国改革》2008 年第 9 期。

[192] 马泽文：《中国的光荣与梦想：一位记者眼中的大国十年》，上海人民出版社 2010 年版。

[193] 冒天启、朱玲：《转型期中国经济关系研究》，湖北人民出版社1997 年版。

[194] 孟丽莎、董铧：《基于豪泰林模型的品牌竞争力经济学分析》，《中国管理信息化》2009 年第 6 期。

[195] 孟昭勤、王一多：《论人类社会的竞争与合作》，《西南民族大学学报》（人文社会科学版）2004 年第 7 期。

[196] 那春光：《矿产资源规划实施中的博弈问题》，《中国地质矿产经济学会资源经济与规划专业委员会 2006 学术交流会》。

[197] 南江波、刘天喜：《市场经济条件下公民与政府之间的平等关系》，《理论月刊》2004 年第 5 期。

[198] 倪星：《公共权力委托—代理视角下的官员腐败研究》，《中山大学学报》（社会科学版）2009 年第 11 期。

[199] 倪星：《政府合法性基础的现代转型与政绩追求》，《中山大学学报》（社会科学版）2006 年第 4 期。

[200] 潘修华：《当代中国社会阶层结构变迁与重建国家自主性》，《理论与改革》2005 年第 4 期。

[201] 潘岳：《甘肃、湖南两起重大环境事件源于"行政不作为"政府有关责

任人应受到严厉查处》，2006 年 9 月，中华人民共和国环境保护部，http：//panyue. mep. gov. cn/zyjh/200907/t20090708_ 154447. htm。

[202] 彭正波：《长三角区域政府合作：现状、困境与路径选择》，《经济与社会发展》2008 年第 9 期。

[203] 彭正波、赵瑞峰编著：《现代公共政策分析概论》，航空工业出版社 2009 年版。

[204] 齐树洁：《论我国环境纠纷诉讼制度的完善》，《福建法学》2006 年第 1 期。

[205] 秦前红、张萍：《浅析社会契约思想与宪政》，《湖北大学学报》（哲学社会科学版）2004 年第 1 期。

[206] 青木昌彦：《市场的作用，国家的作用》，中国发展出版社 2002 年版。

[207] 丘海雄、徐建牛：《市场转型过程中地方政府角色研究述评》，《社会学研究》2004 年第 7 期。

[208] 全国人大常委会：《中华人民共和国矿产资源法》，中国矿业网，http：// app. chinamining. com. cn/focus/Law/2007 – 08 – 07/11864 54015d6952. html。

[209] 全国政协副主席陈锦华：《中国与可持续发展》，2001 年 6 月，中国人口信息网，http：//www. cpirc. org. cn/yjwx/yjwx_ detail. asp？id =2425。

[210] 阙忠东：《转型期中国地方政府行为研究》，中央编译出版社 2005 年版。

[211] 商红日：《政府基础论》，经济日报出版社 2002 年版。

[212] 施建淮：《基于信息的双重危机模型及其在东亚危机中的应用》，《经济学》（季刊）2001 年第 10 期。

[213] 石国亮：《中国政府的管理规则系统》，《学习与探索》2010 年第 1 期。

[214] 石良平、胡继灵：《供应链的合作与冲突管理》，上海财经大学出版社 2007 年版。

[215] 舒尚奇：《博弈思想在微观经济学中的应用》，《中国市场》2005 年第 6 期。

[216] 宋莉莉、彭涛：《现阶段制度创新的"第一行动集团"——论在渐

进的市场取向改革中地方政府的角色行为》,《理论月刊》2001 年第 1 期。

[217] 宋全喜:《公共服务的制度分析:以公共安全服务为例》,制度分析与公共政策学术网站,http：// www. wiapp. org/article/default. asp? id = 53。

[218] 苏旭霞:《市场化过程中的政府管理体制改革》,《中国经济时报》2003 年第 5 期。

[219] 孙德超:《论行政程序对行政自由裁量权滥用的控制》,《社会科学战线》2006 年第 3 期。

[220] 孙鸿烈:《中国资源百科全书》,中国大百科全书出版社和石油大学出版社 2000 年版。

[221] 孙利辉、徐寅峰、李纯青:《合作竞争博弈模型及其应用》,《系统工程学报》2010 年第 3 期。

[222] 孙亚忠:《政府规制、寻租与政府信用的缺失》,《理论探讨》2007 年第 1 期。

[223] 王驰:《信息非对称理论在公共管理中的应用与反思》,《经济与社会发展》2007 年第 12 期。

[224] 王春福:《政策网络的开放与公共利益的实现》,《中共中央党校学报》2009 年第 8 期。

[225] 王春梅:《西方发达国家政府职能的变革及其启示》,《理论学刊》2007 年第 2 期。

[226] 王广成、闫旭骞:《矿产资源管理理论与方法》,经济科学出版社 2002 年版。

[227] 王良伟:《政策执行主体的自利性与公共政策失灵》,《中共南京市委党校南京市行政学院学报》2008 年第 1 期。

[228] 谢炜:《中国公共政策执行中的利益关系研究》,学林出版社 2009 年版。

[229] 谢炜、蒋云根:《中国公共政策执行过程中地方政府间的利益博弈》,《浙江社会科学》2007 年第 9 期。

[230] 谢晓波:《地方政府竞争与区域经济协调发展》2006 年第 2 期。

[231] 谢晓波、黄炯:《长三角地方政府招商引资过度竞争行为研究》,《技术经济》2005 年第 8 期。

[232] 辛向阳：《百年博弈：中国中央与地方关系 100 年》，山东人民出版社 2000 年版。

[233] 熊冬洋：《对税收竞争中地方政府行政权力滥用的思考》，《税务与经济》2009 年第 5 期。

[234] 熊跃根：《转型经济国家中的"第三部门"发展：对中国现实的解释》，《社会学研究》2001 年第 1 期。

[235] 徐绍史：《中国进出口总额近 35% 为矿产品进出口》，中财网，http://www.cfi.net.cn/p2011 1121 000130.html。

[236] 徐湘林：《党管干部体制下的基层民主试改革》，《浙江学刊》2004 年第 1 期。

[237] 闫海：《论地方政府间税收竞争的宪政治理》，《江南大学学报》（人文社会科学版）2007 年第 4 期。

[238] 杨瑞龙、杨其静：《阶梯式的渐进制度变迁模型——再论地方政府在我国制度变迁中的作用》，《经济研究》2000 年第 3 期。

[239] 杨淑华：《我国经济发展方式转变的路径分析——基于经济驱动力视角》，《经济学动态》2009 年 7 月，http://www.zei.gov.cn/portal/il.htm? a = si&id = 8a948a9522b9da690122 ce 40434703 c5&key = zei_ zfb/yjp/060202/06020204。

[240] 杨曾宪：《论价值取向评价与价值认知评价》，《天津师大学报》（社会科学版）2000 年第 10 期。

[241] 杨志勇：《财政竞争：呼唤约束和秩序》，《中国财经报》2005 年 2 月，http://web.cenet.org.cn/ web/yzy/index.php3? file = detail.php3 &nowdir = &id =58522&detail =1。

[242] 应松年、薛刚凌：《地方制度研究新思路：中央与地方应用法律相规范》，《中国行政管理》2003 年 2 月。

[243] 余斌、张钟之：《试析公共产品的本质属性》，《高校理论战线》2007 年第 1 期。

[244] 郁振华：《波兰尼的默会认识论》，《自然辩证法研究》2001 年第 8 期。

[245] 袁飞、陶然、徐志刚、刘明兴：《财政集权过程中的转移支付和财政供养人口规模膨胀》，《经济研究》2008 年第 5 期。

[246] 袁嗣兵、梁莹：《政府与信息化时代的"善治"》，《湖北社会科

学》2005 年第 3 期。

[247] 张富良、刘书英:《从治理主体角度透视乡村治理危机——河南省 Z 县村支书、村主任现状调查》,《阿坝师范高等专科学校学报》2004 年第 6 期。

[248] 张恒龙、陈宪:《当代西方财政分权理论述要》,《国外社会科学》2007 年第 5 期。

[249] 张紧跟:《纵向政府间关系调整:地方政府机构改革的新视野》,《中山大学学报》(社会科学版) 2006 年第 2 期。

[250] 张靖华:《西方财政分权理论综述》,《开发研究》2005 年第 4 期。

[251] 张军:《为增长而竞争:中国之谜的一个解读》,《东岳论丛》2005 年第 4 期。

[252] 张军:《政府转型、政治治理与经济增长:中国的经验》,《云南大学学报》(社会科学版) 2006 年第 8 期。

[253] 张康之:《行政改革中的理论误导——对在政府中引入市场竞争机制的质疑》,《天津社会科学》2001 年第 5 期。

[254] 张良:《制度研究的最新进展:历史比较制度分析》,《2007 制度经济学年会征文》,http://www.unirule.org.cn/xiazai/200711/60.pdf。

[255] 张流柱:《浅论我国现行分税制》,《湖南经济管理干部学院学报》2004 年第 1 期。

[256] 张朋柱等著:《合作博弈理论与应用:非完全共同利益群体合作管理》,上海交通大学出版社 2006 年版。

[257] 张萍:《科恩的范式理论及其中国经济学创新借鉴》,《商场现代化》2007 年第 3 期。

[258] 张其仔、郭朝先:《制度挤出与环境保护政策设计》,《中国工业经济》2007 年第 7 期。

[259] 张维迎:《博弈论与信息经济学》,上海人民出版社 2004 年版。

[260] 张文彬、宋焕斌:《21 世纪矿业可持续发展问题与对策》,《昆明理工大学学报》1998 年第 2 期。

[261] 张锡恩:《论中央与地方关系的规范化、法制化——学习江泽民〈正确处理社会主义现代化建设中的若干重大关系〉的思考》,《东岳论丛》1996 年第 9 期。

［262］张闫龙：《财政分权与省以下政府间关系的演变——对 20 世纪 80 年代 A 省财政体制改革中政府间关系变迁的个案研究》，《社会学研究》2006 年第 5 期。

［263］张宇燕、何帆：《由财政压力引起的制度变迁》，载盛洪、张宇燕主编《市场逻辑与制度变迁》，中国财政经济出版社 1998 年版。

［264］赵成根：《转型期的中央和地方》，《战略与管理》2000 年第 3 期。

［265］赵红：《环境规制对产业技术创新的影响——基于中国面板数据的实证分析》，《产业经济研究》2008 年第 3 期。

［266］赵洁心、冯波、谭俊、鲍明学、李闫华：《我国矿产资源开发利用现状与可持续发展探讨》，《经济管理》2006 年第 5 期。

［267］赵鹏大：《矿产勘查理论与方法》，中国地质大学出版社 2001 年版。

［268］赵祥：《建设和谐社会过程中地方政府代理行为偏差的分析》，《理论与改革》2006 年第 5 期。

［269］赵云旗：《中国分税制财政体制研究》，经济科学出版社 2005 年版。

［270］郑健壮：《产业集群理论综述及其发展路径研究》，《中国流通经济》2006 年第 2 期。

［271］郑永年、吴国光：《论中央与地方关系——中国制度转型中的一个轴心问题》，2007 年 12 月，郑永年粉丝俱乐部，http：//zhengyn. sakura. ne. jp/zhengyn/CL. pdf。

［272］中华人民共和国国土资源部：《论矿产资源所有权及其实现》，2009 年 12 月，http：//www. mlr. gov. cn/wskt/wskt_ bdqkt/200912/t20091225_ 130930. htm。

［273］中华人民共和国国土资源部：《中华人民共和国矿产资源法》，2004 年 6 月，http：//www. mlr. gov. cn/zwgk/flfg/kczyflfg/200406/t2004 0625_ 292. htm。

［274］中华人民共和国国务院令：《矿产资源开采登记管理办法》，《人民日报》1998 年 2 月，http：//www. people. com. cn/item /faguiku/gy/F34 - 1060. html。

［275］中华人民共和国年鉴：《自然资源》，2005 年 7 月，中央政府门户网站，http：//www. gov. cn/test/2005 - 07/27/content_ 17405. htm。

[276] 中央办公厅、国务院办公厅：《关于进一步加强民间组织管理工作的通知》，法律教育网，http：//www. chinalawedu. com/news/1200/22598/22602/22667/2006/3/ zh91771533297360021365－0. htm。

[277] 钟晓敏：《市场化改革中的地方财政竞争》，《财经研究》2004 年第 1 期。

[278] 钟笑寒：《地区竞争与地方保护主义的产业组织经济学》，《中国工业经济》2005 年第 7 期。

[279] 周海生：《政治文化与公共政策》，《广东行政学院学报》2008 年第 6 期。

[280] 周红云：《社会管理体制改革当秉持何种理念》，2010 年 4 月，新华网—新华法治，http：//news. xinhuanet. com/legal/2010－04/01/c_ 1212478. htm。

[281] 周黎安：《晋升博弈中政府官员的激励与合作　兼论我国地方保护主义和重复建设问题长期存在的原因》，《经济研究》2004 年第 6 期。

[282] 周黎安：《中国地方官员的晋升锦标赛模式研究》，《经济研究》2007 年第 7 期。

[283] 周黎安、李宏彬、陈烨：《相对绩效考核：中国地方官员晋升机制的一项经验研究》，载《经济学报》（第 1 卷第 1 辑），清华大学出版社 2005 年版。

[284] 周美雷：《以公共服务评估促进和谐社会建设》，2006 年 12 月，人民网，http：// theory. people. com. cn/GB/40537/5158990. html。

[285] 周庆智：《等级制中的权位竞争——对某县行政权力的实证分析》，《东南学术》2005 年第 5 期。

[286] 周业安：《地方政府竞争与经济增长》，《中国人民大学学报》2003 年第 1 期。

[287] 周业安：《健康的经济来自好的治理机制——威廉姆森的思想精髓》，2009 年 11 月，http：// www. 21cbh. com/HTML/2009－11－4/152340_ 2. html。

[288] 周业安、冯兴元、赵坚毅：《地方政府竞争与市场秩序的重构》，《中国社会科学》2004 年第 1 期。

[289] 周业安、赵晓男：《地方政府竞争模式研究——构建地方政府间良

性竞争秩序的理论和政策分析》,《管理世界》2002 年第 12 期。

[290] 朱波、范方志:《金融危机理论与模型综述》,《世界经济研究》
2005 年第 6 期。

[291] 庄国波:《领导干部政绩评价的理论与实践》,中国经济出版社
2007 年版。

[292] 邹东升、李辉:《美国院外活动及其法律规制——兼论其对规范我
国人大会外活动的启示》,西南政法大学天宪网,http://www.
txwtxw. cn/Article_ Show. asp? ArticleID =661。

[293] Bain, J. S.: *Barriers to New Competition*, Harvard University Press, 1956.

[294] Bengt Holmstrom, Paul Milgrom: Multitask Principal – Agent Analyses:
Incentive Contracts, Asset Ownership, and Job Design (http://per-
sonal. lse. ac. uk/zapal/EC501_ 2008_ 2009/Meyer_ background1. pdf.

[295] Creps, D., R. Wilson, "Reputation and Imperfect Information",
Journal of Economic Theory, 1982.

[296] Deutsch M., *The Relation of Conflict*, New Haven, CT: Yale Univer-
sity Press, 1973.

[297] Goldestein, Steven M., "Reforming Socialist Systems: Some Lessons of
the Chinese Experience", *Studies in Comparative Communism*, 1988.

[298] Kanter, Rosabeth Moss, "From Spare Change to Real Change: The So-
cial Sector as Beta Site for Business Innovation", *Harvard Business Re-
view*, 1999.

[299] Tsang, E., "Motives for Strategic Alliance: Aresource Based Perspec-
tive", *Scandinavian Journal of Management*, 1998.

[300] VonWeisacker, "A Walfare Analysis of Barriers to Entry", *Bell Jour-
nal of Economics*, 1980.